从管理到治理：公共项目利益相关方动态关系探析

刘　芳◎著

中国社会科学出版社

图书在版编目(CIP)数据

从管理到治理：公共项目利益相关方动态关系探析 / 刘芳著 . —北京：中国社会科学出版社，2018. 4

ISBN 978-7-5203-1406-0

Ⅰ. ①从… Ⅱ. ①刘… Ⅲ. 公共管理-项目管理-研究 Ⅳ. ①F062. 4

中国版本图书馆 CIP 数据核字(2017)第 273518 号

出 版 人　赵剑英
责任编辑　任　明
责任校对　沈丁晨
责任印制　李寡寡

出　　版　中国社会科学出版社
社　　址　北京鼓楼西大街甲 158 号
邮　　编　100720
网　　址　http：//www. csspw. cn
发 行 部　010-84083685
门 市 部　010-84029450
经　　销　新华书店及其他书店

印刷装订　北京君升印刷有限公司
版　　次　2018 年 4 月第 1 版
印　　次　2018 年 4 月第 1 次印刷

开　　本　710×1000　1/16
印　　张　17
插　　页　2
字　　数　243 千字
定　　价　80. 00 元

序　言

公共项目是推动经济成长的核心力量之一，是现代企业参与全球化市场竞争的重要载体，对于经济社会发展意义重大。当前，国家和地方、政府和企业积极推动各类公共项目上马，不断加大对公共项目的支持和投入力度，在极大推动了公共项目立项和发展的同时，也使公共项目风险问题更加凸显，时有发生的施工安全事故和违规操作情况显示了公共项目风险控制的复杂性和必要性，亟须各方采取有效方法和手段进行控制。随着组织间分工合作更加普遍，越来越多的公共项目需要多个企业和政府部门进行协作，这在很大程度上突破了以往公共项目仅局限于项目团队和单个企业的范畴，传统的以项目经理为主要责任人的项目管理研究和以单个企业为背景的多项目管理研究，无法有效地为这种多组织合作项目提供有力的理论和方法支持。针对这种情况，通过研究公共项目利益相关方来控制项目风险成为一种有效途径。

公共项目治理的本质就是建立公共项目目标、确定公共项目执行规则、制定公共项目监控和信息披露规则等。完成这些工作时最重要同时也最困难的是公共项目涉及多个利益相关方，而每个利益相关方均有其各自的利益和限制。这些利益相关方之间彼此关联，构成了一种动态社会网络关系，即一种涉及业主、施工方、监理方等利益相关方的多组织规制动态社会网络系统。这种随公共项目生命周期发展变化的相关方之间的治理关系，不仅影响整个利益相关方社会网络的功能，也会影响网络中各个个体的行为。因此，科学合理地开展利益相关方治理关系社会网络研究对提高利益相关方之间的合作水平、提高公共项目成功率意义重大。当前，从这一角度开展的公共项目利益相关方治理关系研究尚处于起步阶段，国内外所取得的研究成果还很有限，本书期望从公共项目治理视角出发，对公共项目利益相关方动态治理关系问题进行探索和考察，以期取得有价值的研究成果。

自利益相关方理论提出以来，学者们开展了系统而深入的研究，公共项目利益相关方领域中涌现出众多成果。随着研究的不断发展，许多不同学科的思想和理论越来越多地融入到该领域研究当中，尤其是系统分析、网络建模、计算机仿真等技术手段的发展和成熟，为公共项目利益相关方研究开辟了一条新的路径，使得该领域中的很多具体问题得到更为深入细致的考察。利益相关方是一个宏大的研究主题，具有较高的理论探索和实际应用价值，急需综合文献调查、理论演绎、建模仿真和案例研究等一系列方法手段，对多阶段的利益相关方动态治理关系展开研究，对公共项目利益相关方领域中一系列未被研究过的具体问题进行考察和分析，并对某些已经研究过的重要问题从不同的角度和层面进一步深入探索。

公共项目是指由各级政府或其他相关部门筹划、出资、运行的，各种提供公共物品或公共服务的一次性和独特性的任务，是提供公共物品和公共服务的途径和载体，公共项目成果就是公共物品或公共服务。一个公共项目组织包括功能上相互依存的各个利益相关方，每个利益相关方都努力实现一系列的公共项目治理目标。经过多重选择（进入）、合作、退出、再次合作等过程，在特定阶段内，公共项目治理利益相关方（业主、供应商、政府、金融机构等）之间会呈现一种相对稳定的合作关系。随着公共项目进程的推进，公共项目利益相关方之间的治理关系也会不断变化，公共项目利益相关方需要对这些变化做出有效和快速的反应。一个公共项目利益相关方之间的动态治理关系本质上可以看作是一种多类系统要素协同作用的动态系统，因此研究重点是发掘系统中的关键可控要素，分析、预测其发展趋势，进而寻找控制公共项目治理风险的途径。本书采用自底向上的思路对公共项目利益相关方动态治理关系问题进行研究，从相关方动态治理关系的本质出发，分析相关方的治理关系特征及治理决策依据，通过对相关方治理关系动态变化过程的考察，探究相关方对于动态治理关系的认知和决策规则，为考察多项目阶段内相关方动态治理关系提供研究方法。

基于上述研究思路，本书首先分析公共项目利益相关方动态治理关系的内涵、表达方法、影响因素及其实现过程。采用社会学领域中有关社会网络的思想和方法，解释了相关方治理关系动态变化的内涵，提出了动态相关方治理关系社会网络构建方法，最终得到相关方社会网络特征的定量描述指标。使用动态的社会网络分析（Social Network Analysis，SNA）方法对利益相关方动态治理关系的内在机理进行考查，以研究相关方动态治理关系的变动过程及社会网络中各个相关方的治理行为。通过分析，取得了一系列研究成果，具体包括以下几个方面：

一是将公共项目利益相关方之间的治理关系提炼为一种动态的社会网络关系。依据公共项目治理的本质特征，借鉴社会网络分析的思想和 PRINCE2（Pnyect in controlled Environment，受控环境下的项目管理）项目管理结构化理论体系，设计了对利益相关方动态治理关系进行表达与分析的统一过程，剖析不同公共项目生命周期中的项目治理风险及应对思路，解决了用一个统一的框架来研究不同公共项目利益相关方间动态治理关系的可行性问题，进而丰富和完善了公共项目治理理论体系。

二是提出了基于 SNA 的相关方动态治理关系社会网络构建方法。公共项目利益相关方间的相互关系构成了社会网络，并随着项目生命周期的发展而不断变化，社会网络的结构属性及相关方的个体属性共同作用于相关方的项目治理行为，并受到不同相关方行为的影响。本书借鉴了社会学领域中社会网络分析的方法和工具，基于社会网络构建的原理，提出了基于 SNA 的相关方动态治理关系社会网络构建方法，为研究相关方治理关系的动态性及社会网络中各个相关方的治理行为提供了研究工具，并得到了相关方治理关系社会网络特征的定量描述指标。

三是揭示了相关方动态治理关系与治理策略选择的关联性。相关方动态治理关系的实现过程就是相关方为获得更大的治理收益或防范公共项目治理风险而不断调整自身行为（主要指治理策略），进而引起相关方治理关系社会网络发生变化的过程。本书基于 AHP 分析相关方治理关系动态变化系统，并分析关键影响因素对动态变化过程的影响情况，提出了四类影响相关方动态治理关系的关键要素。根据我国公共项目治理的现实情况，提出了影响公共项目治理绩效的多种动态性。借鉴系统思考的有关理论和方法，提出相关方动态治理关系与治理策略选择的关联性分析模型，使其更具有针对性和可操作性。

四是提出了公共项目利益相关方动态治理关系的系统基模分析方法。公共项目利益相关方治理关系系统可视为一个受公共项目目标和不确定性等因素共同影响的动态系统，目前的研究无法对这些动态要素进行有效的整合。本书提出了多种公共项目利益相关方治理关系动态变化过程分析的系统基模，研究特定的动态性如何影响公共项目治理系统的整体绩效，可为考察相关方治理行为与寻找风险规避方案提供重要依据。

五是创造了基于动态社会网络模型的公共项目治理系统研究方法。该方法能够实现公共项目利益相关方动态治理关系与项目治理风险的定量关联，体现利益相关方治理行为与社会网络变动相互作用的实质，为实现基于相关方动态治理关系的项目治理风险控制提供解决方法。

在激烈的市场竞争中，如何预测与分析当前乃至未来多个阶段内的公共项目利益相关方治理关系成为研究的重点，依据多个项目阶段的特征尽早发现潜在的公共项目治理风险并及时做出响应，对于规避公共项目风险、提高公共项目成功率意义重大。针对公共项目利益相关方之间存在动态网络治理关系及治理决策规则多样化的特点，十几年来迅速兴起的计算机仿真技术对于研究多阶段治理关系的状态及特点提供了新的路径。因此，本书对公共项目利益相关方的动态治理关系进行了模拟研究，在理论建模的基础上，综合使用系统模拟平台 MATLAB、社会网络构建平台 UCINET、系统动力学仿真平台 VENSIM，对所关注的问题进行模拟和分析，从而对不同公共项目发展阶段中利益相关方间的治理关系形态和规律进行考察，并得到以下研究成果：

一是运用系统仿真技术构建了公共项目利益相关方动态治理关系的仿真模型。根据公共项目系统中多种不确定性要素协同作用的现实情况，借鉴和使用系统分析与评价的理论方法和工具，本书综合运用社会网络分析和系统仿真的工具，对利益相关方之间的动态治理关系进行了仿真模型的构建研究。

二是设计了全项目生命周期条件下利益相关方动态治理关系系统仿真方案。为了使相关方动态治理关系系统的研究方法和工具能够在公共项目中进行应用，针对相关方治理关系社会网络发展变动的内在规律性，本书借鉴和使用了系统理论及统计数学中有关系统仿真与概率分布的思想和方法，突破了静态社会网络分析的研究局限，得到相关方治理关系社会网络从形成、发展直至消退过程中的利益相关方治理关系动态变化迭代算法，为利益相关方在项目不同阶段有针对性地控制治理风险提供解决方案，使研究更具有现实意义和应用价值。

三是通过案例分析与应用进一步说明公共项目利益相关方动态治理关系研究方法在公共项目实践中的可行性。本书选取了实际公共项目进行案例研究，选取的案例项目涉及利益相关方众多，关系复杂，项目工期紧、任务重。本书中对利益相关方动态治理关系社会网络的构建过程、相关方动态治理关系的实现过程和动态治理关系的系统仿真分析，均可以在项目中进行有效运用，更具体地表明了研究成果在公共项目实践中的可行性，揭示了公共项目治理演变的发展趋势。

综上，本书立足于全面推行国家治理能力和治理体系现代化的大背景，将公共项目利益相关方关系研究从“管理”视角引向“治理”视角，更加符合当前中国公共项目的组织形式。从公共项目治理视角对利益相关方的动态治理关系进行了系统研究，将现有利益相关方的二元关系研究拓展到网络关系研究，将支持各公共项目利益相关方独立行为的、基于属性要素的点式研究，拓展到支持利益相关方之间关联行为的、基于关联关系的网络研究，取得了具有理论意义和应用价值的研究成果。公共项目利益相关方动态治理关系研究不仅具有重要的理论意义和现实意义，而且具有长远的研究价值和广阔的探索空间。

本书是国家自然科学基金项目（71704097、71572094）、山东省高校人文社科研究计划项目（J16YF13）和山东师范大学青年教师学术专著（人文社科类）资助项目的研究成果。作者就职于山东师范大学公共管理学院，衷心感谢所有参与本书撰写指导的教授、专家和领导们，大家辛勤无私的工作、精辟的建议和热情的激励为书籍的完成提供了真正的帮助和促进。

目　录

第一章

导 论

公共项目治理可以为改进公共项目利益相关方管理理论与实践提供新的研究视角，其研究范围涉及多个学科领域，包括数学、社会学、经济学、物理学、情报学和计算机科学等，其研究已经取得了诸多成果。作为公共项目治理研究的一项关键内容——公共项目利益相关方的治理关系研究，虽然当前已有的很多研究成果和方法可以应用于其中，但是由于其源于公共项目治理活动，具有独特的关系结构和动态特征，因此成为一个备受瞩目的研究难点与热点，并已展现出非常广阔的应用价值和研究潜力。

第一节 研究背景及问题提出

当前，经济环境复杂多变，技术更新的速度加快，市场竞争愈加激烈。为规避公共项目治理风险，各个公共项目利益相关方需要进行高效合作，对环境做出快速反应，而建立并维护一种合理、有效的公共项目利益相关方动态治理关系是实现相关方间高效合作的主要方式。①②

一 研究背景

作为拉动经济发展的重要力量，公共项目，特别是建设大型公共项目在促进我国经济发展中发挥着积极作用。随着我国现代化建设进程的

---

① 丁荣贵、刘芳、孙涛等：《基于社会网络分析的项目治理研究——以大型建设监理项目为例》，《中国软科学》2010 年第 6 期。

② 刘芳、苗旺：《动态网络治理视角下的项目选择多标准决策》，《统计与决策》2016 年第 2 期。

不断深入，在加大固定资产投资和需求拉动的大环境下，公共项目，无论是从投资规模，还是项目数量上都急剧增长。作为经济社会发展和生活和谐有序的关键构成部分，公共项目的基本作用就是为广大社会公众提供公共物品和公共服务，为社会的运转提供基础条件。但与此同时，其风险控制极为复杂，施工安全事故和违规操作情况时有发生。① 2012年以来，“公路坍塌”“高铁故障”“动车相撞”“电梯伤人”等公共设施安全事故接连发生，公众的生命财产安全屡遭威胁。仅2016年1—9月，全国共发生房屋建筑与市政工程生产安全事故492起，同比上升43.02%，给国家和人民生命财产造成很大损失。2015年Standish Group在CHAOS报告中对当年美国公共项目的统计数据表明，只有29%的IT公共项目是真正成功的，19%是彻底失败的（即中途夭折的公共项目），介于两者之间是完成了的，但“受到质疑的”公共项目，占52%，这些公共项目被定义为存在费用超支、工期超长的公共项目（见表1-1）。为保障公共项目的成功，公共项目风险管理与控制成为关注的焦点。经过多年的研究、摸索和实践，我国逐步形成了具有中国特色的公共项目风险管理制度。其功能在于：加深业主、施工方等相关方之间的沟通；保证公共项目建设的全过程有一套明确、合理和可行的计划；保证系统的关键技术指标在公共项目实施过程中处于受控状态。但是目前的公共项目风险管理制度没有能够发挥应有作用的情况较常见，中国公共项目风险管理大多面临着权责不清和公共项目资源配置不合理等诸多亟待解决的问题。

表1-1　　IT公共项目相关调查数据结果②

	2011年	2012年	2013年	2014年	2015年
公共项目成功	29%	27%	31%	28%	29%

---

① 张水波、郑晓丹：《经济发展和PPP制度对发展中国家基础设施PPP项目的影响》，《软科学》2015年第7期。

② 表中公共项目成功即IT公共项目按时在预算内完成，并符合公共项目要求；公共项目面临挑战即IT公共项目延期完成，成本超出了计划，或没有满足全部公共项目要求；公共项目失败即IT公共项目被取消、未能完成或公共项目交付物无法使用。

续表

	2011 年	2012 年	2013 年	2014 年	2015 年
公共项目面临挑战	49%	56%	50%	55%	52%
公共项目失败	22%	17%	19%	17%	19%

资料来源：美国权威机构 Standish Group 2015 年的 CHAOS 报告。

面对亟须解决的公共项目风险问题，公共项目治理研究正日益受到理论界和实践界的重视。①② 公共项目（Public Project）是指由各级政府或其他公共部门筹划、出资或运行的，各种提供公共物品或公共服务的一次性和独特性的任务，是提供公共物品和公共服务的途径和载体，公共项目的成果就是公共物品或公共服务。它可划分为纯公共项目、准公共项目、战略性或政策性项目。纯公共项目指的是提供公用物品（Public Goods）的项目，项目产出具有非排他性和非竞争性，这类项目一般来说需要资源的投入，没有直接的现金流入，却具有为公众提供服务的效益。它是国家的立法、执法和行政必需的各类建设项目，如公检法、工商、税务、海关和城镇化建设等。准公共项目指的是提供准公用物品的项目，项目产出具有一定的竞争性和排他性，但这些产出或提供的服务涉及人们的基本需要，或者是因为存在外部性，收费往往不足以反映项目的效益。因此，需要政府对投入予以补充，如农业、水利、通信、教育、基本医疗服务和交通运输项目等。战略性或政策性项目指的是对国家有战略意义的特大型的，或有较大风险但有重大前景的，或者是资源性的项目③，以及出于领土完整和安全、减少地区间经济发展差异的考虑的项目。无论何种类型的公共项目，都呈现出一个

① Chen-Yu Chang, "Risk-Bearing Capacity as a New Dimension to the Analysis of Project Governance", *International Journal of Project Management*, Vol. 33, No. 6, August 2015, pp. 1195-1205.

② Pasquale Arena, " Project Governance: Implementing Corporate Governance and Business Ethics in Nonprofit Organizations", *Journal of Management and Governance*, Vol. 13, No. 4, 2009, pp. 355-363.

③ 刘芳、苗旺：《水生态文明建设系统要素的体系模型构建研究》，《中国人口·资源与环境》2016 年第 5 期。

共同的特点，即随着组织间的分工合作更加普遍，越来越多的公共项目需要多个企业和政府部门的协作，这个特点超出了以往将公共项目局限在公共项目团队和单个企业的范围。以公共项目经理为主要责任人的公共项目管理研究和以单个企业为背景的多项目管理研究均不能为提高这种多组织合作项目的成功率提供有力的理论和方法支持①，见表1-2。针对这种情况，公共项目治理为公共项目利益相关方控制公共项目风险提供了有效途径。一方面，在实施创建现代化国家、加快经济建设的宏观战略过程中，由于公共项目的多组织性特征，公共项目治理关注的项目利益相关方之间的有效合作已经成为控制公共项目风险的重要手段。另一方面，公共项目治理结构包含着多种类型的公共项目组织，成为这些组织重要的外部环境支撑体系。

表1-2　公共项目治理与公共项目管理、多项目管理等研究的区别

研究类别	研究目标	研究对象	行为主体	研究重点
公共项目治理	达成公共项目目标与实现相关方满意	公共项目	公共项目利益相关方	公共项目利益相关方间的治理关系
公共项目管理	达成公共项目目标	公共项目	公共项目经理	公共项目工期、成本和质量指标的实现
多项目管理	实现组织目标	多个项目	组织管理层	组织资源分配
公司治理	公司利益最大化	公司	公司负责人	公司责权利的配置

公共项目治理的本质就是建立公共项目目标、确定公共项目执行规则、制定公共项目监控和信息披露规则等。完成这些工作时最重要也最困难的在于公共项目涉及多个利益相关方，每个相关方均有各自的利益和限制。这些利益相关方之间彼此关联，构成了一种关系网络，即一种涉及业主、施工方、监理方等利益相关方的多组织规制系

① 丁荣贵、王金安：《首席专家胜任特征与研发项目绩效——组织管理环境的调节作用》，《科学学研究》2016年第5期。

统。这种关系网络中利益相关方之间的关联性不仅会影响整个相关方治理关系网络的功能，也会影响网络中各个个体的行为。因此，科学合理地开展相关方治理关系网络研究对提高利益相关方之间的合作水平，进而提高公共项目成功率意义重大。

二　公共项目利益相关方之间动态治理关系的研究

公共项目利益相关方之间的动态治理关系是决定公共项目合作水平的最重要因素之一，更是现代公共项目在瞬息万变的复杂形势下赖以生存的核心要素，对于公共项目成功具有至关重要的作用。公共项目利益相关方是介入公共项目过程或者是受到公共项目成果影响的组织或个人①，公共项目利益相关方之间的关系可视为一个非常复杂的大系统，不同发展阶段之间相互衔接，受到多种不确定性因素的影响。各个利益相关方之间的关系受到收益大小、投入大小、相关方的地位和拥有资源的影响，各种动态要素之间、动态要素与外界环境之间存在错综复杂的关系。社会网络分析（Social Network Analysis，SNA）方法是一种阐释公共项目利益相关方间关系的有效方法。利益相关方嵌入网络的方式不同，会影响网络的结构特征（如密度、中心性、结构洞等），进而影响利益相关方的治理策略，同时网络中利益相关方的行为会对网络整体功能产生影响，在一个资源有限的非随机网络中，成员会采用不同的治理策略以赢得获取稀缺资源的竞争优势。为了在整个公共项目生命周期范围内研究公共项目系统中利益相关方之间的风险，需要科学地考察公共项目利益相关方关系的变化，进而科学、合理地分析相关方治理关系社会网络的动态性。

相关方动态治理关系社会网络所反映的利益相关方动态治理关系在各种不确定性因素的影响下呈现动态变化的过程，传统的公共

① Ralf Müller and Miia Martinsuo, "The Impact of Relational Norms on Information Technology Project Success and Its Moderation Through Project Governance", *International Journal of Managing Projects in Business*, Vol. 8, No. 1, 2015, pp. 154-176.

项目风险管理方法不能有效反映这种变化和不确定性，因而不能有效应对整个项目生命周期内存在的风险。通常情况下，公共项目的利益相关方来自不同的组织，形成一个临时性的多组织结构。[①] 利益相关方之间的关系受正式合同的约束，但同时也受到随着时间而演变的各种非正式关系（如情感和文化）的影响，这种关系可以通过不同利益相关方及其治理关系构成的社会网络来表示，其形成和发展基于若干关键要素的相互作用。对于公共项目利益相关方来说，治理角色之间的关系构成了一种“动态治理角色网络”，这是由公共项目治理的特定需求决定的，并会随着利益相关方的治理行为而改变。[②] 网络关系的结构及其变动不仅影响整个网络的功能，也会影响网络中各个个体的行为。因此，公共项目利益相关方必须理解相关方治理关系社会网络动态性如何影响公共项目治理系统的绩效，并采取及时的应对策略。传统的控制机制［如计划评审技术（Program Evaluation and Review Technique，PERT）］和实证研究并不足以管理这种复杂的动态性。除非形成一种表达和分析治理关系社会网络动态性的有效方法，否则现有的治理风险问题将继续困扰着公共项目的各个利益相关方。

随着研究的不断发展，许多不同学科的思想和理论越来越多地融入该领域研究当中，尤其是系统分析、网络建模、计算机仿真等技术手段的发展和成熟，为公共项目利益相关方研究开辟了一条新的路径，使得该领域中的很多具体问题可以得到更为深入细致的考察。

利益相关方是一个宏大的研究主题，具有较高的理论探索和实际应用价值，本书综合了文献调查、理论演绎、建模仿真、案例研究等方法和技术手段，对多阶段的相关方动态治理关系展开研究，对公共项目利益相关方领域中一系列未被研究过的具体问题进行考

① Albert B. Cherns and Donald T. Bryant，“Studying the Client'S Role in Construction Management”，*Construction Management and Economics*，Vol. 2，No. 2，1984，pp. 177-184.

② 高航、丁荣贵：《政府重大投资项目舆情传播与舆情风险关系研究》，《情报杂志》2014 年第 9 期。

察和分析，并对某些已经研究过的重要问题从不同的角度和层面进一步深入探索。具体来说，本书从公共项目治理的层面考察利益相关方之间的关系，研究相关方治理关系所形成的、随着公共项目生命周期发展变化的动态治理关系社会网络，并对公共项目各阶段内相关方治理关系的表达工具、影响因素、系统仿真方法等问题进行探究和分析，为预测与防范当前及今后多个阶段内的公共项目治理风险提供有效途径。

本书关注了公共项目利益相关方治理关系的动态性实质及其实现过程。一个公共项目组织包括功能上相互依存的各个利益相关方，每个利益相关方都努力实现一系列的公共项目治理目标。为了实现目标，经过多重选择（进入）、合作、退出、再次合作等过程，在特定阶段内，各个公共项目利益相关方（业主、供应商、政府、金融机构等）之间会呈现一种相对稳定的合作关系。在已经建立的公共项目治理目标等多种系统要素的共同作用下，随着公共项目进程的推进，公共项目利益相关方之间的治理关系也会不断变化，相关方需要对这些变化做出有效和快速的反应。一个公共项目组织及其利益相关方之间的动态治理关系本质上可以看作是一种动态系统，因此研究重点是系统相关要素如何相互作用以取得预期的公共项目绩效。本书采用自底向上的思路对公共项目利益相关方动态治理关系问题进行研究，从相关方动态治理关系的本质出发，分析相关方的治理关系特征。采用社会学领域中有关社会网络的思想和方法，考察相关方动态治理关系的内涵，研究相关方动态治理关系社会网络的构建方法。使用动态社会网络分析方法对利益相关方动态治理关系的内在机理进行考察，以研究相关方动态治理关系的实现过程及社会网络中各个相关方的治理行为。

在激烈的市场竞争中，如何预测与分析当前乃至未来多个阶段内的公共项目利益相关方治理关系成为研究的重点，依据多个项目阶段的相关方治理关系特征尽早发现潜在的公共项目治理风险，及时做出响应，对于规避公共项目风险、提高公共项目成功率意义重大。针对公共项目利益相关方之间存在的动态网络治理关系及治理决策规则的多样性特点，近十几年来迅速兴起的计算机仿真技术对于研究多阶段治理关系的状态及特点提供了新的路径。由此，本书探究相关方对于动态治理关系的认知和决策规则，应用动态社会网络建模原理和系统分析技术进行公共项目利益相关方动态治理关系系统建模，进而对有关问题展开计算机仿真，借此为考察多项目阶段内相关方动态治理关系提供研究方法，对整个项目生命周期内相关方治理关系的发展规律及特点进行考察。

第二节 研究意义

从动态公共项目治理关系视角开展研究，本书的具体研究目的有三：一是明晰公共项目利益相关方动态治理关系的定义与表达方法；二是确定公共项目利益相关方动态治理关系的内在机理；三是开展公共项目利益相关方动态治理关系的系统仿真研究。

为了实现本书的研究目的，本书将探讨社会网络分析在相关方动态治理关系中的应用，分析多组织公共项目治理中利益相关方之间的关联关系，并深入探讨网络嵌入方式、网络结点个体位置、中心势、联合性等概念在相关方治理关系社会网络中的管理学意义。探索适合治理关系社会网络演变的内在机理与研究方法，以及网络结构与公共项目利益相关方个体行为、治理策略之间的相互影响。运用社会网络技术和系统仿真方法的相关分析工具，同时考察公共项目治理面临的结构风险和属性风险，构建治理关系社会网络动态变化的系统仿真模型并进行研究。

虽然公共项目治理已经获得普遍关注并取得重要进展，但是当前的公共项目治理研究尚未全面应对项目风险。公共项目治理关系构成不尽合理、公共项目资源在社会网络中流通不畅等，依然是我国公共项目治理发展无法回避的问题。

总结目前的研究，绝大多数与公共项目治理有关的研究都是致力于发掘如何进行最有效的利益相关方管理。此类研究大部分是关于创建以实用性为导向的相关方管理方案及分类方法。[①②③④] 对利益相关方管理中相关方部分的认识，也就是利益相关方实际上如何表现及其如何能够对公共项目治理的决策过程实施影响，历来没有受到重视。尤其是从项目周期的角度来探讨利益相关方对公共项目治理决策产生影响的可能性，这是大部分文献中都未曾提到的。在这种研究导向下，现有的公共项目治理研究大多基于治理关系社会网络的稳定性，分析网络演变过程中某个阶段的静态结构，强调对社会网络的密度、中心度、位置、嵌入等状态特征的研究，很少有研究考虑这种治理关系社会网络的动态变化问题。[⑤⑥] 新的后结构主义研究视角已经对社会网络拥有想当然的稳定性和客观性这一观点提出挑战，指出社会网络绝不仅仅是一种静态的网络结构，它“代表着一种在认知或人际间互动的层面上发生的多种微观过程的动态交织形态”，提醒理论界要关注社会网络关系的易变性和主观性。[⑦⑧]

---

① 严敏、张亚娟、严玲：《项目治理视角下 BT 项目投资控制关键问题研究：以某地铁项目为例》，《土木工程学报》2015 年第 8 期。

② Thomas Donaldson and Lee E. Preston, “The Stakeholder Theory of the Corporation: Concepts, Evidence, and Implications”, *The Academy of Management Review*, Vol. 20, January No. 1, January 1995, pp. 65–91.

③ Nora M. El-Gohary, Hesham Osmanl and Tamer E. El-Diraby, “Stakeholder Management for Public Private Partnerships”, *International Journal of Project Management*, Vol. 24, No. 7, October 2006, pp. 595–604.

④ Stefan Olander and Anne Landin, “Evaluation of Stakeholder Influence in the Implementation of Construction Projects”, *International Journal of Project Management*, Vol. 23, No. 4, May 2005, pp. 321–328.

⑤ 范如国：《复杂网络结构范型下的社会治理协同创新》，《中国社会科学》2014 年第 4 期。

⑥ David Krackhardt, “The Ties That Torture: Simmelian Tie Analysis in Organizations”, *Research in the Sociology of Organizations*, Vol. 16, No. 1, January 1999, pp. 183–210.

⑦ 丁荣贵、高航、张宁：《项目治理相关概念辨析》，《山东大学学报》（哲学社会科学版）2013 年第 2 期。

⑧ 汤汇道：《社会网络分析法评述》，《学术界》2009 年第 3 期。

一个公共项目本身就为相关方活动创造了一个动态环境，这是由于一个公共项目在其项目周期内要经历不同的阶段。[①] 在项目研究领域，项目生命周期模型已被广泛认可。一个公共项目的生命周期通常会历经多个阶段：投资准备期、规划计划期、项目执行期及项目运行期，而这几个阶段的特点又截然不同。[②] 因此，公共项目从投资准备期到规划计划期，再到执行期与运行期，利益相关方采取某种治理活动的概率及其对公共项目治理绩效的影响能力也会产生变化。最近，就提升公共项目本身在环境方面和社会方面的责任感，越来越多的压力也从内部和外部蜂拥而至。在当今社会，为了确保公共项目的成功，社会团体及环保积极分子所关心的事情，也需要作为公共项目决策的一部分来仔细思考。[③④⑤⑥]

对于包含着不同社会背景或文化背景利益相关方的全球性公共项目来说，这一点尤其重要。全球性公共项目的实施，经常需要在全球领域进行机构的设置，因此还容易受到比较广泛的社会或政治环境的影响。截至 2015 年底由我国发起的“一带一路”战略，已经得到了近 60 个沿线国家的参与支持。“一带一路”的共建，不仅促进了经济要素的自由流动，还实现了资源的高效配置与市场的深度融合，促进了沿线国家的经济社会发展。在“一带一路”战略中所涉及的项

① Abbas Ziafati Bafarasat, “Meta-Governance and Soft Projects: A Hypothetical Model for Regional Policy Integration”, *Land Use Policy*, Vol. 59, No. 12, 31 December 2016, pp. 251-259.

② J. Rodney Turner, *The Handbook of Project-Based Management—Landing Strategic Change in Organizations* (*3rd ed.*), London: McGraw-Hill, 2008, p. 14.

③ Karen Johnston, “Public Governance: The Government of Non-State Actors in Partnerships”, *Public Money and Management*, Vol. 35, No. 1, 2015, pp. 15-22.

④ Vivek Narain Mathur, Andrew D. F. Price and Simon Austin, “Conceptualizing Stakeholder Engagement in the Context of Sustainability and Its Assessment”, *Construction Management and Economics*, Vol. 26, No. 6, 2008, pp. 601-609.

⑤ 彭本红、谷晓芬、周倩倩等：《基于 SNA 的服务型制造项目治理风险分析》，《管理评论》2016 年第 2 期。

⑥ 严玲、张笑文、严敏等：《中国建设项目治理研究发展路径的全景透视》，《科技管理研究》2016 年第 14 期。

目，包括道路、口岸、油气管道、输电线路等基础设施的建设（见表1-3）。继2014年9月开工的中国—中亚天然气管道D线塔吉克斯坦段后，中俄天然气东线管道中国境内段于2015年6月正式开工。同样在2015年，由中国设立的丝路基金与俄罗斯亚马尔液化天然气一体化项目的最大股东诺瓦泰克公司签署框架协议，将投资购买这个全球最大的液化天然气项目9.9%的股份。2015年12月，分别由中老和中泰双方政府共同决策和推进的重大战略合作项目中老铁路与中泰铁路相继在老挝首都万象和泰国大城府挽巴茵县清惹克侬火车站开工。基础设施互联互通已被确定为“一带一路”建设的优先领域。这些项目具有明显的“公共”属性，除了被认为可以加强中国公共产品和服务供给安全外，显然投资这些大型公共项目还出于加强与特定国家合作紧密性的政治考虑。并且新形势下实施的大量公共项目还肩负着转变中国经济发展方式、改善环境质量的任务。这些被视为建设优先领域的跨境合作公共项目，必将涉及大量的项目利益相关方及其合作治理关系，“一带一路”不仅涉及国内的项目建设方、货物和服务提供方，更重要的是将沿线各国的项目资源连接起来，从而实现经济互补、加强彼此合作。其主要是通过政策沟通，依托设施联通，达成贸易畅通、资金融通、民心相通的愿景。同时，其项目建设的资金来源也是多种多样。因此，以“一带一路”基础设施建设为代表的公共项目与传统的公共项目不同，不仅仅局限为单纯的国内公共建设问题，还涉及与他国甚至是多国关系的协调，所以更亟须对项目利益相关方之间的治理关系进行分析与规制，以实现同沿线各国项目合作方的交流互鉴与合作共赢。

表1-3　“一带一路”典型重大公共项目表

项目名称	承建方	项目内容	项目殊荣
泽蒙—博尔察大桥	中国路桥工程有限责任公司	塞尔维亚泽蒙—博尔察大桥及附属连接线项目位于塞尔维亚首都贝尔格莱德市规划内环线西北部，起点与贝尔格莱德市T-6道路（贝尔格莱德—诺维萨德高速）相接，终点与贝尔格莱德—潘切沃高速路连接	第一座中国企业在欧洲建造的大桥

续表

项目名称	承建方	项目内容	项目殊荣
特拉维夫轻轨	中国中铁股份有限公司	轻轨位于以色列特拉维夫，全长23千米，包括6座地下车站、10560米TBM隧道及17条横通道等工程	
蒙内铁路	中国路桥工程有限责任公司	铁路连接肯尼亚首都内罗毕和东非第一大港蒙巴萨港，全长480千米，设计运力2500万吨，计划2018年建成通车	
埃塞俄比亚铁路	中国中铁二局集团有限公司	线路从埃塞俄比亚首都亚的斯亚贝巴至南部城市米埃索（亚吉铁路西段），项目全长329千米，设计时速120千米	全部按照中国标准设计和施工
基甘博尼大桥	中国中铁	大桥位于坦桑尼亚首都达累斯萨拉姆至基甘博尼地区	坦桑尼亚头号工程，东非首座斜拉桥
阿斯塔纳轻轨	中国中铁	轻轨位于哈萨克斯坦首都阿斯塔纳，一期项目线路总长约22千米	采用中国规范设计施工并装备中国设备
中巴经济走廊	中交集团	北起喀什、南至瓜达尔港的经济大动脉，其中，喀喇昆仑公路从我国喀什至巴基斯坦塔科特，全长1224千米。瓜达尔港是中巴经济走廊终点，是巴基斯坦政府规划建设的第三大港，也是巴基斯坦唯一适合大型船舶进出的港口	被称为“世界第八大奇迹”“世界近现代十七项代价最高的建设工程之一”
与大湄公河次区域国家、港澳地区的电力合作项目	南方电网公司	115千伏勐腊—那磨线向老挝送电。南方电网公司3回220千伏、3回110千伏线路向越南送电。与缅甸联网项目有云南勐龙—缅甸景康110千伏线路，从缅甸瑞丽江一级水电站购电项目和从缅甸太平江一级水电站购电项目	
“一带一路”相关国家和地区跨项目传输系统建设	中国联通	与缅甸通信与信息化部合作投资建设“中国—缅甸国际路缆”工程，投资建设“亚—非—欧国际海缆”工程，SMW5（亚欧5号）海缆项目和APG（亚太直达）海缆项目。积极推进中亚与东盟国家边境陆缆互连工作	TD－LTE（Fime Division Long Term Evolution，分时长期演进）国际化已取得初步成效①

随着研究的深入，人们认识到在公共项目生命周期的不同发展阶段，利益相关方之间存在不同的治理关系，没有一种一成不变的项目治理形式能够贯穿整个项目生命周期，也不会有一个静态的治理结构能够贯穿一个公共项目治理过程的整个生命周期。公共项目

① 《国资委发布央企“一带一路”路线图》，2015年7月，人民网（http://scitech.people.com.cn/n/2015/0716/c1057-27310997.html）。

利益相关方扮演的各种治理角色和角色之间的关联关系难以预先用一个刚性的层级结构、矩阵结构或网络结构来表达，它们应是一种依赖于公共项目治理特征需要的、随着利益相关方治理行为而发展变化的“动态治理角色网络”。当前的治理关系社会网络迫切需要超越单阶段的静态研究特点，强调社会网络的权变和动态思想。从治理的层面，对相关方治理关系社会网络的动态性进行研究的必要性凸显。因此，要研究公共项目治理在整个项目生命周期内的可靠性，防范公共项目治理风险，还需要考察治理关系社会网络的动态性。治理关系社会网络的演变与发展遵循怎样的内在机理，相关方治理关系演变与相关方治理策略选择的关联机制为何，是否存在对相关方治理关系社会网络动态变化过程进行有效分析的方法和工具，这些公共项目治理领域中的关键问题亟须得到有效的分析和解决。

综合上述分析，开展公共项目利益相关方动态治理的意义在于，通过动态治理关系社会网络研究调整利益相关方的公共项目治理策略，进而分析和规避多阶段的公共项目治理风险。具体表现为：针对目前治理关系社会网络动态性研究不足的情况①，从治理关系社会网络的动态变化机理、动态表达方式和网络演变模型构建方法多个方面丰富和发展现有的公共项目治理理论体系，同时为公共项目治理实践提供借鉴。

第三节 研究方法

在文献调查与系统分析的基础上，提出了本书的基本研究思想：一是相关方治理关系社会网络的演变是基于特定的公共项目治理目标；二是公共项目成员的治理决策受到了所嵌入治理关系社会网络动态变化的影响；三是治理关系社会网络的动态变化可以看作是治理过

① Karen Johnston, “Public Governance: The Government of Non-State Actors in Partnerships”, *Public Money and Management*, Vol. 35, No. 1, 2015, pp. 15-22.

程中不同相关要素交互作用的结果，其目的是获得更大的治理收益或控制公共项目治理风险。

本书的研究路径如下：在回顾公共项目治理中利益相关方管理实践和公共项目治理理论体系研究的基础上，提出本书研究的问题。在文献检索的支持下，探讨公共项目治理中利益相关方动态治理关系的内涵，提出其表达方法。分析公共项目利益相关方治理关系动态变化的内在机理，建立相关方治理关系动态性与治理策略选择之间的关联机制。在此基础上，构建包含多个公共项目治理相关变量的系统仿真模型来分析治理关系社会网络动态变化的具体过程，在计算机上模拟与仿真，通过调节关键参数的变化来寻求规避风险的有效途径。之后通过案例应用进一步说明本书提出的理论与方法。最后，总结本书的主要研究结论，提出进一步研究的方向。

本书架构如图 1-1 所示，在本书章节架构的基础上，标明了不同章节对应的关键研究成果。本书基于研究的需要构建多种系统分析模型，其内在逻辑关系为：首先，构建利益相关方动态治理关系社会网络模型来科学阐释相关方之间的动态治理关系；其次，构建相关方动态治理关系系统基模考察治理关系社会网络发展变化的基本类型，通过将这种治理关系社会网络变动的不同形态与治理策略相结合，得到动态治理关系与治理策略选择的关联分析模型；最后，通过整合上述研究模型，构建基于相关方动态治理行为内在规律的相关方动态治理关系系统仿真模型，进而通过计算机仿真得到相关方动态治理关系的改进策略。

导论部分对本书的研究背景、问题提出、研究目的、研究方法、研究内容、研究架构、创新之处等方面进行分析与阐述。

第二章公共项目利益相关方动态治理关系的提出，首先，对公共项目治理研究的理论基础与研究进展进行系统梳理，其次，对公共项目利益相关方的内涵与管理方法研究进行综述。本书从公共项目治理视角研究公共项目利益相关方之间的动态治理关系问题，将公共项目利益相关方之间的动态治理关系社会网络的形成与发展视为多种关键要素交互作用的结果，相关方的治理决策受到了所嵌入网络的影响，

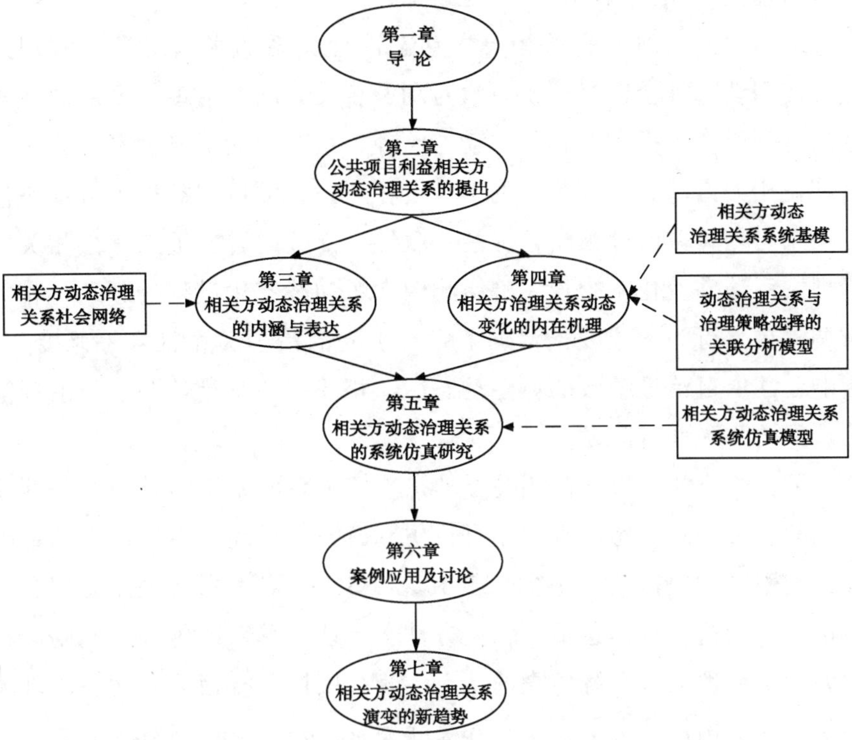

图 1-1 本书架构

并反作用于这种关系网络本身。在此基础上，本书对系统仿真技术的理论与应用研究进行综述，从而系统的把握已有相关研究成果，为本书研究的开展提供指导。

第三章公共项目利益相关方动态治理关系的内涵、特征与表达方法。首先，对公共项目利益相关方动态治理关系的内涵进行说明，具体内容包括公共项目利益相关方动态治理关系的内涵及其特征。其次，对公共项目利益相关方治理关系的动态变化过程及其表达方法进行研究。最后，对公共项目利益相关方动态治理关系社会网络进行建模和分析，具体包括：为研究公共项目治理中利益相关方之间多元的动态关联关系，根据公共项目治理的本质，采用社会学领域中有关社会网络的思想和方法，解释了公共项目治理关系的动态变化过程，提出了基于 SNA 的动态治理关系社会网络构建方法，来研究相关方动态治理关系的变动及社会网络中各个相关方的治理行为，最终得到相关方治理关系社会网络特征的定量描述。

第四章公共项目利益相关方动态治理关系的影响因素及实现过程，使用动态社会网络分析方法对利益相关方动态治理关系的内在机理进行分析，包括利益相关方动态治理关系变化的影响因素、公共项目利益相关方动态治理关系的实现过程、公共项目利益相关方动态治理关系与相关方治理策略选择的关联性三部分内容，重点考察相关方治理关系动态变化系统、关键影响因素对动态变化过程的影响、相关方调整自身行为（主要指治理策略）引起的治理关系社会网络变化、影响公共项目治理绩效的典型动态性、相关方动态治理关系与治理策略选择的关联性等问题。

第五章公共项目利益相关方动态治理关系的系统仿真，对公共项目利益相关方的动态治理关系进行仿真研究，在理论模型构建的基础上，选用系统模拟软件 MATLAB 和 VENSIM，对本书所关注的问题进行仿真与分析，具体包括：相关方动态治理关系系统仿真的原则、相关方动态治理关系系统仿真的特点、公共项目利益相关方动态治理关系仿真模型构建的关键变量及其关联关系、公共项目利益相关方动态治理关系仿真模型构建的参数设计、仿真结果的表现形式及分析方法、系统仿真结果的讨论，从而对不同公共项目发展阶段下项目利益相关方间的治理关系形态与规律进行考察分析，以期发现有价值的特征和结论。

第六章公共项目利益相关方动态治理关系建模仿真的案例应用，通过典型的公共项目案例说明利用动态社会网络分析解决公共项目治理问题的实际过程和效果，着重分析利益相关方在该网络中的嵌入方式与个体属性对治理策略的影响。

第七章公共项目利益相关方动态治理关系演变的新趋势，在对上述章节研究结果进行综合分析的基础上，结合当前公共项目治理的新形势、新变化，揭示了公共项目治理利益相关方关系演变的发展趋势，并对未来的研究进行展望。

本书为完成以上研究，综合采用了文献调查、理论演绎、建模仿真、案例研究等方法，具体研究过程及研究方法如图 1-2 所示，具体阐述如下。

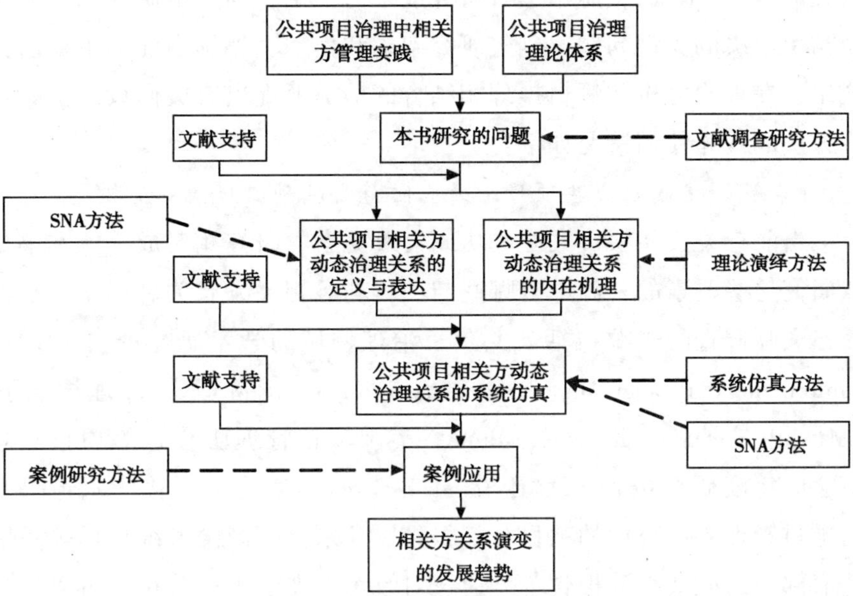

图 1-2 研究过程及研究方法

一 文献调查研究方法

本书以"公共项目治理""公共项目利益相关方""公共项目利益相关者""公共项目利害关系方""公共项目干系人"等作为搜索关键词①，运用国内高校的图书馆、维基百科、百度、Google 等搜索引擎网站，对公共项目利益相关方的有关文献进行检索。以"Public Project Stakeholder""Public Stakeholder Management""Project Governance"等为关键词，采用 Elsevier Science 和 JSTOR（Journal Storage）数字化全文库等搜索平台对国际学术研究成果进行检索。

本书在查阅公共项目利益相关方相关中外文文献的基础上，通过考察文献的主题、目录、摘要、引言、结论乃至正文，对文献内容开

① 现有研究对"Project Stakeholder"存在多种不同的翻译方法，如"利益相关者""项目干系人"，其实质指代的内容相同，因此本书考虑多种不同翻译方法，分别搜索相关文献。

展调查，对调查所得的情况进行分析判断，形成主要概念，成为本书研究的基础。之后，总结已有研究成果与不足，确定本研究的研究视角与拟解决的关键问题，创建研究架构和模型。根据当前的主要研究成果，在理论分析和逻辑推理相结合的前提下提出有关假设。文献调查方法的具体使用情况如下：

（一）研究提高公共项目绩效、防范公共项目风险的关键

当前有关公共项目关键成功或失败要素的研究相对成熟，本书重点研究这些要素的来源中有哪些与项目利益相关方有关。基于这种考虑，文献调查的来源包括公共项目治理领域的学术研究论文、IPMA（International Project Management Association，国际项目管理协会）、PMI（Project Management Institute，美国项目管理协会）等项目管理协会的年度研究报告、美国 Standish Group、麦肯锡、普华永道等知名项目管理咨询公司的项目分析报告以及来自中国国家统计局等我国政府部门的权威统计报告等。通过对收集的文献进行分析，可以发现和利益相关方特别是相关方间关系有关的要素正在逐渐增多并成为重要的组成部分，这也充分说明本书选取“公共项目利益相关方的动态治理关系”为研究对象具有非常重要的理论意义与实践价值。

（二）分析当前利益相关方管理的研究现状

当前，有关利益相关方研究的理论尚处于起步阶段。尽管“利益相关方”这一概念及其重要性已广为人知，但是选取何种研究视角，还没有明确的分类，亦没有成熟的研究成果。现有的研究成果都是基于经验而提出的，缺乏严密论证与科学推理。本书对相关文献资料进行了整理，提出当前研究由于缺乏对利益相关方之间“动态关系”的关注而使其欠缺解决实践问题的可行性。在此基础上，本书将研究对象聚焦在“公共项目利益相关方的动态关系”上，并从公共项目治理的视角开展研究。

（三）分析公共项目治理的理论基础与研究进展

目前有关公共项目治理的研究已经得到了一些有代表性的成果，本书采用文献调查与分析的方法对相关的研究成果进行了整理，对其研究不足与可借鉴之处进行了分析，提出在公共项目治理研究的框架

下对公共项目利益相关方之间的动态治理关系进行分析的研究构想。

（四）归纳出本书研究的理论基础

研究公共项目利益相关方之间的动态治理关系，需要借鉴与综合不同学科、不同领域的已有研究成果。本书在社会学、管理学、运筹学、计算机科学、系统工程学等多个不同学科领域中广泛寻找有关的理论支撑，发掘能够解决本书研究问题的方法与工具，并依据公共项目的实际特点进行了修正、改进，进而在本书的研究中加以应用。

二 理论演绎与建模仿真

理论演绎法亦称演绎推理（Deductive Reasoning），是指人们以特定反映客观规律的理论认识作为依据，从符合该认识的已知部分推断事物的未知部分的一种研究方法。表现为由一般到个别的认识方法。在理论演绎的基础上，建模仿真可用于创建客观事物的模型来描述、模拟、评价和优化系统行为。本书综合运用这两种研究方法主要完成以下工作：

（一）公共项目利益相关方动态治理关系的定义与表达

在公共项目利益相关方动态治理关系的定义与表达方面，采用了社会学领域中的社会网络分析（SNA）方法。SNA 方法作为一种对社会关系网络进行建模研究的方法，它能够用不断丰富与发展的运算法则、方案和程序等分析社会关系网络的潜力，可以翔实的描绘出网络中重要的、导向性的网络特征与发展趋势，非常适合分析与解释不同个体和组织在其所属的更大的活动空间中的互动问题。公共项目利益相关方之间的治理关系也是通过社会关系网络的变更来不断发展前进的，因此可以借鉴和采用 SNA 的方法与工具，并结合公共项目的特征与实际研究的需求加以改进，这是本书研究公共项目利益相关方间动态治理关系的基础。

（二）分析公共项目利益相关方动态治理关系的实现过程

公共项目利益相关方动态治理关系的实现过程是本书的研究重点，界定这种实现过程的性质是本书开展研究的关键，本书认为公共项目利益相关方动态治理关系实现过程可以概括为公共项目治理目标引导、多种影响因素协同作用的相关方治理关系社会网络演变过程，可以借鉴系统基模等方法和工具对公共项目利益相关方参与项目的各种治理行为进行研究，建立了利益相关方动态治理关系与相关方治理策略选择之间的关联机制。公共项目各个利益相关方是为了共同实现公共项目目标才进行合作的，从长期看，只有在公共项目整体顺利完成的时候才能获得个体的收益。

（三）公共项目利益相关方动态治理关系的系统建模与仿真

本书采用基于计算机编程的系统仿真方法构建治理关系社会网络动态变化的系统仿真模型，以揭示相关方治理关系社会网络系统的动态性，探索控制公共项目治理风险的有效路径。

三　案例研究方法

本书使用案例研究的方法，一方面进一步验证了本书的研究成果应用于公共项目治理实践中的可行性；另一方面也可以用来演示本书的研究成果在真实公共项目案例环境中的应用环节与效果。本书的部分主要内容采用了数理和模型的方式开展研究，因此在进行案例研究时依据选取案例的实际情况进一步进行分析，能够使研究过程与研究成果更为清晰。在第三章、第四章、第五章中为进一步说明研究结果的合理性与可行性，采用了案例研究方法，在第六章中通过一个完整的案例分析对相关问题做出进一步的说明。

第四节　研究创新

本书以“公共项目利益相关方的动态治理关系”为研究对象，选择公共项目治理为研究视角，超越了原有静态结构视角条件下的公共项目利益相关方研究，为公共项目利益相关方动态治理关系研究提供了有效的分析方法和工具。主要的研究创新在于以下方面：

一　将社会学与系统工程领域的分析方法引入公共项目治理研究

针对目前公共项目利益相关方动态治理关系研究方法与工具的缺

乏，本书将社会学与系统工程领域的分析方法引入公共项目治理研究中，得出了公共项目利益相关方动态治理关系的内涵及特征，据此提出适用于公共项目利益相关方动态治理关系的表达方法，这为分析相关方动态治理关系的实质提供了有意义的借鉴。

将公共项目利益相关方之间的动态治理关系提炼为一种动态的社会网络关系。依据公共项目治理的本质特征，借鉴社会网络分析的思想和 PRINCE2 公共项目管理结构化理论体系，设计了对利益相关方动态治理关系进行表达与分析的统一过程，剖析不同公共项目生命周期中的公共项目治理风险以及应对思路，解决了用一个统一的框架来研究不同公共项目利益相关方间动态治理关系的可行性问题，进而丰富和完善了公共项目治理理论体系。

提出了基于 SNA 的动态治理关系社会网络构建方法。公共项目利益相关方及他们之间的相互关系构成了社会网络，并随着公共项目生命周期的发展而不断变化，社会网络的结构属性及相关方的个体属性共同作用于相关方的公共项目治理行为，并受到不同相关方行为的影响。借鉴了社会学领域中社会网络分析的方法和工具，基于社会网络构建的原理，提出了基于 SNA 的动态治理关系社会网络模型，为研究相关方治理关系的变动及社会网络中各个相关方的治理行为提供了研究工具，并得到了相关方治理关系社会网络特征的定量描述指标。

二 提出并构建从治理策略选择、到动态治理关系实现过程、再到动态治理关系系统仿真的考察思路

现有研究难以从整体系统考察动态治理关系问题，因此本书提出并构建从治理策略选择、到动态治理关系实现过程、再到动态治理关系系统仿真模型的考察思路，进而为从相关方出发剖析多阶段公共项目治理绩效提供一种新的分析途径。

揭示了相关方动态治理关系与治理策略选择的关联性。相关方治理关系的动态变化就是相关方为获得更大的治理收益或防范公共项目治理风险而不断调整自身行为（治理策略），进而引起相关方治理关

系社会网络发生变化的过程。本书基于 AHP（Analytic Hierarchy Proless，层次分析法）分析相关方治理关系动态变化系统，分析关键影响因素对动态性实现过程的影响情况，提出了四类影响相关方动态治理关系的关键要素。根据公共项目治理的现实情况，提出了影响公共项目治理绩效的多种动态性。借鉴系统思考的有关理论和方法，提出相关方动态治理关系与治理策略选择的关联性分析模型，使其更具有针对性和可操作性。

将系统思考方法引入公共项目治理领域，提出了公共项目利益相关方动态治理关系的系统基模分析方法。公共项目利益相关方治理关系系统可视为一个受公共项目目标和不确定性等因素共同影响的动态系统，目前的研究无法对这些动态要素进行有效的整合。① 本书提出了多种公共项目利益相关方动态治理关系分析的系统基模，研究特定的动态性如何影响公共项目治理系统的整体绩效，可为考察相关方治理行为与寻找风险规避方案提供重要依据。

创造了基于动态社会网络模型的公共项目治理系统流图研究方法。该方法能够实现公共项目利益相关方动态治理关系与公共项目治理风险的定量关联，体现利益相关方治理行为与社会网络变动相互作用的实质，为实现基于相关方动态治理关系的公共项目治理风险控制提供解决方法。

运用系统仿真技术构建了公共项目利益相关方动态治理关系的仿真模型。根据公共项目治理系统中多种不确定性要素协同作用的现实情况，借鉴和使用系统分析与评价的理论方法和工具，本书综合运用社会网络分析和系统仿真平台，对利益相关方之间的动态治理关系进行了仿真模型的构建研究。

三　演绎相关方治理关系社会网络从形成、发展直至消退过程的动态变化迭代算法

基于公共项目治理多阶段的特点，突破现有静态研究的局限，给

---

① 刘芳、苗旺：《基于系统基模的项目治理社会网络动态性研究》，《求索》2015 年第 12 期。

出了相关方治理关系社会网络从形成、发展直至消退过程的动态变化迭代算法，为利益相关方在公共项目不同阶段有针对性的控制治理风险提供解决方案。

设计了整个项目生命周期中利益相关方动态治理关系系统仿真方案。为了使相关方动态治理关系系统的研究方法与工具能够在公共项目全生命周期中进行应用，针对治理关系社会网络发展变动的内在规律性，本书借鉴和使用了系统理论及数学统计中有关系统仿真与概率分布的思想和方法，突破了静态社会网络分析的研究局限，得到治理关系社会网络从形成、发展直至消退过程中的利益相关方进入、退出及治理关系动态变化的迭代算法。为利益相关方在公共项目不同阶段有针对性的控制治理风险提供解决方案，使研究更具现实意义和应用价值。

通过案例分析与应用进一步说明公共项目利益相关方动态治理关系的实现过程在公共项目实践中的可行性。将对公共项目利益相关方动态治理关系的研究成果应用于具体的公共项目实践过程，突破了原有的以 PMBOK 等一般管理理论体系为指导思想的公共项目管理范畴，超越原有的以公共项目经理为核心的研究局限。从相关方动态治理关系社会网络模型的构建、社会网络动态变化的内在动力分析、动态治理关系社会网络的系统仿真三个层面来研究如何搭建公共项目利益相关方动态治理关系管理平台，分析公共项目利益相关方间的动态治理关系，进而进行更加有效的协调和管理，在实践应用领域具有一定的创新性。

第二章

公共项目利益相关方动态治理关系的提出

为考察相关方动态治理关系社会网络的结构特征和属性特征对于网络性能、网络中公共项目治理行为的影响关系及网络结构内部机理，进而理解和优化相关方动态治理关系社会网络中的利益相关方行为，首先需要准确把握公共项目治理理论与实践的发展进程，深入理解社会网络的结构特征，并在此基础上建立合适的动态网络结构模型。由此，本章对公共项目治理的理论基础、研究现状和项目利益相关方研究成果等内容进行系统综述，并对与公共项目利益相关方动态治理关系息息相关的社会网络分析理论和方法、系统仿真方法和工具平台等进行简明阐释。

第一节　公共项目治理研究的兴起

公共项目治理研究的兴起为公共项目利益相关方管理提供了新的研究视角，并逐渐成为该领域的研究热点。它以动态的公共项目治理结构为落脚点，以利益相关方及其承担治理角色时的风险为主要路径，以治理角色的责任及其效力作为治理权利衡量与分配的依据，已经展现出极大的研究价值与广阔的研究空间，亟待进一步的深入与扩展。

一　公共项目治理的理论基础

治理问题是近年来政治学、经济学与管理学等领域都非常关注的一个研究领域。其关键研究内容包括：治理机制、交易成本、角色和责任、委托代理关系、协调和谈判及制度的冲突等。从世界范围来看，治理理论与实践的研究正处于蓬勃发展的过程中。

相关机构对治理的内涵进行了研究。全球治理委员会于《我们的全球伙伴关系》这一研究报告中对治理做出了界定：治理是多种公共的或私人的个人与机构管理其共同事务的各类方式的总和。[①] 它是一个使相互冲突的或不一致的利益得以调和并进而采取联合行动的持续过程。该过程既包括有权强迫人们服从的正式制度与规则，也包括各种人们主动接受的吻合其利益需要的非正式的制度安排。治理有四个特征：治理不仅是一整套规则，也不局限于一种活动，而是一个过程；这一治理过程的基础不是控制手段，而是协调的思想；治理的过程既涉及公共部门，也涉及私人部门；治理活动不是一种正式的制度安排，而是一种持续的互动。

治理研究的理论基础主要包含企业理论、委托代理理论与利益相关方理论。

（一）企业理论

企业理论是公司治理研究的重要理论基础，其研究重点在于激励约束机制与所有权和控制权的关系。

第一，关于激励约束机制问题。现代企业制度下的企业内部往往存在一种金字塔形式的等级结构，这一等级结构中的不同成员有其不同的目标追求与职业专长。为此，企业应该设计有效的激励约束制度，以期实现企业各组织成员的利益共赢。[②] 新古典主义经济学假设劳动给人带来负效用，若没有监督与对劳动成果的精确测量，人就会选择偷懒。企业越大，监督难度越大，监督的成本也越高；如果缺乏相应的奖惩，监督的实施效果也会受到影响；处于较高职位的人的怠工成本远高于职位相对低的人，因而其应得的收入应该高于职位较低的人。

第二，关于所有权与控制权的关系问题。在现代企业中，企业拥有

① 全球治理委员会：《我们的全球伙伴关系》，牛津大学出版社 1995 年版，第 76 页。

② 李铁宁、罗建华：《基于团队道德风险模型的担保企业集团激励约束机制研究》，《管理工程学报》2015 年第 1 期。

者保留对企业的所有权，而实际的经营控制权全由直接经营者掌握。这样，公司一般会由股东、董事会、经理等人员组成，股东是公司的实际拥有者，董事会由股东通过选举产生，是一个公司的最高决策机构，也是股东的受托人。经理人员是由董事会聘用的，须对董事会负责，日常负责公司的各项具体生产经营活动。在现代企业制度中，企业拥有者能够主动地放弃在古典企业制度下对其企业的实际拥有与掌控，将自己的财产交给有着自身利益需求的经理人员去管理和使用，这是一个以两权分离为要点的现代公司治理研究所实现的新的奇迹。

（二）委托代理理论

这一理论已成为股东治理的理论研究基础。委托代理理论作为制度经济学契约理论的重要内容之一，主要研究的是一个或多个行为主体依据一种明示或隐含的契约，来指定、雇佣其他行为主体为其服务，同时赋予后者一定的决策权利，并依据后者提供服务的数量和质量为其支付相应的报酬。这里的授权者就是委托人，而被授权者即代理人。

委托代理理论以不同于传统微观经济学的视角来分析企业内部及企业之间的委托代理关系，该理论在解释一些组织现象方面优于一般的微观经济学理论。其主要观点：各种委托代理关系是伴随着生产力大发展与规模化大生产的出现而形成的。其原因，一方面是生产力的发展使分工得以进一步细化，权利的拥有者由于知识、能力和精力等原因不能有效地行使其所有的权利；另一方面，专业化的分工产生了大量拥有专业知识的代理人，他们富有精力，有能力去代理和行使好被委托的权利。但是在委托代理的关系中，因为委托人和代理人的效用函数不一致，委托人追求的是自身的财富最大化，而代理人追求的是自己的工资、津贴收入、奢侈消费与闲暇时间的最大化，这必然会导致两者之间的利益冲突。在非对称信息条件下，委托人不能够观测到代理人的实际行为，只能观测到其相关变量，这些变量是由代理人的行动与其他外生随机因素共同决定的，因此委托人的问题是如何选择代理人参与约束与激励兼容的合同，以最大化自身的期望效用。换言之，委托代理就是讨论有关非对称信息条件下交易关系与契约安排的一种理论。

（三）利益相关方理论

利益相关方理论是共同治理研究的理论基础。受我国传统文化影响，利益相关方的关系研究是我国公共项目领域不可或缺的内容之一，《项目管理知识体系指南》（PMBOK）指南强调，公共项目成功是指公共项目的最终执行结果不仅能够满足时间、成本、质量等方面的要求，而且还必须能够满足各相关方对公共项目的要求。[①] 当前的利益相关方理论还缺乏对利益相关方参与基础的系统研究理论，但现有的研究成果仍给治理问题特别是公司治理带来了新的视角。新兴的利益相关方理论认为公司的“所有权”是利益相关方共同拥有的，股东只是利益相关方中的一员，公司应当尽可能地照顾到利益相关方的利益[②]，其依据为：同股东一样，供应方、客户、债权人、职工及社区都承担着公司的相应风险，故而应当分享公司的所有权；公司的股东，特别是那些分散与被动的股东在一个大型公司中通常是处于劣势地位，但是其他的利益相关方，特别是公司的职工都可能会处于一个相对优势的地位来行使和承担与所有权相对应的权利和职责。基于上述原因，利益相关方理论将企业理解为利益相关方的合约，将企业的目标理解为公司价值的最大化，并且强调利益相关方参与推动信息沟通与加强监督制衡方面的作用。

目前，治理问题的应用领域已呈现出从政府部门到一般公共部门、从一般公共领域到私人领域、从一国范围到全球范围的趋势。可将治理划分为四个不同层次：特定的社会组织内部（自组织）、民族国家、地区一体化组织和全球社会。[③] 另外，治理理论还从传统的经济组织治理领域逐步渗入到多个领域和行业，如研究高校与政府关系的大学自治问题，IT 行业中对信息系统的管理、监控的 IT 治理应用体系，以及公共项目管理领域中的政府投资失效问题治理等。其中公

① 孙华：《基于网络结构的项目利益相关方角色划分》，《东岳论丛》2011 年第 8 期。

② 周铭山、李四光、林靖：《利益冲突、声誉激励与股价发现有效性》，《管理科学学报》2015 年第 12 期。

③ 郁建兴、王诗宗、杨帆：《当代中国治理研究的新议程》，《中共浙江省委党校学报》2017 年第 1 期。

司治理是治理问题的一个经典应用领域，其思想可为公共项目治理的研究提供启示。

公司治理是一个多角度和多层次的概念。如果从公司治理这一概念的产生与发展来看，能够从狭义和广义两个方面去理解。一方面，狭义的公司治理是指公司所有者，主要是股东对公司经营者的一种监督和制衡机制；主要指通过一种制度安排，来合理地配置所有者和经营者之间的权利和责任关系。另一方面，广义的公司治理研究则不局限于股东对公司经营者的制衡，而是涉及更广泛的利益相关方，即包含政府、股东、债权人、雇员、供应商和社区等等与公司有各种利益关系的个体或集团。公司治理主要通过一整套包含内部的或外部的、正式的或非正式的制度及机制来协调公司和所有利益相关方之间的各种利益关系，以期实现公司决策的科学化，进而维护公司各方面的收益。从这种观点出发，公司的董事会可以看作是公司治理结构的核心，其形成的治理结构如图 2-1 所示。公司治理所需解决的根本问题就是利用有效的激励和约束手段，促使作为代理人的公司管理层做出符合股东利益的决策和行为，而其中的一个重要途径就是为管理层提供恰当形式的激励契约。①

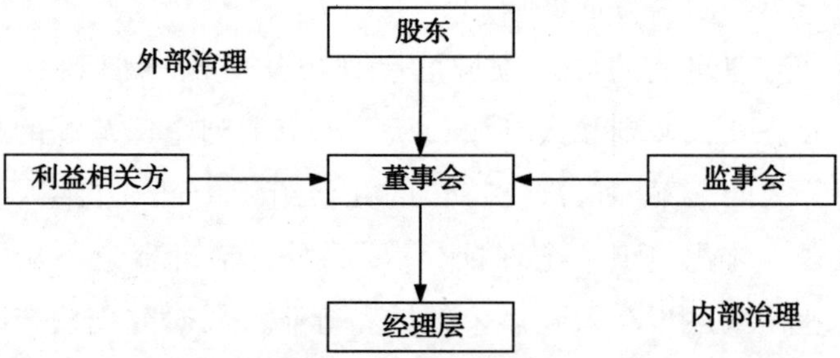

图 2-1 公司治理结构

汲取西方公司治理理论的研究成果，结合我国的具体实践，公司治理结构是一种建立在出资者的所有权和法人的财产权分离的基础

① 刘星、代彬、郝颖：《高管权力与公司治理效率——基于国有上市公司高管变更的视角》，《管理工程学报》2012 年第 1 期。

上，对企业的股东会、董事会、监事会及经理层及其他利益相关方之间的激励约束机制、权力制衡机制和市场机制的制度安排。具体来说，公司治理结构既是一种契约关系、经济关系，又是一种对权力的制衡机制。

二　公共项目治理的研究进展

随着组织间的分工合作更加普遍，越来越多的公共项目需要多个企业和政府部门的协作，这个特点超出了以往将公共项目局限在项目团队和单个企业的范围。以项目经理为主要责任人的公共项目管理研究和以单个企业为背景的多项目管理研究均不能为提高这种多组织合作公共项目的成功率提供有力的理论和方法支持，公共项目治理研究正日益受到理论界和实践界的重视。[①②③] 针对当前公共项目治理研究的特点，本书对治理研究的研究对象及研究方法进行分类探讨。

（一）基于治理过程角色视角的公共项目治理研究

过程角色视角的公共项目治理研究的重要代表有约翰·罗德尼·特纳（John Rodney Turner）和英国项目管理协会。

特纳构建了一种包括假设、引理、内部要素和角色的项目治理体系，认为："治理即确定项目目标，探索实现目标的手段以及控制项目绩效的方法。"[④]通过这种方法识别共同利益。他强调了项目经理具有的重要地位，并比较分析成功的项目型企业，研究发现不管是在市场环境中还是在层级组织中，有两个角色非常重要，即面向客户的经

① 彭本红、谷晓芬、周倩倩等：《基于 SNA 的服务型制造项目治理风险分析》，《管理评论》2016 年第 2 期。

② 黄晓霞、丁荣贵、于双阳等：《多主体协同创新项目治理网络构建——基于欧盟第七框架计划的分析》，《科学学与科学技术管理》2015 年第 12 期。

③ Chen-Yu Chang, "Risk-Bearing Capacity as a New Dimension to the Analysis of Project Governance", *International Journal of Project Management*, Vol. 33, No. 6, August 2015, pp. 1195-1205.

④ John Rodney Turner, "Towards a Theory of Project Management: The Nature of The Project Governance and Project Management", *International Journal of Project Management*, Vol. 24, No. 2, 2006, pp. 93-95.

纪人与面向项目组织的干事。

英国项目管理协会提出了多组织项目治理的指南，指出多组织项目治理必须建立决策和报告机制，以确保每个组织的管理层能够承担其合理的代理责任。但英国项目管理协会仅仅提供了粗浅的概念框架和简单的检查表，对概念框架的合理性缺乏论证，对如何满足这些检查表的要求没有提供方法。

许多学者依据上述研究成果，对公共项目治理的内涵加以界定。有学者给出的定义是：公共项目治理是一种以反映企业伦理的方式，针对复杂环境下的公共项目，进行战略性指导、综合管理以及整体控制的一个系统过程。①② 也有学者认为公共项目治理是通过一套管理系统、规则、协议、关系和结构，提供一种公共项目开发和执行的框架，以实现预定管理或者战略目标的过程。③

在概念界定的基础上，一些研究采用模型构建的方法阐释公共项目治理的本质特征。丁荣贵等学者构建了项目治理的 P-R4 迭代模型，他认为统一的项目治理过程包括以下四个重要环节：一是项目相关方的需求获取，二是项目相关方的治理角色定义，三是项目治理角色的风险识别，四是项目治理角色之间的关联关系建立。迭代模型如图 2-2 所示，伴随着项目生命周期的发展，项目利益相关方进入与退出项目，需求（Requirements）、角色（Roles）、角色风险（Risks）和角色关系（Relationships）这四者将被反复迭代④，而公共项目治理的具体过程就是一个在整个公共项目生命周期中处理好这四个 R 的迭代过程。

王孟钧等学者构建了代建项目治理的成熟度模型（AC-PGM2），

① Patrick S. Renz, "Project Governance: Implementing Corporate Governance and Business Ethics in Nonprofit Organizations", *Heidelberg*: *Springer Science & Business Media*, 2007, p. 56.

② Robert Joslin and Ralf Müller, "The Relationship between Project Governance and Project Success" *International Journal of Project Management*, Vol. 34, No. 4, 2016, pp. 613-626.

③ Peter L. Freeman and Andrew J. Millar, "Valuing the Project: A Knowledge-Action Response to Network Governance in Collaborative Research" *Public Money & Management*, Vol. 37, No. 1, 2017, pp. 23-30.

④ 丁荣贵、高航、张宁：《项目治理相关概念辨析》，《山东大学学报》（哲学社会科学版）2013 年第 2 期。

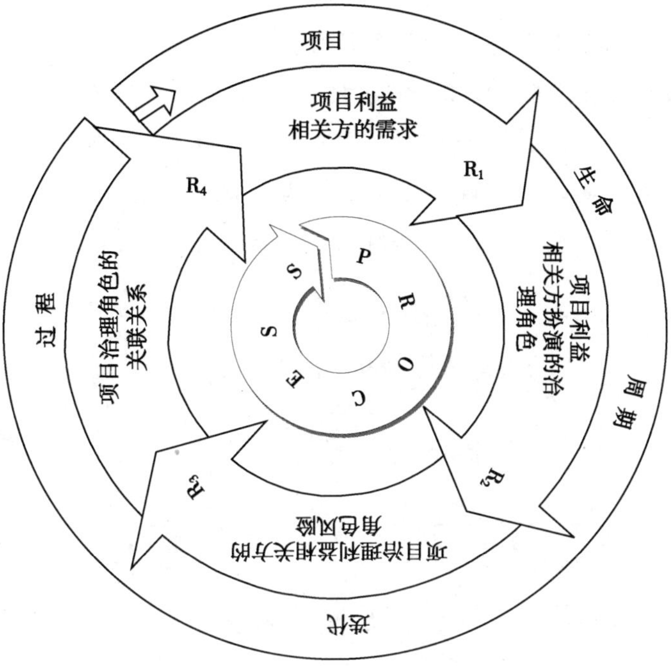

图 2-2　项目治理 P-R4 迭代模型

认为代建项目治理的过程可以采用公共项目实施过程中决策权的具体配置过程来表现。这一 AC-PGM2 模型的结构由关键领域与能力领域两个模块共同构成，如图 2-3 所示。[①] 关键领域的模块定义了可用于衡量代建项目治理能力水平的关键域（Key Area）与关键实践，关键域即公共项目全生命周期内公共项目治理实现过程、管理与支持过程；关键实践即实现关键域目标的各项独立活动。能力领域模块中定义了对能力成熟度等级的各种基本要求，它包括了最佳实践与通用实践两类要素，可用于各个关键域的能力评价。丁荣贵、邹祖烨等针对政府投资科技项目的治理问题开展研究，认为其中不同程度上存在的“重科技、轻管理，重人才、轻组织”等问题，根本原因在于没有建立起有效的公共项目治理体系，并从基于公共项目整个生命周期的流

① 王孟钧、王翔、王燕：《代建项目治理成熟度模型的构建》，《价值工程》2010 年第 2 期。

程管理、基于公共项目利益相关方之间治理关系的角色管理和基于预防与驱动的绩效管理等三个方面提出了构建政府投资科技项目治理体系的对策。① 陈思思等学者从 BT 项目运作流程角度对大型建筑企业 BT 项目运作能力展开分析，得到投资决策能力、合同管理能力、资金运作能力、建设过程管控能力、回购风险防范能力、关系协调能力 6 种能力构成要素，以此为基础分析了实现能力要素的关键实践活

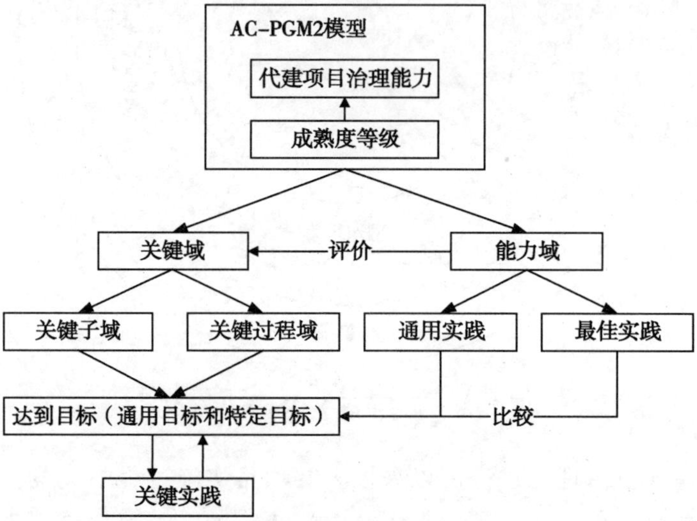

图 2-3　AC-PGM2 模型结构

动。② Rong Tan 和 Tianxiao Zhou 认为公共项目的治理代表着中央政府和地方政府之间的一种新的关系，这种关系旨在以合作方式为公共项目提供与土地相关的各种服务。③ 中央政府自上而下的项目分配以及地方政府自下而上对项目进行打包，共同成功地提高了对地方政府的激励，而且还实现了中央政府提供公共产品并推动经济发展的目标。

① 丁荣贵、邹祖烨、刘兴智：《政府投资科技项目治理中的关键问题及对策》，《中国软科学》2012 年第 1 期。

② 陈思思、王涛、王孟钧：《大型建筑企业 BT 项目运作能力成熟度评价》，《工程管理学报》2015 年第 4 期。

③ Rong Tan and Tianxiao Zhou, "Decentralization in a Centralized System: Project-Based Governance for Land-Related Public Goods Provision in China" *Land Use Policy*, Vol. 47, No. 9, 2015, pp. 262-272.

Robert Joslin 和 Ralf Müller 从代理理论以及管家角色理论的角度来审视项目治理和公共项目成功之间的关系，通过要素分析和回归分析表明公共项目的成功与不断增长的母公司利益相关方的取向有关系，而与控制机制的类型却没有太大关系。①

过程角色视角下的研究为公共项目治理研究提供了有效的概念框架，成为公共项目治理研究发展的重要基础。但其研究以单个企业为主，大多停留在对概念模型的描述上，未来的研究还需要就如何保障和监督治理角色关系的兑现提供有效的手段，亟须为公共项目治理提供适当的分析方法和工具，特别是量化的分析方法和工具。

（二）基于公司治理视角的公共项目治理研究

尽管公共项目治理和公司治理有着明显的差异，但当前对公共项目治理的很多研究主要是衍生于公司治理的研究。

很多学者基于交易费用的视角对公共项目治理开展了研究。格雷厄姆（Graham M. Winch）秉承了奥利弗·伊顿·威廉姆森（Oliver Eaton Williamson）进行的交易费用研究，提出了建设公共项目整个生命周期包括利益相关方在内的交易治理概念框架，提出了垂直交易治理和水平交易治理两个维度②，对全项目生命周期的交易行为进行了微观层面的治理分析，提出了包含利益相关方在内的建设项目整个生命周期交易治理概念框架。Candace Jones 等人在关于治理的研究中引入任务复杂性这一因素，把交易成本理论的分析框架扩展为四重维度。③ 有学者针对特定领域的需要提出了公益性水利工程专业化建设项目内部治理结构④，如图 2-4 所示。梁永宽提出严格履行的合同治理，是规

① Robert Joslin and Ralf Müller, "The Relationship between Project Governance and Project Success" *International Journal of Project Management*, Vol. 34, No. 4, 2016, pp. 613-626.

② Graham M. Winch, "Governing the Project Process: A Conceptual Framework", *Construction Management and Economics*, Vol. 19, No. 8, 2001, pp. 799-808.

③ Candace Jones, William S. Hesterly and Stephen P. Borgatti, "A General Theory of Network Governance: Exchange Conditions and Social Mechanisms", *Academy of Management Review*, Vol. 22, No. 4, 1997, pp. 911-945.

④ 汪斌、朱延琴：《公益性水利工程建设项目治理初探》，《水利水电科技进展》2006 年第 6 期。

范项目治理的基础，而目标一致、信息共享和联合行动的关系治理，旨在建立良好的合作模式，降低交易成本，解决代理问题，提高项目成功率，并对资产专用性、合作期限、项目不确定性和复杂性四个因素进行了论述。① 邓新位认为公共项目治理理论是以中国内地公共项目特殊复杂的委托代理关系和复杂的组织网络交易关系为研究载体。② 马天宇等以交易费用理论为研究工具，探讨了项目治理的内涵和工程项目治理结构的本质内容，以资产专用性、不确定性、频率将交易维度化，以契约法则、调适手段、调适类型将治理结构维度化。③ 在交易费用理论的引导下，委托代理行为及其博弈关系等构成了公共项目参与各方之间的基本关系形态。然而，交易费用理论主要是从治理效率的角度出发而不是从治理效果出发，单纯地依靠利益相关方间的博弈以建立起彼此之间的关系和信任，共赢关系的基点也不会达到一致。

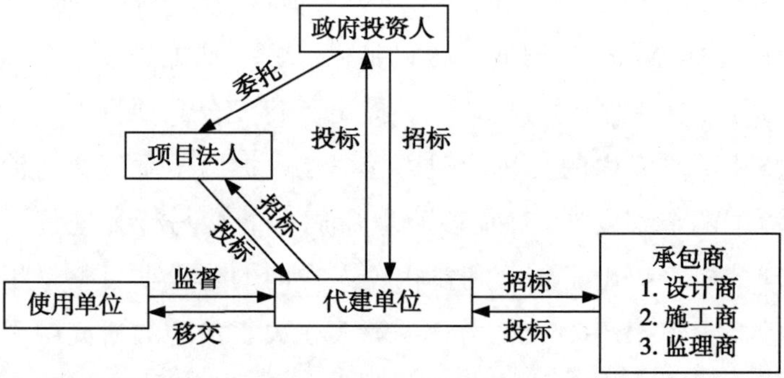

图 2-4　公益性水利工程专业化建设项目内部治理结构

很多学者借鉴公司治理中的激励约束机制理论对公共项目治理进行了研究。基于激励约束机制的公共项目治理研究认为，公共项目不同利益主体之间的权责利关系，及其所衍生出的委托—代理问题关系

---

① 梁永宽：《合同与关系：中国背景下的项目治理机制——基于委托代理与交易成本理论的分析》，《科技管理研究》2012 年第 22 期。

② 邓新位：《代建制下公共项目治理绩效测量模型的实证研究》，硕士学位论文，天津理工大学，2014 年。

③ 马天宇、王卓甫、丁继勇：《基于交易费用理论的工程项目治理结构分析》，《土木工程与管理学报》2015 年第 3 期。

到公共项目组织效率与委托—代理人的效用最大化，是公共项目治理结构中的重要问题。王玉林等学者对政府投资公共项目治理进行了考察，提出了工程项目利益相关方间责、权、利关系的制度安排①，并从内部治理机制与外部治理机制两个方面得出了政府投资项目的激励约束机制。结合对公司治理理论的理解和对工程建设公共项目管理问题的认识，王玉林等学者还提出了工程项目治理的利益相关方模式，如图 2-5 所示。王华等学者从委托代理理论的角度考察了工程项目中不同利益主体的地位、作用以及他们之间的权、责、利关系，并从契约管理的完善、委托代理链的优化与克服委托代理关系的非市场配置三个角度，提出了工程项目治理结构中的委托代理链优化途径。② 对公共项目来说，由于各相关方可能隶属于不同的法人单位，它们彼此之间的关联关系以公共项目为纽带，其中存在的信息不对称问题更加普遍也更难解决。Terry Williams 等学者也对挪威以及英国公共投资项目进行了相似的调研，观察嵌入式的管理原则如何在实践中发挥作用，它们如何影响项目治理，以及它们对目标的持续效果如何。③

邓娇娇等学者在公共项目治理范式下首先归纳出公共项目治理的关键治理因子集，然后通过问卷调查和结构方程模型进行验证，结果表明项目所有权配置、风险分担、代建人报酬、市场声誉、代建人选择、代建人项目管理绩效评价及代建人问责等治理机制共同构成了代建人激励的关键治理因子集。④ 严敏等学者在总结深圳地铁 M 号线实施情况的基础上，运用扎根理论的研究方法识别出项目治理层投资控制的核心要点为项目控制权配置、合同中的风险分担和回购总价的控

---

① 王玉林：《工程项目治理研究》，硕士学位论文，郑州大学，2005 年。

② 王华、尹贻林：《基于委托——代理的工程项目治理结构及其优化》，《中国软科学》2004 年第 11 期。

③ Terry Williams, Ole Jonny Klakegg, Ole Morten Magnussen and Helene Glasspool, "An Investigation of Governance Frameworks for Public Projects in Norway and the UK", *International Journal of Project Management*, Vol. 28, No. 1, January 2010, pp. 40-50.

④ 邓娇娇、邓新位、严玲：《公共项目代建人激励的关键治理因子：一个实证研究》，《预测》2013 年第 5 期。

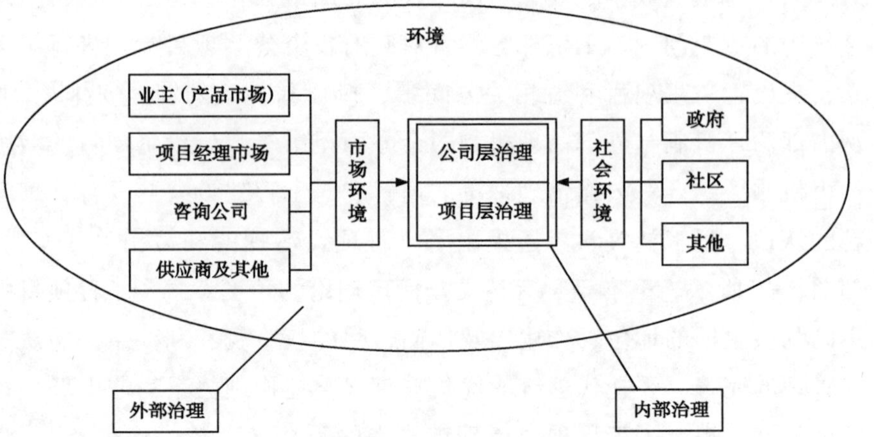

图 2-5　工程项目利益相关方治理结构图

制（见图 2-6）[①]。Christopher Biesenthal 和 Ralf Wilden 认为项目治理对于确保项目的成功交付至关重要。他们利用文本数据挖掘软件 Leximancer 来识别占主导地位的概念和主题，这些概念和主题构成了项目治理研究的基础。[②] 研究表明代理和利益相关方理论与其他理论相比，已经在较大程度上适应了项目治理背景，并可以据此提出一个能够将项目治理理论跟项目治理相关的多重组织层面联系起来的框架。

严玲等学者以国内代建制下的公共项目为研究情景，在归纳和总结项目治理理论已有研究成果的基础上，考虑公共项目多层委托代理形成治理结构特殊性，构建出以代建人激励效应为中介变量的“项目治理机制——代建人激励效应——公共项目管理绩效”理论模型，并提出项目治理机制作用于公共项目管理绩效的改善路径假设。[③]

① 严敏、张亚娟、邓娇娇：《城市轨道交通工程 BT 模式下投资控制关键问题研究——以深圳地铁 M 号线为例》，《科技管理研究》2014 年第 16 期。

② Christopher Biesenthal and Ralf Wilden, “Multi-Level Project Governance: Trends and Opportunities”, *International Journal of Project Management*, Vol. 32, No. 8, November 2014, pp. 1291-1308.

③ 严玲、霍双双、邓新位：《项目治理机制改善公共项目管理绩效的研究——以代建人激励效应为中介变量》，《华东经济管理》2014 年第 2 期。

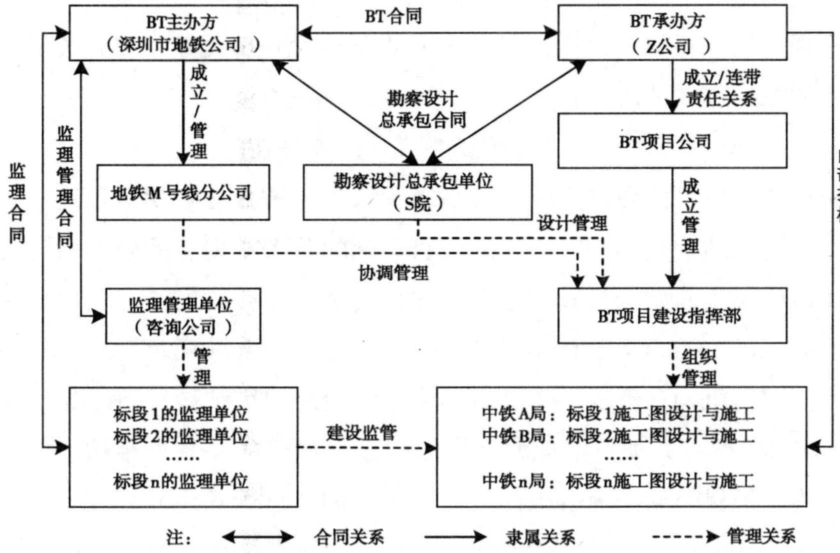

图 2-6 深圳地铁 M 号线 BT 工程建设实施模式合同关系

Michiel C. Bekker 给项目负责人提供了一套用于项目治理的集成方法，该方法考虑到了各种原先用于公司治理的方法。并进一步提出了一个包罗万象的概念性项目治理框架，包括将在项目以及组织的具体项目治理中应用的各种原则和要素、指导方针等。① 强调项目治理框架的发展要考虑一些项目的复杂性，如横跨国际公司、跨越国境和包含不同价值观体系、法律体系、企业管理方针、宗教以及商业惯例等。

基于公司治理视角的公共项目治理研究开拓性的将公司治理理论应用于一个新的领域。这种研究视角借鉴其公司治理中的委托代理理论，将业主和公共项目经理（或公共项目承担组织）作为委托和代理方，以寻求最小的交易费用和最大的可控制性。这种委托代理理论是一种二元关系，强调把系统分割为一个个二元关系进行分析，没有考虑整个系统的关系。然而，依据系统论的观点，任何一个部分的属性都不能代表整个系统的属性，两两之间的关系不足以描绘公共项目治理中的系统关系。目前利益相关方的研究并没有认真区别公共项目

① Michiel C. Bekker, "Project Governance-The Definition and Leadership Dilemma", *Procedia-Social and Behavioral Sciences*, Vol. 194, No. 2, 2015, pp. 33-43.

和企业之间的本质不同，仅仅依靠委托代理理论这种二元关系研究难以实现公共项目绩效目标，只有从公共项目利益相关方的网络关系入手才能找到有效的解决之道。

（三）基于治理结构视角的公共项目治理研究

在公共项目治理研究中，很多学者认为一种合理且相对稳定的公共项目治理结构是实现有效公共项目治理的基石。现有的较多研究正是从结构视角开始分析和观察公共项目治理中存在的问题。

Albert B. Cherns 和 Donald T. Bryant 认为通常公共项目组织的成员来自不同的机构，形成一个临时的多组织治理网络结构。[①] Keith Lambert 认为所谓公共项目治理就是指围绕公共项目的一系列结构、系统和过程，确保公共项目有效的交付使用，彻底达到效用充分和实现利益最大。[②] 然而，这一系列结构、系统和过程都包括什么，应该是一种什么样的框架结构，以及公共项目治理应该是哪几个层次的事情，以哪些层次为中心，还需要在未来的研究中进一步阐明。杨飞雪等学者分析了公共项目治理结构中的治理核心问题，指出公共项目治理的核心是公共项目经理层，其面向的是较为刚性的内部组织结构、较为柔性的合同共同体以及更为松散的外部利益相关方。而且，还根据合同关系的紧密程度，把公共项目治理分为内部治理、外部治理和环境治理（见图 2-7）。[③]

陈长兵指出公共项目治理结构是一种制度框架，确定了各利益相关方之间的责、权、利关系，并按此安排完成预期的建设目标，并提出了核电工程公共项目治理结构模型，如图 2-8 所示。[④]

基于治理结构视角的公共项目治理研究指出，项目的本质是一种

① Albert B. Cherns and Donald T. Bryant, "Studying the Client's Role in Construction Management", *Construction Management and Economics*, Vol. 2, No. 2, 1984, pp. 177-184.

② Keith Lambert, "Project Governance", *World Project Management Week*, Vol. 27, 2003, pp. 77-79.

③ 杨飞雪、汪海舰、尹贻林：《项目治理结构初探》，《中国软科学》2004 年第 3 期。

④ 陈长兵：《我国核电工程项目治理结构的经济学分析》，《中国核工业》2006 年第 10 期。

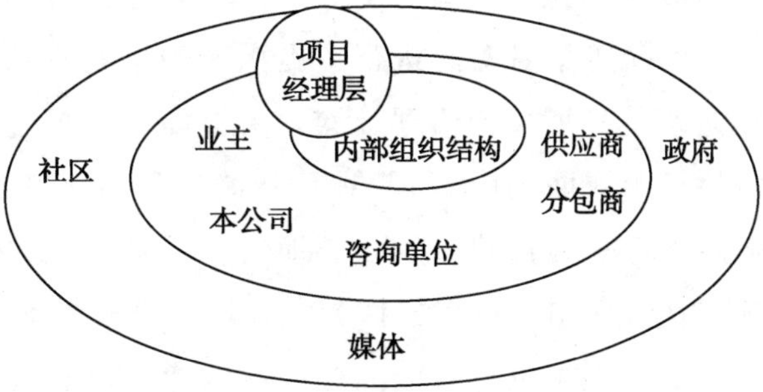

图 2-7 公共项目治理结构图

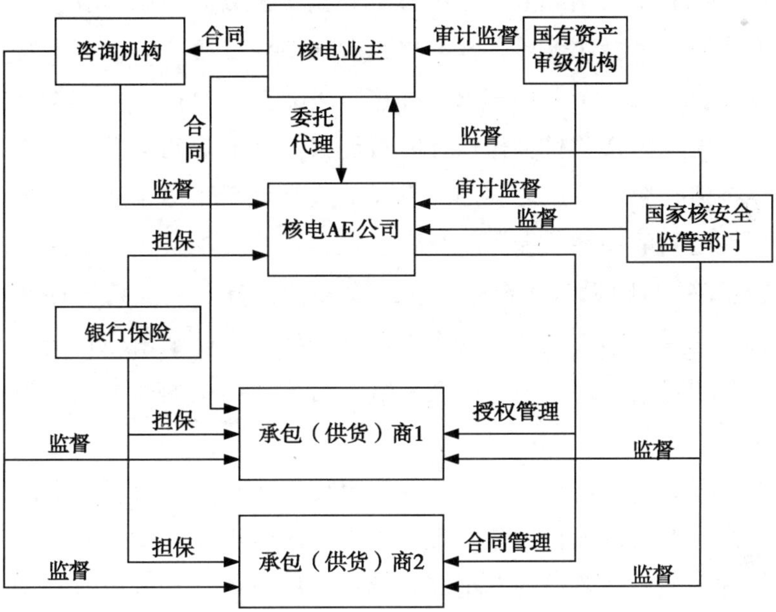

图 2-8 核电工程项目治理结构模型

临时性契约组织，随着社会分工加深，项目投资形成的所有权和控制权逐渐分离，形成了项目契约组织内部的委托代理关系。在契约不完备和存在代理人问题下，项目契约组织中代理问题的解决是基于新的理论范式：项目治理理论。项目治理结构的内核因子是项目所有权和项目治理主体。公共项目治理模式的一般架构包括内部治理和外部治理结构以及三大治理机制：内部治理机制、外部治理机制和政府经济监督机制。如汤伟刚等学者在对公共品供给模式分析的基础上探讨了公共项目契约的形成和交易治理模式①，提出了代建制下的政府投资项目治理框架。严敏等学者对此进行了更深入的研究，认为代建制的公共项目治理框架是一种混合治理结构，由市场契约与公共项目契约组织形成，包括三个层面的内容。② 在代建制的公共项目治理框架中，存在两个内核因子，一是代建人的核心地位，二是相应的代建公共项目所有权配置。代建人在公共项目治理框架中的核心地位具体表现为，他必须对内部的组织进行有效的控制和沟通，以实现公共项目目标，同时，还要与委托单位、设计单位和承包商等建立合同关系，并在这种合同关系的制约下，协调各个利益相关方的利益诉求。

丁荣贵、吕冠珠等学者基于项目治理结构视角，结合资源观理论对虚拟企业中成员企业的需求状况进行了分析，对拥有不同类型资源的企业在确定公共项目合作伙伴时可能会选择的契约关系类型进行了研究，将虚拟企业成员之间的关系建立成类似于实体企业内部部门与公共项目之间的关系，提出了分析虚拟企业公共项目治理中成员间关系的新思路。③ 顾强等学者通过总结代表性文献，从项目治理的概念界定、治理原则和治理结构三个方面展开评述，归纳出项目治理的定义、公共项目的治理原则，以及影响项目治理结构的要素④，如图 2-9 所示。

扈剑晖等学者剖析了国际金融组织贷款项目在绩效管理上的综合治理结构，即通过项目的自管理、国际金融组织项目团队的监督及国内第三方咨询机构监督的三维绩效治理结构对项目绩效进行管理，并研究了相关组织机构在绩效管理中的职责，进而总结国际金融组织贷款项目和内资公共项目在绩效治理结构上的主要差异，即体现在利益

---

① 汤伟刚、严玲、尹贻林：《公共项目交易中的治理模式研究》，《财经问题研究》2006 年第 7 期。

② 严敏、严玲、尹琳琳：《基于项目治理因子的政府投资项目代建制实施现状及问题分析》，《上海经济研究》2009 年第 8 期。

③ 丁荣贵、吕冠珠、孙涛：《基于资源观的虚拟企业项目治理中契约关系研究》，《山东大学学报》（哲学社会科学版）2009 年第 4 期。

④ 顾强、杨卫华、戴大双：《项目治理的理论研究与进展评述》，《建筑经济》2012 年第 2 期。

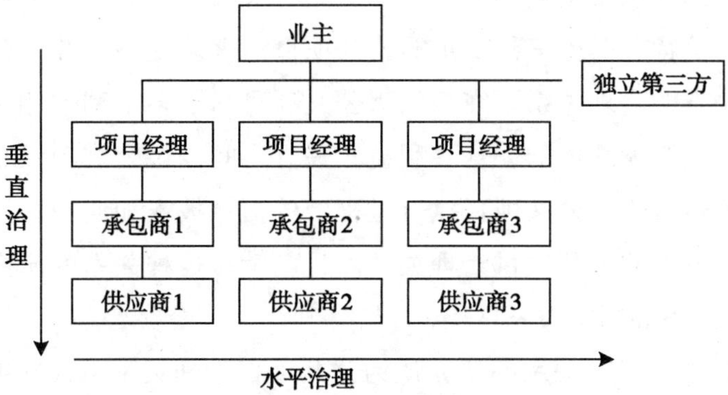

图 2-9　三边治理结构

主体之间的制衡关系及公众参与机制两方面的差异。① 王晓雯等学者采用跨案例研究的方法，对宜万铁路工程和新西兰奥克兰北岸收费高速公路项目进行了比较分析，发现集权独立治理结构强调自上而下的风险分担特点，而联盟治理结构有鼓励建立风险预警机制的特点。② 罗剑构建了 PPP 项目治理结构框架，将内部治理契约结构简化为一系列的委托代理结构链，将治理结构划分为政府治理层面、公司治理层面和项目治理层面三个部分，并与传统公司治理结构进行了比较。③

这种视角从公共项目利益相关方的网络关系入手，认为团队成员之间的网络关系演化受正式合同的约束，同时受到非正式的组织间信任和公共项目运行环境的影响，更加符合公共项目治理研究的实际，由此，本书采用基于治理结构视角的公共项目治理研究角度。但是由于公共项目的不同阶段具有特异性，这种特异性不仅仅在于每一个公共项目要实现的目标不同，更在于这些公共项目利益相关方之间的关联关系不同。因此，试图仅靠一种静态结构来界定多个不同公共项

① 扈剑晖：《国际金融组织贷款项目绩效治理结构分析》，《经济研究导刊》2013 年第 11 期。

② 王晓雯、吴伟巍、尤佳：《大型基础设施项目治理结构对其风险管理的影响研究》，《工程管理学报》2015 年第 5 期。

③ 罗剑：《委托代理视角下的 PPP 项目治理结构研究》，《项目管理技术》2016 年第 9 期。

目、不同公共项目利益相关方之间的关联关系，显然是不尽合理的。

不同学者在上述三种视角的公共项目治理理论中关注了公共项目利益相关方的治理关系研究，认为公共项目是以多个利益相关方构成的临时性组织为载体的，这些利益相关方之间围绕公共项目目标、公共项目实施策略、公共项目执行过程中的信息披露和监控所产生的约定形成了不同的公共项目治理关系。目前针对这种关系的研究可分为“二元”关系和网络关系两类。

基于“二元”关系的研究认为公共项目治理关系由公共项目利益相关方之间的两两关系为基本单元构成，这种两两关系具体又分为以下三个方面：

第一，将公共项目治理关系视为委托代理关系。此类研究的代表人物有特纳、王华等，特纳将公共项目经理定位为公共项目委托人（拥有者）的代理，提出了委托—代理式的公共项目契约组织关系。王华也基于工程公共项目不同利益主体之间的权、责、利关系，及其所衍生出来的委托—代理问题，提出了工程公共项目治理结构。

第二，将公共项目治理关系视为交易关系。这类研究以威廉姆森的交易费用理论中的治理理论为基础，试图建立整个生命周期的公共项目利益相关方之间的治理框架。其中具有代表性的是 Graham M. Winch 提出的交易治理理论框架，该框架包括垂直交易治理和水平交易治理两个维度。

第三，将公共项目治理关系视为协同的工作伙伴关系。该类研究认为，无论是将公共项目治理关系视为委托代理关系还是交易关系，均不能为建立公共项目利益相关方之间的信任、共赢关系提供有效的指导。丁荣贵指出在公共项目治理过程中，所有利益相关方都应致力于公共项目的成功，他们对公共项目提供资源、承诺，并承担责任和风险①，委托人和代理人的关系过于狭隘而不能有效应用于公共项目和公共项目治理，公共项目治理利益相关方之间的关系是一种在完成

① 丁荣贵、高航、张宁：《项目治理相关概念辨析》，《山东大学学报》（哲学社会科学版）2013 年第 2 期。

任务的过程中彼此依存、相互协作的工作伙伴关系。

基于网络关系的研究认为将公共项目治理关系视为由利益相关方两两之间的“二元”关系的组合割裂了公共项目治理关系的系统性，无法把握公共项目治理关系系统的整体性。其中最具代表性的研究成果是将公共项目治理关系视为社会网络关系，认为治理关系并非“二元关系”的简单组合，而是一种社会网络关系。这方面的研究尽管已受到研究者的高度重视，但其成果还处于萌芽阶段，其中具有代表性的研究如下：Kirsi Aaltonen 运用社会网络分析法对利益相关方压力响应策略进行了探讨。① Stephen Pryke 和 Steve Pearson 通过对三个欧洲公共项目案例进行分析，证实了社会网络分析法能够直观地展现公共项目任务集合和公共项目治理框架的结构。② Bertrand Masquefa 将社会网络分析法应用到研发团队的组织管理中，认为组织本身就是由多个相关方构成的网络体系，所以社会网络分析技术能够很好地挖掘组织网络的特性，为管理者提供直观和可靠的方法基础。③ Simone Ferriani 将社会网络分析法引入公共项目组织的管理中，认为公共项目组织本身由诸多的利益相关方构成，而组织之间的信息、资源等的传递是基于他们构成的网络结构，所以公共项目各主体之间的关系完全可以用社会网络方法进行刻画和分析。④

尽管上述成果并未就公共项目利益相关方关系的动态性进行研究，但对于本书的研究同样具有指导和借鉴意义，本书认为公共项目相关方之间的治理关系为复杂的网络关系，公共项目治理中的利益相

① Kirsi Aaltonen and Risto Sivonen, “Response Strategies to Stakeholder Pressures in Global Projects”, *International Journal of Project Management*, Vol. 27, No. 2, February 2009, pp. 131-141.

② Stephen Pryke and Steve Pearson, “Project Governance: Case Studies on Financial Incentives”, *Building Research and Information*, Vol. 34, No. 6, 2006, pp. 534-545.

③ Bertrand Masquefa, “Top Management Adoption of a Locally Driven Performance Measurement and Evaluation System: A Social Network Perspective”, *Management Accounting Research*, Vol. 19, No. 2, June 2008, pp. 182-207.

④ Simone Ferriani, Gino Cattani and Charles Baden-Fuller, “The Relational Antecedents of Project-Entrepreneurship: Network Centrality, Team Composition and Project Performance”, *Research Policy*, Vol. 38, No. 10, December 2009, pp. 1545-1558.

关方关系及其动态性具有重要研究价值，而社会网络分析法能够为该项研究提供方法支撑。

综合现有公共项目治理研究成果，目前国内外公共项目治理研究提出了公共项目治理研究的雏形，但并未就如何保障和监督治理角色关系的兑现提供有效的手段，并且没有为公共项目治理提供适当的方法和工具。为解决现有研究的不足，推动公共项目治理理论与实践的发展，本书基于如下考量开展研究工作：公共项目治理结构是一种合作关系的网络结构，该网络的形成与发展是多种关键要素交互作用的结果，网络成员（即公共项目利益相关方）的治理决策会在一定程度上受到其所嵌入的网络结构的影响，而为了能够有效地研究该关系网络的治理风险，需要从动态的角度、借助适当的工具和平台，对相关问题进行探索和考察。

第二节　项目利益相关方研究的发展

现有的利益相关方理论为人们了解利益相关方的行为提供了坚实的基础。项目是临时性的组织①，项目背景的独特性质以及不同项目独有的特点会影响利益相关方在项目生命周期不同阶段采取的行动和影响治理决策结果的可能性。

一　项目利益相关方内涵研究

在沿用爱德华·弗里曼（R. Edward Freeman）最初定义的基础上，项目利益相关方可被定义为积极参与项目，或其利益可能会受项目执行、实施结果影响的个人及组织。② 在有关利益相关方和项目管理的文献中，

① Ka Yan Mok, Geoffrey Qiping Shen and Jing Yang, "Stakeholder Management Studies in Mega Construction Projects: A Review and Future Directions", *International Journal of Project Management*, Vol. 33, No. 2, February 2015, pp. 446-457.

② Stephanie Missonier and Sabrina Loufrani-Fedida, "Stakeholder Analysis and Engagement in Projects: From Stakeholder Relational Perspective to Stakeholder Relational Ontology", *International Journal of Project Management*, Vol. 32, No. 7, October 2014, pp. 1108-1122.

对利益相关方的范围定义方法不止一种，从广义到狭义的角度有诸多定义。广义的定义①②强调项目利益相关方能对项目产生影响或被项目所影响这样一个事实。如果基于这一事实，几乎所有的团体或个人均可被看作利益相关方。与之相反，狭义的定义则强调特定的利益相关方与项目之间利害关系的本质。例如，克莱兰（David I. Cleland）通过利益相关方的目的性或感知的正当性来定义其需求。有学者提出对于项目团队来说，与利益相关方发展有效的、高质量的关系至关重要。Lynda Bourne 和 Derek H. T. Walker 将项目利益相关方定义为：他们是一些在项目当中拥有某些利益、某一方面权利或所有权的个人或团体，他们能够促进项目成果形成或受到项目结果的影响。利益相关方可能会影响项目进程或结果。对利益相关方关系的无效组织会导致以下情况：降低利益相关方对项目结果的满意度；对组织能力产生消极影响；妨碍将来与利益相关方的合作机会并有可能对一些个人或团体造成损害。有关利益相关方的文献中规定了一些对利益相关方进行高效治理的步骤：第一，确定利益相关方；第二，从诸多利益相关方的治理模型当中选出一种模式，将这些利益相关方分类；第三，跟利益相关方打交道；第四，维持与利益相关方的关系，或摆脱这种关系。

尽管通常参与项目的利益相关方数量相当庞大，Ektewan Manowong 和 Stephen O. Ogunlana 仍强调了考虑全部利益相关方利益的重要性。Emerson Wagner Mainardes 等人的著作建议按照某种属性的等级对利益相关方进行分类，分类属性如权力、正当性或紧迫性，并且分类后可根据利益相关方损害组织或与组织合作的可能性再进行类别内部分组。此外，项目利益相关方可按照其类型进行分组：如组织机构的利益相关方（治理人员、生产线组长、雇员及工会）、产品利益相关方（消费者、供应商、政府及公众）及资本市场利益相关方（股东、债权人和银行）。大量相关定义将项目利益相关方分成内部及外部两个群体。内部利益相关方

① Campbell Fraser and Chunxue Zhu, "Stakeholder Perception of Construction Site Managers' Effectiveness", *Construction Management and Economics*, Vol. 26, No. 6, 2008, pp. 579-590.

② 钟云、丰景春、薛松等：《PPP 项目利益相关者关系演化动力的实证研究》，《工程管理学报》2015 年第 3 期。

即项目联盟中正式的成员，他们通常对项目起支撑作用，并常被视为主要利益相关方或业务主角。① 这一类相关方与组织有正式的、官方的或合同上的关系，或者可直接参与组织的决策过程。② 弗里曼以类似的方法观察利益相关方，认为他们要么是公司的资源提供者，要么是公司的依托者。③ 外部项目利益相关方不是项目联盟的正式成员，但会对项目产生影响或被项目所影响。这一类群体常被视为是非业务利益相关方。因为与公司没有正式的合同约束关系，或者对公司没有直接的法律约束力，这些群体在利益相关方研究中被称之为次要利益相关方。次要利益相关方不直接参与项目活动，但仍能对项目产生一定影响。与其有关的符合道义的或正当的要求如“公司有相当大的责任来维护其福利，或他们对公司有道德上或法律上的诉求”，或“在企业活动的程序及（或）时效性方面有合法利益的个人或群体”常受到重视。Graham M. Winch 将利益相关方分为对项目起促进作用和起不利作用的两类。Grant T. Savage 等也曾讨论过相关方与某一组织合作的可能性及其对该组织产生威胁的可能性。④ Kon Shing Kennetch Chung 和 Lynn Crawford 提出正确地识别项目利益相关方是项目计划成功的关键，他们建议使用社会网络理论和方法论帮助识别利益相关方，并对其进行分析和管理，因为社会网络理论和方法论能够提供可视化和有意义的网络指标，以识别关键的利益相关方和非正式组织关系。⑤ Ka Yan Mok 等提出应从网络关系角度分析利益相关方，并

① Alicia Mazur, Anne Pisarski, Artemis Chang and Neal M. Ashkanasy, “Rating Defence Major Project Success: The Role of Personal Attributes and Stakeholder Relationships”, *International Journal of Project Management*, Vol. 32, No. 6, August 2014, pp. 944-957.

② Kate Davis, “Different Stakeholder Groups and Their Perceptions of Project Success”, *International Journal of Project Management*, Vol. 32, No. 2, February 2014, pp. 189-201.

③ R. Edward Freeman, “Stakeholder Management: Framework and Philosophy” *Corporate Social Responsibility Readings & Cases in A Global Context*, 2008, pp. 111-139.

④ Grant T. Savage, Timothy W. Nix, Carlton J. Whitehead and John D. Blair, “Strategies for Assessing and Managing Organizational Stakeholders”, *Academy of Management Executive*, Vol. 5, No. 2, 1991, pp. 61-75.

⑤ Kon Shing Kenneth Chung and Lynn Crawford, “The Role of Social Networks Theory and Methodology for Project Stakeholder Management”, *Procedia-Social and Behavioral Sciences*, Vol. 226, No. 14, 2016, pp. 372-380.

关注他们之间的相互依赖性。[①]

当前利益相关方研究的基本思想为：采用不同的方法对利益相关方进行分类，进而研究其需求及特征。“多维细分法”与“米切尔评分法”是此类研究中最引人瞩目的成果。

大量学者从不同角度采用了多维细分法开展研究。弗里曼选用所有权（Ownership）、社会利益（Social Interest）与经济依赖性（Economic Dependence）三个不同的角度对利益相关方进行分析。James E. Post、William C. Frederick 和 Anne T. Lawrence 等将利益相关方分成直接利益相关方（Direct Interest Groups）和间接利益相关方（Indirect Interest Groups）。[②] 直接利益相关方主要包括项目投资人、代建方、承包商、设计方、监理方以及使用方等，而间接利益相关方则主要包括政府部门、银行等。Jonathan Charkham 依据利益相关方与组织是否存在交易性合同关系，把各个利益相关方分为契约型利益相关方（Contractual Stakeholders）与公众型的利益相关方（Community Stakeholders）。[③] 契约型利益相关方主要包括政府投资人、代建方、承包商、设计方、监理方，公众型利益相关方主要包括银行、政府相关部门、使用方、公众等。Max B. E. Clarkson 依据利益相关方在组织经营活动中承担的风险种类，将利益相关方分为自愿的利益相关方（Voluntary Stakeholders）与非自愿的利益相关方（Involuntary Stakeholders）。[④] 前者是指主动在组织中进行了物质资本或劳动资本投资的个人或集体，他们自愿承担组织经营活动可能给自己带来的风险；后者是指

① Ka Yan Mok, Geoffrey Qiping Shen, Rebecca J. Yang and Clyde Zhengdao Li, “Investigating Key Challenges in Major Public Engineering Projects by a Network-Theory Based Analysis of Stakeholder Concerns: A Case Study”, *International Journal of Project Management*, Vol. 35, No. 1, January 2017, pp. 78-94.

② James E. Post, William C. Frederick, Anne T. Lawrence and James Weber, *Business and Society: Corporate Strategy, Public Policy, Ethics*, New York: McGraw-Hill, 1996, p. 91.

③ Jonathan Charkham, “Corporate Governance: Lessons from Abroad”, *European Business Journal*, Vol. 4, No. 2, 1992, pp. 8-16.

④ Max B. E. Clarkson, “A Stakeholder Framework for Analyzing and Evaluating Corporate Social Performance”, *The Academy of Management Review*, Vol. 20, No. 1, January 1995, pp. 92-117.

被动的因为组织的活动而承担风险的个人或集体。David Wheeler 等学者将社会维度引入利益相关方的分类中①，将企业的利益相关方分为四类，分别为：一是主要的社会性利益相关方，他们与企业有着直接的关系，并派人参加企业活动；二是次要的社会性利益相关方，他们通过社会性的活动和企业构成间接联系；三是主要的非社会性利益相关方，他们对企业有着直接的影响，但不与具体的企业成员产生联系，未直接参加企业活动；四是次要的非社会性利益相关方，他们对企业有着间接的影响，也不存在与企业成员的联系。Alicia K. Mazur 等学者以国防行业的 373 名重要部门的项目经理为调查对象，制定了项目内部和外部利益相关方关系能力量表。②

米切尔评分法从三种属性对可能的利益相关方进行评分，再依据分值的高低去识别某一个体或者群体是否是组织中的利益相关方，如果是的话，是哪种类型的利益相关方。这三种属性分别为：合法性（Legitimacy），指某一个体或群体是否被赋予法律上的、道德上的或者其他特定的对某组织的索取权；权力性（Power），指某一个体或群体是否具有能够影响组织决策的能力、地位和相应的资源；紧迫性（Urgency），指某一个体或群体提出的需求具有时间上的紧迫性特点。要成为组织中的利益相关方，至少要满足以上一种属性，即或者对组织拥有着合法的索取权，或者可以提出很快能引起组织管理层重视的需求，或者能够对组织的实际决策施加影响，否则，将不能成为组织的利益相关方。米切尔评分法界定利益相关方的模型如图 2-10 所示。对以上三种属性进行评分后，组织的利益相关方可被细分为三个类别：第一类是确定型的利益相关方（Definitive Stakeholders），他们同时具有合法性、权力性和紧迫性特征，如图中的区域 7 所示。第二类是预期型的利益相关方（Expectant Stakeholders），他们与组织保持着较为密切的关系，拥有上述三

① David Wheeler and Maria Sillanpa, "Including the Stakeholders: The Business Case", *Long Range Planning*, Vol. 31, No. 2, April 1998, pp. 201-210.

② Alicia K. Mazur and Anne Pisarski, "Major Project Managers' Internal and External Stakeholder Relationships: The Development and Validation of Measurement Scales", *International Journal of Project Management*, Vol. 33, No. 8, November 2015, pp. 1680-1691.

种属性中的任意两种的组合，又可进一步细分为三类情况：一是同时具有合法性和权力性特征，如图中的区域4所示；二是同时具有合法性和紧迫性特征，如图中的区域6所示；三是同时具有紧迫性和权力性特征，如图中的区域5所示。第三类是潜在的利益相关方（Latent Stakeholders），即那些只具有合法性、权力性与紧迫性三种属性中的一种的个体或群体，分别如图中的区域1、2、3所示。[①] 国内也有学者对项目利益相关方的分类与测度问题进行了研究，如常宏建等学者考察了项目利益相关方之间关系的多个维度，力求使项目利益相关方分类和协调度测评更加客观。[②]

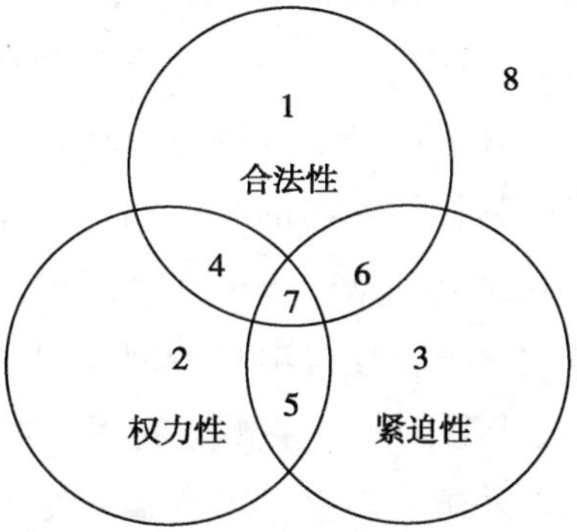

图2-10　基于评分方法的利益相关方界定

在完成对全部利益相关方的分类之后，项目治理者随后就应该决定是否与他们建立一种关系并加以维持，进而和他们打交道。本书特别关注这种关系的确立和维持阶段。因此，项目治理者的项目治理能力在本书中主要就是关系能力。特纳等人将关系能力定义为：能够导致较好结果的知识（资质）、技巧（完成一项任务的能力）以及核心个性性格（动机、特质以及自我概念）的一个组合。John Erpenbeck和Volker Heyse则认为个人会利用自我组织的过程以及他们的知识、技巧和特性，以最

---

① Ronald K. Mitchell, Bradley R. Agle and Donna J. Wood, "Toward a Theory of Stockholder Identification and Salience: Defining the Principle of Who and What Really Counts", *The Academy of Management Review*, Vol. 22, No. 4, Ocotober 1997, pp. 853–886.

② 常宏建、张体勤、李国锋：《项目利益相关者协调度测评研究》，《南开管理评论》2014年第1期。

恰当的方式应对某种情形。Richard E. Boyatzis 和 Franco Ratti 认为可以通过个人的行为方式以及行为意图来观察一个人的能力。关系能力理论是一种心理学理论，主要关注如何能够有效地对待对方，如何在较近或较远的、忠诚或不忠诚的、依赖、相互依存或独立的以及短期或长期的关系中对待亲近的人和非亲近的人。

二　项目利益相关方管理研究

自从克莱兰将利益相关方的概念引入项目领域[①]，人们对如何管理利益相关方的认识也在逐步加深。[②] 如今，项目利益相关方管理已被视为项目管理标准中一个既定、公认的领域[③]，而且即使只有少量研究是主要专注于此的，项目利益相关方及其管理也同样被视为一个研究领域。Amirhossein Heravi 等学者研究了利益相关人员通常提供的资源类型，及其能够控制的网络内部互动和资源流通，认为他们最终对组织的存活有很大的影响。据此提出恰当的项目利益相关方管理以及关键相关利益人员的参与在任何项目治理规划中都应成为重要的一部分。[④] 在项目治理领域中，人们主要是利用一些定性方法对利益相关方关系进行探索，如采访、观察、讲故事、文件检验、案例研究以及社会关系网分析等。例如，一种源自 Lynda Bourne 和 Derek H. T. Walker 的创新方法利用社会关系网工具、利益相关方的圈子，来确定利益相关方的权力和影响力，以及他们对项目结果的影响。这

① David I. Cleland, "Project Stakeholder Management", *Project Management Journal*, Vol. 17, No. 4, 1986, pp. 36-44.

② Edita Gimzauskiene, Kestutis Duoba, Xavier Pavie, Ashly Pinnington, Mantas Vilkas, Inga Erina, Iveta Ozolina-Ozola and Elina Gaile-Sarkane, "The Importance of Stakeholders in Human Resource Training Projects" *Procedia-Social and Behavioral Sciences*, Vol. 213, No. 1, December 2015, pp. 794-800.

③ Gabriela Fernandes, Stephen Ward, Madalena Araújo, Isabel Loureiro and Ana Braga, "Perceptions of Different Stakeholders on Improving and Embedding Project Management Practice in Organisations", *Procedia Technology*, Vol. 16, No. 24, 2014, pp. 957-966.

④ Amirhossein Heravi, Vaughan Coffey and Bambang Trigunarsyah, "Evaluating the Level of Stakeholder Involvement During the Project Planning Processes of Building Projects", *International Journal of Project Management*, Vol. 33, No. 5, 2015, pp. 985-997.

一工具可以协助项目治理者发展和维持一种利益相关方参与策略。Clans Beringer 等人认为，目前还缺少把利益相关方作为分析单位的定量研究。需要指出的是，截至目前，项目研究中欠缺几个关键问题，即在项目周期内利益相关方地位及属性的公认的动态特征，以及基于生命周期的项目相关方管理的明确观点。因为项目生命周期的每一个阶段，项目本身和利益相关方都将面对不同的发展环境、社会风险和机遇，因此在项目周期不同阶段应采用不同的利益相关方管理策略。项目研究强调积极地进行利益相关方管理，这在项目早期尤其重要。对大量大型工程项目进行研究的基础上，Roger Miller 和 Donald R. Lessard 提出：高效的项目赞助方应尽早想方设法了解并调解相关方的利益范围。① Bent Flyvbjerg 等对大型工程项目的研究也强调了所有利益相关方在项目成型阶段的重要性。② 另外，有关新兴市场中如何使次要利益相关方参与到项目中的研究也突出了项目早期的关键地位。③ 但是，在目前大多数相关文献中，利益相关方在项目初期以外的管理没有得到重视。④

项目管理领域的专家学者将很大精力投入到研究对项目利益起重要作用的主要利益相关方的管理。他们的观点强调了项目中资源有限这一现实情况：在一个项目中，不可能总能满足每一个潜在利益相关方的需求，但是需要满足与项目关系最密切的利益相关方的诉求。然而，项目利益相关方的广义定义要求同时考虑到次要利益相关方，这是因为项目通常会产生环境及社会影响，这一观点在全球化项目的背景下尤其重要。作为取得项目成功的相关要素，项目的环境及社会影响最近也被用于对大型项目的研究中。另外，Ryan J. Orr 和 W. Richard Scott 也提出，次要

---

① Roger Miller and Donald R. Lessard, *The Strategic Management of Large Engineering Projects: Shaping Institutions, Risks and Governance*, Cambridge: MIT Press, 2001, pp. 114-116.

② Bent Flyvbjerg, Nils Bruzelius and Werner Rothengatter, *Megaprojects and Risk: An Anatomy of Ambition*, Cambridge: Cambridge University Press, 2003, pp. 96-100.

③ Sequeira D., "Stakeholder Engagement: A Good Practice Handbook for Companies Doing Business in Emerging Markets", *International Finance Corporation*, 2010, p. 77.

④ 庞玉成、石力：《建设项目其他利益相关方组织集成研究——基于协调理论》，《建筑经济》2015 年第 10 期。

利益相关方在项目中的有效参与也能通过减少制度以外的相关成本来提升项目绩效。① Marjolein A. G. 等学者发展了一种多层次利益相关方问题框架，可以使两者之间的联系更明确，目的是要帮助项目经理们分析和优先处理利益相关方给他们带来的问题。② 如果不将次要利益相关方纳入到项目管理中，那么他们可能会通过一系列行动来提出他们的诉求。③ 这些行动的结果可能会是直接运营成本的增加，可能会对核心项目参与组织信誉造成负面影响。

当前，大部分项目研究都将焦点集中于对经济利益影响重大的主要利益相关方身上。主要利益相关方是指与项目有合同关系的组织（例如，顾客或供应商），或对项目具有直接的法律约束力的组织（例如，政府机关）。反过来说，对不同利益团体缺乏了解，对其行为背后的动机及其在整个项目生命周期中可能产生的影响缺乏了解，已成为项目需要面对的主要挑战。在当前大量研究中被称为次要利益相关方的利益群体包括社会团体、说客、环保主义者以及其他非政府组织在内的活动参与者。次要利益相关方与项目没有正式的合同关系，且对项目没有直接的法律约束力，但其能够对项目产生一定的影响。更具体地说，当前大多数研究忽视了这些对项目产生影响，且其利益不同于主要利益相关方的次要利益相关方。

第三节　社会网络分析法与系统仿真方法在治理领域的应用

社会网络分析是由社会学家根据数学方法、图论等发展起来的定

① Ryan J. Orr and W. Richard Scott, "Institutional Exceptions on Global Projects: A Process Model", *Journal of International Business Studies*, Vol. 39, No. 4, June 2008, pp. 562-588.

② Marjolein A. G., Offenbeek Van and Janita F. J. Vos, "An Integrative Framework for Managing Project Issues Across Stakeholder Groups", *International Journal of Project Management*, Vol. 34, No. 1, January 2016, pp. 44-57.

③ 丁荣贵、王金安、孙华等：《项目利益相关方社会网络边界确定方法研究》，《软科学》2015 年第 8 期。

量分析方法，作为一种应用性很强的社会学研究方法，它在多个学科领域中发挥了重要的作用，并得到了进一步的发展与完善。从社会网络的角度出发，人或组织在社会环境中的相互作用可以表达为基于关系的一种模式或规则，社会网络研究不仅仅是一种工具，更是一种关系论的思维方式。

系统仿真（System Simulation）是一种对系统问题求数值解的计算技术。根据系统分析的目的，在分析系统各要素性质及其相互关系的基础上，建立能描述系统结构或行为过程的，且具有一定逻辑关系或数量关系的仿真模型，据此进行试验或定量分析，以获得正确决策所需的各种信息。

一　社会网络分析理论基础

（一）关系网络研究的关注

社会网络分析作为当代西方主流社会学一个关键研究方向，是一种研究范式与具体的研究领域，SNA 研究的产生与发展是整个当代科学界关注结构性和系统性的产物，并得到了社会学之外的其他社会科学和自然科学学科的广泛认可。

社会网络分析理论基础的核心概念是网络，即多个交互作用单元之间存在的关联关系，这种对关联关系的强调指导了相关理论研究、模型构建以及应用过程，并使得社会网络分析成为一种独特的研究视角。①②

从思想史的角度看，对关系或网络的重视具有非常悠久的历史，在早期研究中，网络的概念或者用于比喻，或者仅仅只应用其抽象意义。例如，社会学的创始人奥古斯特·孔德（August Comte）认为社会学应当包括两个方面，即社会静力学和社会动力学，其中社会静力学的重点在于研究“社会相互关联的规律”，或是“社会系统不同部

① Davide Ponzi, Samuele Zilioli, Pranjal H. Mehta, Alexander Maslov and Neil V. Watson, “Social Network Centrality and Hormones: The Interaction of Testosterone and Cortisol, *Psychoneuroendocrinology*, Vol. 68, June 2016, pp. 6-13.

② 吴建南、郑烨、贾金晓：《国家治理体系现代化的网络结构与实践路径——十八届三中全会〈决定〉的社会网络分析》，《上海行政学院学报》2015 年第 2 期。

分的作用和反作用规律”。另外，《社会分工论》中依据人们结成的关系特点区分出传统社会与现代社会两种不同类型的社会关系结构：机械团结和有机团结。①

目前的社会网络分析超越了上述比喻或抽象意义上的网络结构，已发展形成一系列被大量的经验研究所支持的特征与原理。②③ 这种结构分析最为重要的研究成果，即收集了新的证据、提供了新的学术问题、提出了描述与分析社会结构的新方法。

依据巴里·韦尔曼（Barry Wellman）的相关研究④，当代意义上的社会网络分析方法具有以下五个方面的范式特征：

第一，社会网络分析更多的根据结构对行动的制约情况来解释行动者的行为，超越了以往仅仅通过其内在因素进行解释的做法，认为行动者以自愿的和目的论的形式去追寻所期望的目标。

第二，分析者更多的关注于不同组织之间关系的分析，而不是仅依据这些行动者的内在属性特征（或本质特征）对其进行分类。

第三，社会网络分析特别考虑的问题是由多维要素构成的关系形式如何共同作用，进而影响网络成员的行为，因此社会网络分析并不假定网络成员之间只有二维关系。

第四，社会网络分析把结构看作为网络间的网络，这种结构可以划分成具体的群体，也可不划分成具体群体。即社会网络分析并不预先假设有着严格界限的群体一定是形成网络结构的阻碍。

第五，社会网络分析方法直接涉及一定的社会结构中的关系性质，其目的在于补充，有时甚至是取代主流的统计方法，因此要求的

① Linton C. Freeman, *The Development of Social Network Analysis: A Study in Sociology of Science*, Vancouver, BC (Canada): Empirical Press, 2004, p. 45.

② Virginia Alonso Roldán, Sebastian Villasante and Luis Outeiro, "Linking Marine and Terrestrial Ecosystem Services Through Governance Social Networks Analysis in Central Patagonia (Argentina)", *Ecosystem Services*, Vol. 16, December 2015, pp. 390-402.

③ 钟韬、彭勤科：《基于社会网络分析的投资组合优选方法》，《系统工程理论与实践》2015 年第 12 期。

④ Barry Wellman and Stephen D. Berkowitz, *Social Structures: A Network Approach*, Greenwich: JAI Press Inc, 1997, p. 71.

是相互独立的分析单位。

而根据 Stanley Wasserman 与 Katherine Fraust 的相关研究成果[①]，社会网络分析除了高度强调各个交互主体之间关联关系的重要性之外，如下四个基本设定具有重要意义：

第一，各个社会网络中的行动者（Actor）及其各种行动是相互依赖而不是相互独立的。

第二，行动者之间的关联关系（Tie）可视为资源传递和流动的渠道，其中的资源既可以是物质性的资源，也可以是非物质性的资源（如信息）。

第三，以个体为焦点的模型认为网络结构环境或者为行动者提供机会，或者对行动者行为提供约束。

第四，网络模型将各种结构（经济、政治、社会等）概念化为各个行动者之间一种持久的关系形式（Lasting Pattern of Relations）。

通过梳理社会网络分析领域现有的研究成果，能够发现有三类对其产生与发展起关键作用的理论基础：

一是以理论引入为特征的相关理论。即从包括数学与社会心理学在内的其他多个学科借鉴的相关研究成果。其中，从数学领域中引入的图论方法，为社会网络分析的研究提供了持久的基础。源于社会心理学的理论包含平衡论与社会比较理论等。这些理论不仅已经被大量社会网络研究者所引进，而且得到了进一步的更改和扩展。[②]

二是本源的社会网络思想理论。其中包括异质性理论研究（heterophily theory）。它包括结构洞、弱联结优势等概念。该理论能够预见行动者在封闭的社会圈外部建立的联结是如何帮助其获得多样化的知识与其他各种资源的。还包括结构角色理论（structural role theory）。它包括角色对等、结构内聚性、结构对等等多种概念。该理

① Alvin W. Wolfe, "Social Network Analysis: Methods and Applications, by Stanley Wasserman; Katherine Faust" *Contemporary Sociology*, Vol. 91, No. 435, 1994, pp. 219-220.

② Isidro Maya Jariego and Daniel Holgado Ramos, "Network Analysis for Social and Community Interventions", *Psychosocial Intervention*, Vol. 24, No. 3, 2015, pp. 121-124.

论能够对社会网络中的行动者会如何相互影响对方的态度与行为等做出预见。

三是从组织理论研究中所吸收的网络思想。许多研究者选择从社会网络的角度对多种组织理论进行研究，研究时与社会网络的概念与方法融合起来。例如，一项从资源依赖视角对银行业务伙伴选择问题的调研①，就成功地实现了组织理论与社会网络的批判和融合。其他一些研究在结构洞概念和种群生态学两者之间②，或者在弱联结假设和权变理论之间③构建了桥梁。在扩展社会网络思想的进程中，有些社会网络研究甚至还批判与改良了已有的交易费用方法。④

社会网络分析基于一系列的定量概念对社会网络的结构进行分析，例如，聚集性（Clusterability）、中心性（Centrality）、声望测量（Prestige Measurement）、结构平衡（Structure Balance）、传递性（Transitivity）、可达性和子群（Reachability and Subgroup）、位置分析（Positions Analysis）、结构等价性（Structural Equivalence）研究、块模型（Block Model）分析、二元组（Dyads）和三元组（Triads）相关分析等。

社会网络分析适合的应用领域非常广泛，特别适合的领域包含如下：社会认知、市场贸易、交换与权力、舆论及其社会影响、合并的形式、职业流动研究、城市化对个体的影响、世界政治与经济系统、社会决策、社会支持、社区、群体问题的解决、信息传播、企业连

① Mehrdad Agha Mohammad Ali Kermani, Aghdas Badiee, Alireza Aliahmadi, Mahdi Ghazanfari and Hamed Kalantari, "Introducing a Procedure for Developing a Novel Centrality Measure (Sociability Centrality) for Social Networks Using TOPSIS Method and Genetic Algorithm", *Computers in Human Behavior*, Vol. 56, 2016, pp. 295-305.

② Ronald S. Burt, *Structural Holes: The Social Structure of Competition*, Cambridge: Harvard University Press, 1992, p. 104.

③ Morten T. Hansen, "The Search-Transfer Problem: The Role of Weak Ties in Sharing Knowledge across Organizational Subunits", *Administrative Science Quarterly*, Vol. 44, No. 1, March 1999, pp. 82-111.

④ Brian Uzzi, "The Sources and Consequences of Embeddedness for the Economic Performance of Organizations: The Network Effect", *American Sociological Review*, Vol. 61, No. 4, 1996, pp. 674-698.

锁、信仰系统、灵长类动物行为研究、以计算机为媒介的沟通方式、组织内及组织间研究、市场营销、健康与疾病研究等。[①]

（二）联结的强度与嵌入问题

联结的强度与嵌入问题更多从思想方面为社会网络分析提供理论研究基础，主要展示联结的强度和嵌入思想对于社会网络分析的意义。

联结强度的概念由马克·格兰诺维特（Mark Granovetter）通过其题为《弱联结的强度》的著作提出。[②] 在该著作中，格兰诺维特把关系联结作出了强弱之分，认为弱联结和强联结在个体之间、组织之间以及个体与整个社会之间发挥的作用不同。而不同联结的强度可以从四个维度进行区分：时间的长短（Amount of Time）、情感的强度（Intensity of Emotion）、亲密性程度（Degree of Intimacy）与互惠服务水平（Level of Reciprocal Service）。关系联结的强弱是这四个维度共同作用的结果。

格兰诺维特进一步指出，强联结通常是在年龄、性别、职业身份、教育程度、收入水平等多种社会经济特征相同或相似的个体之间形成并发展起来的，弱联结则通常是在社会经济特征显著不同的个体之间形成与发展起来的。强联结主要功能在于维系群体或组织内部的关系，而弱联结的功能则是在群体之间或组织之间充当信息的桥梁，从而在其间建立起关系纽带，进而使社会关系系统成为可能。因为在群体内部，相似性较高的个体对相同事物或事件的感知与认识经常是相同或相似的，所以通过这种强联结获得的信息与知识往往重复性很高。相比之下，弱联结发生于不同群体之间，由于其分布范围更广，它比强联结更能充当起跨越其社会界限去获得新的信息与其他资源的桥梁，能够将群体的重要信息传递给不属于这些群体的个体。格兰诺

① Chia-Liang Hung, "Social Networks, Technology Ties, and Gatekeeper Functionality: Implications for the Performance Management of R&D Projects", *Research Policy*, Vol. 46, No. 1, February 2017, pp. 305-315.

② Mark Granovetter, "The Strength of Weak Ties" *American Journal of Sociology*, Vol. 78, No. 6, May 1973, pp. 1360-1380.

维特指出，虽然不是所有的弱联结都可以作为信息桥，但可以充当信息桥的联结必定是弱联结。

嵌入（Embeddedness）的思想同样来源于格兰诺维特的研究成果。在其经典著作《经济行为与社会结构：嵌入问题》里，格兰诺维特在进一步完善卡尔·波兰尼（Karl Polanyi）思想的基础之上提出了嵌入性理论。他指出经济行动深深嵌入到经济行动等各种社会关系中，受多种非经济因素的影响，因此，应该从行动者所处的各种社会关系入手去解释其经济活动。只有这样，才能突破以往经济学和社会学研究中普遍存在的过度社会化和低度社会化问题，进而更好地说明经济活动的内在规律及与之相关的社会关系结构特征。

二 静态社会网络分析的相关研究

关注静态结构特点的社会网络分析起源于20世纪30年代，成熟于20世纪70年代，是从社会学、心理学、人类学、数学、通信科学等领域逐步发展起来的一个研究分支。作为研究社会结构和社会关系的一种方法，其最大意义在于它被视为一种社会科学研究的新范式。社会网络分析已经形成了一系列专有的概念和指标，以帮助人们理解特定领域网络关系的实质和运作方式。20世纪90年代以来，社会网络分析得到了迅速发展，其价值日益被人们认知和认可。由于社会网络分析成功地提供了一种不同于最主流社会研究中传统个体主义的方法，采用社会结构观的分析思想和方法，使人们认识到社会结构对人们行为的影响的重要性，使社会网络分析变成当今社会学研究中的最重要手段之一。①

社会网络最直观的定义是指一系列社会成员及其社会关系组成的网络结构。从表现形式上看，可以定义一系列已经或有可能直接或间接建立连接的点，这些点的特征与它们之间关系的全体构成了社会网络。采用数学语言，一个社会网络可以表示为 $G = (V, A)$，其中 V

---

① John Scott, *Social Network Analysis: A Handbook*, Second edition, London: Sage Publications, 2000, p. 87.

是网络中点（Nodes）的集合，而 A 是指基于网络中的点形成的关系（Linkage）的集合。其中的点可以是社会分析中的任何单位，例如，个人、群体、组织或社区，点的特征是指这些单位本身具有的特征。点与点之间的连接表示不同点之间存在的某种关系，这种关系具有一定的实际内容，这一内容就是该关系的实质。在现实社会中，关系的内容往往表现为通过关系传递的东西。一些获得广泛研究的关系包含喜欢、尊重等个人之间的评价关系，商业往来、物质交流等物质资本的传递关系，行动者的交往、信息的交换等非物质资源的传递关系，参加某一协会、属于某个俱乐部等各种隶属关系，拜访、谈话、参加会议等行为上的互动和行动者的自然交往关系。

众多学者对此类 SNA 理论进行了研究。韦尔曼在其著作《结构分析：从方法和隐喻到理论和实质》中总结了静态社会网络分析的特点。[①] 有关文献回顾、分类和比较了现有的社会网络模型，这些文献主要发表在面向社会学的复杂网络出版物上。[②] Garry Robins 等针对两个组织的网络数据集开发模型，对一个培训小组内部的信任网络和一个政府工作难度网络进行了评价。[③] 基于资源依赖理论，Liaquat Hossain 认为组织的网络中心性和它们对社会事务的影响呈正相关。[④] Otte Evelien 等人指出社会网络分析将是研究引文网络的有力工具。[⑤]

---

① Berkowitz Wellman, *Structural Analysis: From Method and Metaphor to Theory and Substance*, *in Wellman and Berkowitz*, *Social Structures: A Network Approach*, Cambridge: Cambridge University Press, 1988, p. 51.

② Riitta Toivonen, Lauri Kovanen, Mikko Kivelä, Jukka-pekka Onnela, Jari Saramäki and Kimmo Kaski, "A Comparative Study of Social Network Models: Network Evolution Models and Nodal Attribute Models", *Social Networks*, Vol. 31, No. 4, October 2009, pp. 240-254.

③ Garry Robins, Pip Pattison and Peng Wang, "Closure, Connectivity and Degree Distributions: Exponential Random Graph (P *) Models for Directed Social Networks", *Social Networks*, Vol. 31, 2009, pp. 105-117.

④ Liaquat Hossain, "Effect of Organisational Position and Network Centrality on Project Coordination", *International Journal of Project Management*, Vol. 27, No. 7, 2009, pp. 680-689.

⑤ Otte Evelien and Rousseau Ronald, "Social Network Analysis: A Powerful Strategy, Also for the Information Sciences", *Journal of Information Science*, Vol. 28, No. 6, 2002, pp. 441-453.

还有一些学者开始尝试将社会网络分析的方法和指标用于识别和分析某一学科的研究趋势。[①] Linton C. Freeman 指出，社会网络分析的特点如下：它对社会行动者间的不同关系开展结构研究，这种研究建立在系统的结构数据基础上，非常依赖图论语言和技术，重视应用数学模型、统计技术与计算机模拟。[②]

综合上述研究，此类 SNA 理论在认识论与方法论方面有两个突出贡献：第一，它摆脱了范畴分析或属性分析的个体主义方法论、还原主义解释论与循环论证的困境。以往的研究是“在经济学家与心理学家通常设定的原子论的视角下，个体行动者被认为是不考虑其他行动者行为而单独进行决策和行动的”。正如有学者表述的：“在过去的几十年中，经验主义的社会研究主要是由抽样调查控制着。然而，如人们通常指出的那样，这种方法把个体从其所在的社会情境内抽离出来，并假定研究对象之间不存在联系。”第二，社会网络分析者在社会关系的层面上将微观社会网与宏观的社会结构联结起来。格兰诺维特在其《弱联结的强度》一文的开头就开宗明义的说：“社会网络理论的提出就是要在微观行为与宏观行为之间架起一座桥。”[③] 其实现机制被称作为“嵌入理论”。这种嵌入性观点的研究重点即在一个社会网络之中个体如何通过各种关系，在其互动过程中相互影响，个体嵌入社会网络的方式不但影响个体的行动，也会改变相互的关系，从而影响网络整体的结构。针对微观与宏观的连接问题，詹姆斯·科尔曼（James S. Coleman）进一步提出了“浴缸”模型。[④]

多年来，这种 SNA 方法在多个社会领域中得到了应用和发展。

---

① 刘则渊、尹丽春：《国际科学学主题共词网络的可视化研究》，《情报学报》2006年第5期。

② Linton C. Freeman, *The Development of Social Network Analysis: A Study in Sociology of Science*, Vancouver, BC (Canada): Empirical Press, 2004, p. 93.

③ 罗家德：《社会网分析讲义》，社会科学文献出版社2005年版，第47页。

④ ［美］马汀·奇达夫，蔡文彬：《社会网络与组织》，王凤彬等译，中国人民大学出版社2007年版，第82页。

人类学家 Barnes 首次运用社会网络的概念来研究挪威某渔村的社会结构特征①，之后，该方法逐渐发展为社会学领域中研究社会结构特征的重要方法之一。英国著名学者伊丽莎白·伯特（Elizabeth Bott）1957 年的研究著作《家庭与社会网络：城市百姓人家中的角色、规范、外界体系》被广泛视为英国社会网研究的经典范例。② 钟琦和汪克夷认为组织内部的知识流呈现出网络结构，这一结构的形成同知识在组织中转移和扩散的社会属性息息相关。他们以 SNA 方法为基础，从个体和网络整体两个角度，结合实际案例对组织内部知识网络相关的若干问题进行探讨，具体包括节点的知识交流关系与强度分析、知识团体与关键知识节点的识别问题。③ 这些研究对 SNA 方法的社会学意义进行了进一步的阐述，提供了该方法应用于社会学领域的操作方法，正是基于 SNA 在社会学领域的成功应用，有学者开始探索将其应用于管理学领域的可行性。

在管理学领域中，Stephen Pryke 认为传统的关键路径、流程图等依赖于公共项目活动（Activities）的可视化分析方法，侧重线性角色关系，将行为者看成孤立个体，很难描述公共项目环境下并发的、复杂的迭代过程。④ 而 SNA 方法能够克服这些困难，而且能够在不同类型网络（信息网络、契约网络等）之间进行量化比较。Stephen Pryke 尝试将 SNA 用于建筑行业组织联盟的项目治理中，并进行了实例分析。⑤ 结果表明在项目治理过程中，利益相关方之间以信息、契约等关联构成了项目的社会网络，而且个体的行为受到其在网络中的位置影响，所以

---

① John A. Barnes, "Class and Committees in a Norwegian Island Parish", *Human Relations*, Vol. 7, No. 1, 1954, pp. 39-58.

② 肖鸿：《试析当代社会网研究的若干进展》，《社会学研究》1999 年第 3 期。

③ 钟琦、汪克夷：《基于社会网络分析法的组织知识网络及实例研究》，《科技管理研究》2009 年第 4 期。

④ Stephen Pryke, *Towards a Social Network Theory of Project Governance*, London: Sage Publications, 2005, p. 13.

⑤ Stephen Pryke and Steve Pearson, "Project Governance: Case Studies on Financial Incentives", *Building Research and Information*, Vol. 34, No. 6, 2006, pp. 534-545.

SNA 能够为项目治理提供有效的量化分析手段。① 黎耀奇和谢礼珊比较了社会网络理论与管理学经典理论，指出社会网络理论不是对管理学理论的批判与取代，而是一种建设性的深化与补充。② J. Yang Rebecca 等学者在中国和澳大利亚分别进行了星级认证办公大楼项目的案例研究，通过焦点小组研讨会、面对面采访和桌面研究收集案例数据，并利用社会网络分析方法对数据进行分析。结果表明中国政府在提高社会的绿色科技知识和意识中扮演了至关重要的角色。③ 这项研究中的社会网络分析方法，通过揭秘社会的复杂性而提高了利益相关方和风险管理的效率以及准确性，而社会复杂性在传统的线性风险冲击分析中往往容易被忽略。但是，这些研究并没有在网络特征、网络嵌入方式等对项目治理的影响方面，以及 SNA 在其他领域项目治理的应用方面做深入分析。

虽然已经有文献考虑将基于静态结构的社会网络分析引入企业管理和项目管理研究中，但这些研究仅以一个核心企业或部门为研究对象，主要侧重于无向图的简单描述，且没有提炼出社会网络分析在公共项目治理中如何确定网络嵌入方式、网络密度、网络集中度及其与治理策略的对应关系。

三 动态社会网络分析的相关研究

虽然基于静态结构的 SNA 理论取得了重大成功，但依然存在着明显的研究局限性，即动态分析不足，社会网络不仅仅是一种静态的结构，它应该“代表了一种在认知与人际间互动的层面上运作的多种微观过程的动态的相互交织”。学术界认为一种出色的社会网络分析方法，不能把社会结构看作是给定的，而必须能够说清结构的起源与

① 安卫华：《社会网络分析与公共管理和政策研究》，《中国行政管理》2015 年第 3 期。

② 黎耀奇、谢礼珊：《社会网络分析在组织管理研究中的应用与展望》，《管理学报》2013 年第 1 期。

③ J. Yang Rebecca, X. W. Zou Patrick and Jiayuan Wang, “Modelling Stakeholder-Associated Risk Networks in Green Building Projects”, *International Journal of Project Management*, Vol. 34, No. 1, 2016, pp. 66-81.

持续。正因为有以上局限，SNA 理论需要超越过分结构化的研究思路，强调社会网络的权变与动态思想，重视在个体主义与结构主义研究范式之间建立关联。

相关学者对社会网络的演化问题进行了研究，其中的大部分研究采用了经验主义学派的研究方法。Patrick Doreian、Frans Stokman 认为网络变化的基本过程以成员的网络特征参数为基础。[①] 在这里，网络成员的属性限制了社会网络的完全自组织假设，使其成为网络成员依据目标作用于网络结构的系统。社会网络结构与其中的网络成员共同演化发展，网络成员的属性会影响网络结构的演变，其自身也受网络结构的影响。Patrick Doreian 和 David Krackhardt 对网络结构均衡理论进行实证研究，其结论是结构均衡过程可视为多种平衡过程的集合。[②] 该研究认为社会网络结构从一个时间点的特定状态调整为随后时间点的状态时，遵循的基本假设是社会网络在结构均衡规则的作用下随时间不断变化。Beatriz Prieto 等学者通过研究一组博客构成的社会网络，展示了将自组织映射（SOM）技术应用于社会网络演进可视化过程的优势。[③] Haibo Hu 和 Xiaofan Wang 研究了一个大型网上虚拟社区结构的演变，揭示了一种特定人口的人际交往演化模式，提供了进一步分析演变理论模型的研究平台。[④] 郭瑞等通过图熵测度来描述在网络发展演化过程中网络的有序性问题，在安然数据集上得到全局属性与局部属性在网络演变中有序性的不同趋势，并通过熵参与度来识别社会网络中的重要结点。[⑤] 游

---

① Patrick Doreian and Frans Stokman, *Evolution of Social Networks: Processes and Principles. In: Doreian P, Stokman F N.* (*Eds.*), *Evolution of Social Networks*, New York: Gordon and Breach, 1997, p. 81.

② Patrick Doreian and David Krackhardt, "Pre-transitive Balance Mechanisms for Signed Networks", *Journal of Mathematical Sociology*, Vol. 25, No. 1, 2001, pp. 43–67.

③ Beatriz Prieto, Fernando Tricas, Juan J. Merelo, Antonio Mora and Alberto Prieto, "Visualizing the Evolution of a Web-Based Social Network", *Journal of Network and Computer Applications*, Vol. 31, No. 4, November 2008, pp. 677–698.

④ Haibo Hu and Xiaofan Wang, "Evolution of a Large Online Social Network", *Physics Letters A*, Vol. 373, 2009, pp. 1105–1110.

⑤ 郭瑞、钟宁、李文斌：《基于图熵的社会网络演化分析》，《模式识别与人工智能》2009 年第 3 期。

锡火认为中国企业国际化的社会网络有继承性网络与生成性网络两种原型，例如，企业社会网络、企业家个人的社会网络以及海外华人网络都是中国企业国际化过程的典型社会网络，社会网络的结构、资源与规范是解构我国企业国际化社会网络时的三个重要方面。我国企业国际化社会网络发展演化的轨迹是企业社会网络不断代替个人社会网络的过程，而节约交易成本是国际化社会网络不断演化的重要动因。[①] 韦雪艳等学者根据社会网络领域和创业领域经典观点的分析和探讨开展相关研究，以苏南地区为例，分析发现民营企业创业的社会网络形成了二元模式：关系社会网络与利益社会网络。[②] 这种社会网络模式可以帮助民营企业家获取资源、提高企业绩效并促进民营企业有效的追求新机会。研究结果指出创业社会网络会随着人口学的特征而不断演化。彭华涛和王敏学者采用群体案例研究的方法，选取中国六家成功的创业企业在其社会网络演化过程中的试错行为作为研究对象，探索了创业企业在其社会网络演化过程中发生试错行为的动因、规律和特征。[③] 郑君君、段松青等学者分别模拟了风险投资、社团角色社会网络的形成机理和演化过程，刻画了信息在社会网络中的传递和交互[④][⑤]机制。

综合现有研究，动态社会网络分析涉及以下几个方面的问题：社会网络的形成和成长与网络目标的关系；网络成员的决策制定与网络结构间的相互关系；网络动态分析方法的选择与可行性；网络动态分析需要综合考虑网络结构特征和网络成员属性；网络动态变化过程的描绘和表

---

① 游锡火：《中国企业国际化的社会网络构成及其演化研究》，《开放导报》2009 年第 6 期。

② 韦雪艳、王重鸣、段锦云：《民营企业二元社会网络模式及演化特征研究》，《重庆大学学报》（社会科学版）2010 年第 2 期。

③ 彭华涛、王敏：《创业企业社会网络演化的试错机理——基于群体案例研究》，《科学学研究》2012 年第 8 期。

④ 郑君君、朱德胜、张平等：《风险投资退出股权关联价值拍卖模型及仿真研究——基于 Deffuant 模型的群体局部博弈及社会网络演化》，《技术经济》2014 年第 2 期。

⑤ 段松青、于兴隆、吴斌等：《RoleTracker：基于角色的社会网络演化分析方法》，《湖南大学学报》（自然科学版）2015 年第 8 期。

达。其研究难点在于如何基于社会网络演变的机制发掘表达和研究网络演变的可行手段。讨论社会网络的动态变化问题就是要考察网络中随时间变化而变化的各种关联关系，分析特定领域各种社会关系的演变驱动力，发现与识别那些推进社会网络关系发展变化的相关要素。

四　系统仿真的理论研究

系统仿真技术依托现代计算机系统作为载体和工具，利用计算机系统强大的运算能力与可视化技术去模拟现实世界中真实系统的运作过程，得到对实际系统运作的仿真结果，进而进行评估和预测。① 系统仿真方法可以提高决策者的分析效率，降低其决策成本，更为重要的是它能够对复杂的实际系统信息进行有效处理。②

系统仿真方法更多的应用于不能采用可行的解析方法去求解的问题上。其基本研究思路是结合特定系统的特征，通过随机数种子来模拟多次实际系统运作过程，以求得大量可行解，并通过不断逼近的方法来求得最终解。③ 系统仿真的一般性过程分为四个步骤：一是模型构建。该步骤是系统仿真的关键，仿真过程质量的高低在很大程度上取决于模型构建的优劣。二是随机数、随机变量的生成。只有生成合理的随机数才能切实保证后续多个可行解的采样是具有代表性的。三是仿真模型的运行。该步骤需要寻找适合的计算机系统以进行仿真运行。四是仿真结果的评价与反馈。系统仿真方法是不断地逼近最终解，不可能像传统解析方法一样使所得到的解能够在逻辑上一定是最终解。针对这种情况，仿真结果的评估是非常必要的，甚至很多时候要依据结果进行不断的反馈和修正。

---

① Dídac Jorda-Capdevila, Beatriz Rodríguez-Labajos and Mònica Bardina, "An Integrative Modelling Approach for Linking Environmental Flow Management, Ecosystem Service Provision and Inter-Stakeholder Conflict", *Environmental Modelling & Software*, Vol. 79, 2016, pp. 22-34.

② 李君桥、汤俊、孙培林等：《基于随机状态图的复合大系统仿真方法》，《系统工程与电子技术》2013年第10期。

③ Prakhar Jaiswal, Jinmiao Huang and Rahul Rai, "Assembly-Based Conceptual 3D Modeling with Unlabeled Components Using Probabilistic Factor Graph" *Computer-Aided Design*, Vol. 74, 2016, pp. 45-54.

系统仿真最初是由冯·诺依曼（John Von Neumann）于20世纪40年代提出的，当时，由于计算机技术尚处于起步阶段，系统仿真技术主要表现在使用Monte Carlo方法（蒙特卡罗方法，又称随机模拟方法）等统计试验方法进行求解，之后随着计算机工业与软件技术的迅猛发展，它的应用价值体现在诸多领域，如经济对策模拟、作战模拟与排序问题的仿真等。1952年美国成立了仿真学会，从20世纪60年代开始，伴随着专用仿真语言的出现和成熟，系统仿真技术得到了迅速发展，1962年，仿真语言SIMSCRIPT与GPSS等相继研制成功。1963年，模拟专业的权威性刊物SIMULATION月刊正式出版，标志着系统仿真作为一门独特的应用技术进入全面发展时期。一方面，系统仿真技术继续拓展大量新的应用领域，并辅助支持一些关键的社会、经济、技术决策；另一方面，仿真的软件设施、建模方法论与有关仿真的理论问题等得到深入探讨。近年来系统仿真还结合软件技术领域的新进展（例如，决策支持系统、管理信息系统、专家系统、计算机图形学与人工智能），进一步丰富与完善了自身的内容。目前，已有数个有关系统仿真的国际性组织正在出版各自的学术刊物。

中国于20世纪50年代开始运用Monte Carlo方法来求解一些复杂的科学计算问题，例如，核工业中的大量计算问题。伴随着计算机技术的发展与现代化建设发展的需要，70年代末，系统仿真技术在我国迅速普及与发展，例如，采矿行业中的工艺方法论证比较、设备合理调度与设计参数优选，交通运输行业中的运输流量控制、调度运营与载运工具的性能研究，军事科技领域中的飞行员培训，新武器系统效果论证、模拟演习，以及计算机系统的设计、人口问题研究、地区发展规划与工业过程设计。与此同时，相关研究还在微机上开展与移植了一些专用仿真语言。[①] 为了促进系统仿真技术在系统工程、管理科学和运筹学中的应用与发展，1983年，召开了第一届全国系统仿真学术交流会，并顺利成立了中国运筹学会系统仿真专业委员会。目

---

① 单泽彪、石要武、高兴泉：《基于Simulink实现的数模混合控制系统仿真新方法》，《吉林大学学报》（工学版）2014年第2期。

前在系统仿真的方法论、专用仿真语言、新的应用空间以及与其他软件科学技术的相互渗透方面都正在开展着一些有益的研究工作。

系统动力学（System Dynamics）是由美国麻省理工学院的教授福瑞斯特（Jay W. Forrester）于1956年创立的一种系统仿真方法。它是一门关注信息反馈系统、认识系统问题与解决系统问题的系统学科。因此，系统动力学特别适合于系统的建模与仿真，具有以下特点：第一，能够容纳大量变量，非常适合复杂大系统的研究；第二，描述清楚，系统模型具有很好的透明性；第三，模型能够反复运行，模型所含因素与规模可不断扩展，可以起到实际运行系统实验室的作用；第四，系统动力学通过构建的模型进行仿真，进而计算仿真结果，因此可用来预测未来一定时期内各种系统变量随时间而发展变化的曲线与数值的变化情况。系统动力学在创立之初被称为工业动力学，最早应用于工业管理系统的分析，研究诸如生产和雇员情况波动等问题。乔治梅森大学（George Mason University）教授J. N. Warfield的研究成果指出，系统动力学派是管理系统复杂性的五大学派之一，该领域的代表人物是福瑞斯特，梅多斯（D. H. Meadows），彼得·圣吉（Peter Senge）等人，常运用微分方程和计算机模拟等理论工具，关注解决社会经济系统、组织理论等方面的问题。20世纪70年代末，系统动力学被引入中国，其中杨通谊、许庆瑞、王其藩、陶在朴和胡玉奎等专家学者是其积极倡导者。

五 系统仿真的应用研究

系统仿真在经济管理中得到了重视与应用。主要用于解决以下领域的问题：

第一，企业管理领域。福瑞斯特教授首先提出运用系统仿真的原理，运用反馈控制回路方法，以建立数学模型，并用计算机模拟企业管理。[①]。之后的大量相关研究证实了系统仿真方法用于企业管理实践的有效性。如有学者基于多主体系统仿真对不同碳税情景下企业的碳

---

① Jay W. Forrester, "Counterintuitive Behavior of Social Systems", *Technology Review*, Vol.73, No.3, January 1971, pp. 52-68.

减排技术创新响应机理进行了分析。[①]

第二，物流和供应链领域。20 世纪 60 年代，福瑞斯特对生产、库存和销售波动问题的研究被视为供应链研究的经典范例，即牛鞭效应。1989 年，斯特曼（Sterman）对啤酒分销游戏的结果展开了分析，由此获得了福瑞斯特奖。90 年代起，该领域的研究成果逐渐增多，相应的研究机构主要有英国卡迪夫大学的物流系统动力学研究小组、意大利巴勒莫大学的 CUSA2 系统动力学研究小组等。我国也有学者将系统仿真方法应用于物流与供应链改进研究，如曾倩琳以物流产业系统的成长模型为基础，运用系统仿真方法分析了我国物流上市公司系统内各子系统的相互影响与相互作用，通过物流产业系统协同发展仿真模型，模拟出中国物流产业多个子系统间的协同度和有序度数值，发现了某些子系统的有序度存在短板效应。[②] 供应链的高效运作取决于物流和信息流的协调，而系统动力学中的信息流、物料流的概念特别有利于描述供应链问题，因此，在供应链动态仿真分析、诊断、协调、优化和决策研究中是非常有效的研究方法。

第三，学习型组织领域。这种组织研究出现的背景为企业面临着生死存亡的挑战，而系统动力学中的系统思考为其提供了从企业内部组织寻找失败原因的技术。此时，组织学习的目标是把企业塑造成为学习型组织，以保持企业的竞争优势。相关研究指出学习型组织中的开放型知识具有价值性、开放性和多源性的特征，通过融合生态学、系统仿真、知识管理等理论，能够基于改进的 Lotka-Volterra 模型构建相应的组织知识转移生态学仿真模型，进而提高开放型知识导入情景下的组织间知识转移效率。[③]

第四，分析企业过程改进的困境领域。系统仿真可以采用一种有

---

① 龙飞、祁慧博、刘笑萍等：《碳税情景下企业碳减排技术创新的响应机理与系统仿真》，《技术经济》2016 年第 8 期。

② 曾倩琳：《融合视角下我国物流产业系统成长的协同研究》，《统计与决策》2017 年第 1 期。

③ 龙跃、顾新、张莉：《开放式创新下组织间知识转移的生态学建模及仿真》，《科技进步与对策》2017 年第 2 期。

效且简明的企业经营过程流图，以表示反馈系统各部分间的相互关系与系统的反馈回路的结构。这类应用分析了企业过程改进了的组织行为，避免了企业一味地将其绩效低下的原因归结为员工不够努力，指出了企业过程改进成败的根源与避免过程改进走入困境的基本原则。如有学者运用系统动力学研究基于供应链管理的快速反馈营销系统，以解决企业营销过程的难题。①

第五，确定企业家报酬领域。通过建立仿真模型得出结论：能够影响企业家报酬的因素众多，并且各因素相互作用的关系非常复杂。因此，要想长期有效的激励企业家，从仿真模型来看，企业家报酬方式的选择不仅包括金钱因素，还应该有更多的立足于企业家学习能力、教育背景、企业环境等因素。

第六，城市新区社会经济发展领域。城市新区社会经济的发展具有系统性、复杂性、动态性、目的性、可控性等共同特点。引入系统仿真模型对新区社会、经济与环境系统的发展趋势进行有针对性的战略分析，使新区能够有目的的按照规划发展，规避老城区发展的弊病，有利于建设一个环境和经济协调发展的健康系统。较有代表性的是在考虑资源利用与城市经济发展的均衡互动中运用系统仿真进行分析预测。② 相关学者构建了贫困地区“经济—社会—资源—环境”的系统动力学仿真模型，通过模拟仿真方法对比分析了三种扶贫工作模式下的扶贫效果，进而从坚持协调发展范式、不能以牺牲环境资源为代价换取短期经济增长和加大产业化扶贫政策力度三个方面提出改变扶贫工作路径依赖的建议。③ 董会忠和王格运用 Vensim 软件构建出山东半岛蓝色经济区的经济—环境复合发展系统动力学仿真模型，对特定区域未来

① 何小洲、刘代兵、李曜：《供应链管理的快速反馈营销系统与4Ps营销系统仿真》，《重庆大学学报》（社会科学版）2013年第2期。

② 范厚明、李艳滨、温文华等：《考虑土地资源占用的港口与城市经济互动发展系统仿真——以深圳市为例》，《资源科学》2015年第2期。

③ 王静、庄鹏睿、罗良清：《扶贫工作范式转换的系统仿真与政策模拟——基于江西省典型贫困地区贫困人口调查的研究》，《管理世界》2017年第2期。

发展情景进行定量化动态研究与模拟。通过调整复合系统的决策变量并观察模拟结果，给出了山东半岛蓝色经济区经济—环境复合系统协调发展的对策措施。①

许多研究者提出可以将系统仿真理论方法用于规划项目活动②③和查找建设项目返工的原因。④⑤ Philipp Ringler 等学者提出基于主体的建模和模拟可以对电网内不同代理之间的互动方式以及在全球层面上将会产生何种影响进行深入了解，进而可以为利益相关方的决策过程提供有价值的建议。⑥ 应用系统理论，James Arthur Finch Stoner 等学者用动态参与的概念来描述现代建设项目管理系统。⑦ 通过研究系统动力学模型和行为系统模式，Mohamed Saleh 等研究政策干预（参数变化）如何能通过影响反馈回路影响某些行为模式。⑧ 系统仿真作为研究和解决问题的一种方法论，以系统理论为基础，并与反馈理论、控制论和信息论相互融合，可以预测在未来的特定时间段内每

---

① 董会忠、王格：《山东半岛蓝色经济区经济——环境复合系统仿真与发展对策研究》，《软科学》2017 年第 2 期。

② Terry Williams, Colin Eden and Fran Ackermann, "Vicious Circles of Parallelism", *International Journal of Project Management*, Vol. 13, No. 3, 1995, pp. 151-155.

③ Alexandre Rodrigues and John Bowers, "System Dynamics in Project Management: A Comparative Analysis with Traditional Methods", *System Dynamics Review*, Vol. 12, No. 2, 1996, pp. 121-139.

④ Peter E. D. Love, P. Mandal and Heng Li, "Determining the Causal Structure of Rework inpluences in Construction", *Construction Management and Economics*, Vol. 17, No. 4, 1999, pp. 505-517.

⑤ Mohamed Saleh, Rogelio Oliva, Christian Erik Kampmann and Pal I. Davidsen, "A Comprehensive Analytical Approach for Policy Analysis of System Dynamics Models", *European Journal of Operational Research*, Vol. 203, No. 3, 2010, pp. 673-683.

⑥ Philipp Ringler, Dogan Keles and Wolf Fichtner, "Agent-based Modelling and Simulation of Smart Electricity Grids and Markets-A Literature Review", *Renewable and Sustainable Energy Reviews*, Vol. 57, 2016, pp. 205-215.

⑦ James Arthur Finch Stoner, R. Edward Freeman and Daniel R. Gilbert, *Management*, NJ: Prentice Hall, 1995, p. 61.

⑧ Mohamed Saleh, Rogelio Oliva, Christian Erik Kampmann and Pal I. Davidsen, "A Comprehensive Analytical Approach for Policy Analysis of System Dynamics Models" *European Journal of Operational Research*, Vol. 203, No. 3, 2010, pp. 673-683.

种项目变量随时间变化的曲线。[①]

在公共项目治理领域进行社会网络动态性研究是一个新的探索。公共项目当中包括多个在功能上相互依存的组织，每个组织为实现其既定的目标而不断努力，这些公共项目组织所处的动态环境意味着组织的多个相关变量之间的关系可能发生变化。为此公共项目经常采用成本控制和工期调整等方法（例如，工作分解结构、甘特图、PERT/CPM 网络等）来应对变化。即使如此，由于公共项目变化的多样性和相关性，传统的控制方法是远远不够的，难以对多种相关要素进行系统分析，使得公共项目组织和控制成为一项艰巨而棘手的任务。面临这种局面，管理人员开始重新思考认识公共项目活动动态性的方式。系统思考与系统仿真方法可以提供多种要素及其动态关联的有效分析和表达方法，能够在战略层面自上而下的描述公共项目治理领域内社会网络的动态变化，有利于分析公共项目治理中多种类型动态要素间的非线性关系，进而探索风险控制的策略。有研究人员认为可以在规划公共项目治理活动时使用动力学方法。[②] Erma Suryani、高武等学者构建动力学框架来生成和分析特定场景以提高系统绩效，认为系统仿真可以基于信息反馈控制来实现物理和信息流的表达，其分析结果有利于治理决策制定和行动过程优化。[③][④]

公共项目治理系统的演化是众多相关要素交互作用的结果，依据 James M. Lyneis 的研究，具有此类特征的问题适合应用系统仿真进行分析。[⑤] 系

① 仲勇、陈智高、周钟：《大型建筑工程项目资源配置模型及策略研究——基于系统动力学的建模和仿真》，《中国管理科学》2016 年第 3 期。

② Peter E. D. Love, Purnendu Mandal, Jim Smith and Heng Li, "Modelling the Dynamics of Design Error Induced Rework in Construction", *Construction Management and Economics*, Vol. 18, No. 5, 2000, pp. 575-586.

③ Erma Suryani, Shuo-Yan Chou and Chih-Hsien Chen, "Air Passenger Demand Forecasting and Passenger Terminal Capacity Expansion: A System Dynamics Framework", *Expert Systems with Applications*, Vol. 37, 2010, pp. 2324-2339.

④ 高武、洪开荣、潘彬：《重大交通设施项目风险复杂动态交互演化机理与仿真分析》，《预测》2016 年第 3 期。

⑤ James M. Lyneis, "System Dynamics for Market Forecasting and Structural Analysis", *System Dynamics Review*, Vol. 16, No. 1, 2000, pp. 3-25.

统仿真可以有效的分析与表达多个关键要素及其动力学关系，为公共项目治理研究提供一种描述公共项目的自上而下战略层次方法。这种方法将公共项目视为一个完整的整体，而不是一系列单个任务的简单组合，能够有效地描述公共项目中多种动态要素间的非线性关系和它们组成的回路，有助于公共项目利益相关方理解公共项目治理结构的动态性对公共项目表现的影响，进而从宏观上对公共项目进行估计与把握，为动态社会网络研究提供新的研究思路与方法。

系统仿真技术需要依托计算机系统作为载体和工具，利用计算机系统强大的运算能力与可视化技术去模拟现实世界中的实际系统运作，可以得到对真实系统运作的模拟结果，进而进行评估和预测。近几年来，随着系统仿真的广泛应用，对各类系统仿真平台的研究也日趋广泛。先进、高效的仿真平台是对复杂的系统进行有效处理的重要条件，有利于全面反映系统仿真模型在实际生产运作中的效果，进而得到有指导意义的绩效改进策略与参数调整方法等。与公共项目利益相关方动态治理关系高度相关的系统仿真平台主要有以下几种：

（一）UCINET 社会网络系统仿真平台

UCINET（University of California at Irvine NETwork）是一款功能强大的社会网络分析平台，它最初是由加州大学尔湾分校（University of California at Irvine）的弗里曼专家编写的，之后主要由美国波士顿大学（Boston University）的斯蒂芬·博加提（Steve Borgatti）与英国威斯敏斯特大学（Westminister University）的马丁·埃弗里特（Martin Everett）共同进行维护与更新。

UCINET 网络分析集成平台包括一维和二维数据分析的 NetDraw 平台，还有正出于发展应用的三维展示分析平台 Mage 等，同时它集成了 Pajek 平台中用于大型社会网络分析的 Free 应用程序模块。[①] 利用 UCINET 平台可以读取文本文件、KrackPlot、VNA、Pajek、Negopy

① 邓君、马晓君、毕强：《社会网络分析工具 Ucinet 和 Gephi 的比较研究》，《情报理论与实践》2014 年第 8 期。

等多种格式的文件。它一次能够处理 32767 个社会网络节点。[①] 当然，从实际运行效果来看，当社会网络节点数在 5000 至 10000 个之间时，一些分析程序的运行就会较慢。

它包括了大量的社会网络分析指标（例如，中心度、二方关系凝聚力测度、位置分析算法、派系的探查等）、随机的二方关系模型（Stochastic Dyad Models）、对社会网络假设进行检验的程序（例如，QAP 矩阵相关和回归、定类数据与连续数据自相关检验等），它还包括一般的统计与多元统计分析工具，例如，多维量表（Multidimensional Scaling）、对应分析（Correspondence Analysis）、多元回归（Multiple Regression）、因子分析（Factor Analysis）与聚类分析（Cluster Analysis）。另外，UCINET 分析平台还提供了大量数据管理与转换的工具，能够将图论程序直接转换为矩阵代数语言。

（二）MATLAB 系统仿真平台

MATLAB（Matrix Laboratory，矩阵实验室）是由美国的 Math Works 公司开发的一个科学与工程计算平台，它以数组为基本的处理对象，具有非常强大的矩阵运算功能，同时，MATLAB 是一个开放性的系统软件，拥有模块化的结构，平台的任何用户都可以将自己已定义的函数保存为 MATLAB 函数进行调用。

同时，MATLAB 中还提供了可视化的动态仿真环境——Simulink，能够实现各种动态系统的直观建模、仿真和分析，并可以支持连续、离散与两者混合的线性与非线性系统[②]，因此，它使一个复杂系统的输入与仿真变得相当简单。

MATLAB 仿真平台能适合多学科与多部门的要求，其特点是：第一，以复数矩阵、数组为数据单元进行运算，能够直接处理矩阵或数组。第二，其编程语言结构紧凑，内涵丰富，用户使用方便，编程效

① Robert A. Hanneman and Mark Riddle, *Introduction to Social Network Methods*, Riverside, CA: University of California, 2005, p. 90.

② Aissa Rebai, Kamel Guesmi and Boualem Hemici, "RIM: A Matlab Software Tool for Recursive Identification Methods", *International Journal of Automation and Computing*, No. 5, 2015, pp. 482-489.

率高。第三，具有强大的绘图功能。用户只需一条或几条语句就能够方便地绘制出复杂的二维、三维图形。第四，含有丰富的内部函数，用户可直接调用而不需要另行编程。例如，用来求解线性方程组的 Solve 函数、求解微分方程及微分方程组的 Dsolve 函数。第五，带有 Simulink 动态模拟工具与 Toolbox 等其他功能，可以方便地生成模拟模型。第六，便于系统扩充，能够通过 M 文件形式，实现 C、FORTRAN 等语言的资源共享。第七，在涉及复杂算法的仿真中（例如，电气传动控制系统），有效弥补了 Pspice 传递函数的不足。

（三）VENSIM 系统动力学仿真平台

VENSIM 是由美国的 Ventana Systems, Inc. 所开发，是一个可视化、文件化、分析、模拟和最佳化动态系统模型的系统动力学仿真平台。① VENSIM 可以提供一种简易而具有弹性的研究方式，以建立如因果循环（Casual Loop）、存货（Stock）和流程图等相关仿真模型。

运用 VENSIM 建立动态模型，研究者只需要用图形化的各种箭头记号连接多种类型的变量记号，并将各个变量之间的关联关系以适当方式写入仿真模型，各个变量之间的因果关系会随之记录完成。而各个变量、参数之间的数量关系以方程式功能的形式写入仿真模型。透过建立仿真模型的过程，能够了解各个变量间的因果关系及回路，并可以透过程序中的一些特殊功能了解各个变量的输入和输出之间的关联关系，便于使用者充分了解模型的架构，也有利于模型建立者修改仿真模型的具体内容。

VENSIM PLE 是 VENSIM 系统动力学模拟平台的个人学习版本，作为 VENSIM 仿真平台的一种，是为了方便学习系统动力学建模与仿真而设计的。VENSIM PLE 主要具有以下特点②：

第一，它利用图示化编程方法建立模型。VENSIM PLE 仿真平台的用户界面是非常标准的 Windows 应用程序界面，除了支持菜单与快

① 张波、虞朝晖、孙强等：《系统动力学简介及其相关软件综述》，《环境与可持续发展》2010 年第 2 期。

② 高航：《政府舆情应对能力系统动力学建模与仿真研究》，《情报科学》2016 年第 2 期。

捷键之外，还提供了多个工具条和图标，这使用户的使用变得非常方便。在 VENSIM PLE 中，“编辑”过程实际上并不存在，这里只有建模的概念。只需要在启动 VENSIM PLE 仿真平台之后得到的主窗口中，根据操作按钮（各种画图工具）绘制出系统的基本流图，再通过 Equation Editor 应用模块输入方程并设定仿真参数，就能够直接进行模拟了。在 VENSIM PLE 中，方程及变量不附带时标，模型的建立都是围绕着变量间的因果关系而展开。

第二，为系统仿真模型提供多种分析方法。VENSIM PLE 平台所提供的分析工具可以划分为两类。一类是结构分析工具，例如，Cause Tree 功能能够将所有系统工作变量之间的因果关系采用树状的图形形式表达出来，Loops 功能能够将模型中所有的反馈环以列表的形式表达出来。另一类则是数据集分析工具，例如，Graph 功能可以将各个变量在整个仿真周期内的数据以图形的形式直观地表现出来，Causes Strip Graph 功能则可以将有直接因果关系的各个工作变量在仿真周期之内的数值变化并列出来，进而追踪系统变量之间的影响关系。

第四节　本章小结

作为拉动经济发展的重要力量，公共项目，特别是大型公共项目在促进我国经济发展中发挥着积极作用，但其风险控制极为复杂，施工安全事故和违规操作情况时有发生。仅 2015 年上半年，全国共发生市政工程项目生产安全事故 168 起，给国家和人民生命财产造成很大损失。CHAOS 报告中对当年美国公共项目的统计数字表明，只有 29%的公共项目是真正成功的。为保障公共项目的成功，同时保障自然资源的可持续利用，公共项目风险管理问题成为人们关注的焦点。经过多年的研究、摸索和实践，我国逐步形成了具有中国特色的公共项目风险管理制度。其目的在于：加深业主、施工方等相关方之间的沟通；保证公共项目建设的全过程有一套明确、合理和可行的计划；保证自然资源利用的关键技术指标在公共项目实施过程中处于受控状态。但是目前的公共项目风险管理和资源分配制度未能发挥应有的作用，中国公共项目风险管理大多面临着项目治理结构不合理和利益相关方关系不和谐等亟待解决的问题。

公共项目治理的本质就是在资源约束条件下建立公共项目目标、确定公共项目执行、公共项目监控和信息披露等规则。而这些规则中最重要也最困难的在于公共项目涉及多个利益相关方，每个相关方均有各自的利益和限制。这些利益相关方之间彼此关联，构成了一种关系网络，即一种涉及业主、施工方、监理方等利益相关方的多组织规制治理网络。这种关系网络中利益相关方之间的关联性不仅影响整个相关方治理关系网络的功能，也会影响网络中各个个体的行为。伴随着生态文明理念的提出，中国公共项目治理具有其特殊性。第一，网络性。公共项目各个利益相关方之间的关系不是“二元”的关联关系，而是多方关联、多向关联的网络型治理关系结构。第二，综合性。利益相关方之间的关系受正式合同的约束，但同时也受到随着时间而演变的各种非正式关系（如情感和文化）的影响，不同利益相关方及其治理关系构成的社会网络的形成和发展也受到若干非正式契约的影响。第三，资源约束性。中国经济在过去 30 多年中连续多年实现了两位数左右的高速增长，但这种发展模式已经难以为继，迫切需要转变发展方式，把资源的科学利用融入公共项目治理全过程，需要在公共项目的投标、规划、组织及风险评估等环节考虑资源因素。因此，公共项目治理网络性、综合性、资源约束性的动态变化趋势以及可能造成的公共项目治理风险都给公共项目的治理决策带来了新的挑战。

一直以来，许多学者就公共项目治理问题进行了研究，尤其是在最近，关于大型政府投资项目和合作项目的研究日益增加，现有相关研究主要围绕项目中的委托代理关系，项目利益相关方的选择和行为偏好，项目治理结构的概念、特征、形成机制及其影响因素，公共项目治理的现状和内在机制、影响因素等方面展开研究。但是，现有研究中存在诸多不足，首先缺乏对公共项目治理网络结构的关注。随着组织间分工合作普遍化，越来越多的公共项目需要多个企业和政府部门进行协作，这在很大程度上突破了以往公共项目仅局限于公共项目团队和单个组织内的范畴，打破了“二元”关系的范畴，亟须从治理“网络”的视角进行考察。但是，传统的以公共项目经理为主要责任人的公共项目管理研究和以单个企业为背景的多公共项目管理研究，无法有效地为提高这种多组织合作公共项目的成功率提供有力的理论和方法支持。其次忽视了公共项目治理结构中利益相关方及其关系属性的动态演化。一个公共项目组织包括功能上相互依存的各个利益相关方，每个利益相关方都努力实现一系列的公共项目治理目标。经过多重选择（进入）、合作、退出、再次合作等过程，在特定阶段内，公共项目治理利益相关方（业主、供应商、政府、金融机构等）之间会呈现一种相对稳定的合作关系。随着公共项目进程的推进，公共项目利益相关方之间的治理关系也会不断变化，公共项目利益相关方需要对这些变化做出有效和快速的反应。

研究公共项目治理与公共项目利益相关方之间的关系问题已经展现出非常广阔的应用价值和研究潜力。但是，还有以下关键问题亟待解决：

一　如何科学构建公共项目治理网络

通过上述文献回顾，可以发现已有文献大多数是将项目治理关系视为利益相关方两两之间的“二元”关系的组合，割裂了项目治理关系的网络系统性，无法把握项目治理关系系统的整体性。利益相关方之间彼此关联，构成了一种关系网络，即一种涉及业主、施工方、监理方等利益相关方的多组织规制系统。这种关系网络中利益相关方之间的关联性不仅影响整个相关方治理关系网络的功能，也会影响网络中各个个体的行为。公共项目治理关系并非“二元关系”的简单组合，而是一种社会网络关系。

二　如何控制公共项目治理网络演化以防控项目风险

在一个资源有限的非随机网络中，成员的治理策略必须在资源约束条件内开展竞争。随着研究的深入，人们认识到在公共项目生命周期的不同发展阶段，利益相关方之间存在不同的治理关系，没有一种一成不变的公共项目治理形式能够贯穿整个公共项目生命周期，也不会有一个静态的治理结构能够贯穿一个公共项目治理过程的整个生命周期。①②公共项目利益相关方扮演的各种治理角色和角色之间的关联关系难以预先用一个刚性的层级结构、矩阵结构或网络结构来表达，它们应是一种依赖于公共项目治理的特征需要的、随着利益相关方治理行为而发展变化的“动态治理角色网络”。③当前的项目治理网络迫切需要超越单阶段的静态研究特点，强调社会网络的权变和动态思想。当前决策会对未来治理决策产生影响，而针对这种在公共项目中常见的“治理关系社会网络动态变化”现象的多目标决策问题还少有研究。作为一种能够对此进行有效分析的基于多主体建模仿真的治理策略研究，也刚刚起步。

① 刘芳、苗旺：《动态网络治理视角下的项目选择多标准决策》，《统计与决策》2016年第2期。

② Nannan Wang, Kangning Wei and Hua Sun, "Whole Life Project Management Approach to Sustainability" *Journal of Management in Engineering*, Vol. 30, No. 2, March 2014, pp. 246-255.

③ 刘芳、孙华：《水资源项目治理的社会网络动态分析》，《中国人口·资源与环境》2012年第3期。

第三章

公共项目利益相关方动态治理关系的内涵、特征与表达方法

面对全球性竞争和复杂多变的内外部影响因素，公共项目在质量控制、成本控制、反应速度、灵活性以及交付能力等方面受到了更多挑战。这些因素的共同作用使得公共项目利益相关方的动态治理关系受到了广泛关注，对此进行研究具有重要的理论和实践价值。公共项目利益相关方动态治理关系的内涵与表达对于该项研究具有基础性意义，本章对公共项目利益相关方动态治理关系的内涵、特征及其表达方法进行研究和界定，并对公共项目利益相关方动态治理关系社会网络的构建及特征度量进行说明。

第一节　公共项目利益相关方动态治理关系的内涵及特征

公共项目利益相关方治理关系的动态性研究对于理论界和实践界都具有重要的意义，但当前的网络研究却一直倾向于忽略关系网络的起源与变革问题，因此，这一领域迫切需要关注一种新的以关系网络演变为主题的公共项目利益相关方理论。

一　公共项目利益相关方动态治理关系的内涵

在公共项目生命周期的不同发展阶段，利益相关方之间存在不同的治理关系，没有一种一成不变的公共项目治理形式能够贯穿整个公共项目生命周期，也不会有一个静态的治理结构能够贯穿一个公共项

目治理过程的整个生命周期。[①②] 例如，在纽因顿公共项目（the Newington Project）中，如图 3-1 至图 3-3 所示，公共项目利益相关方扮演的各种治理角色和角色之间的关联关系随着项目生命周期的推进而不断变化，难以预先用一个刚性的层级结构、矩阵结构或网络结构来表达，是一种依赖于公共项目治理的特征需要的、随着利益相关方治理行为而发展变化的“动态治理角色网络”。

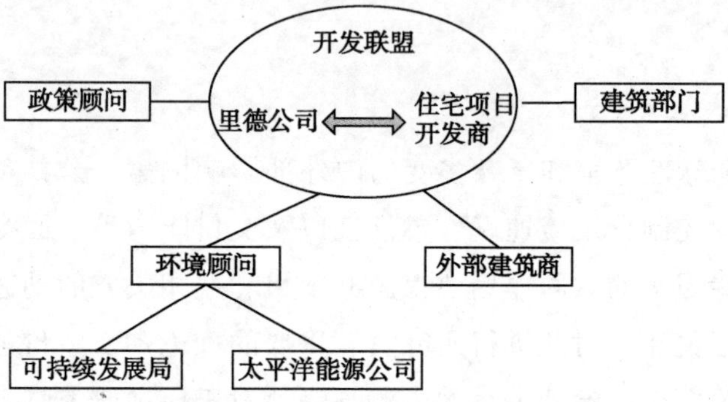

图 3-1　纽因顿公共项目投标、设计阶段的关键利益相关方及其关系

为了考察整个公共项目生命周期内的动态性和相关风险，需要对公共项目治理及其动态治理关系进行全面的考察。综合现有研究，本书认为公共项目治理的本质是构建和维护公共项目利益相关方之间治理角色关系，以此建立和实现有关公共项目目标确立、公共项目执行、公共项目监控和信息披露等规则，从而为公共项目管理提供可靠的环境。开展公共项目治理研究的本质特征可以归纳为：以动态的公共项目治理结构作为公共项目治理研究的落脚点，以利益相关方及其治理角色所承担的风险作为公共项目治理研究的主线，以治理角色的责任及其成效作为治理权利衡量与分配的依据。[③] 为了全面识别公共

① 丁荣贵、王金安：《首席专家胜任特征与研发项目绩效——组织管理环境的调节作用》，《科学学研究》2016 年第 5 期。

② 刘芳、苗旺：《动态网络治理视角下的项目选择多标准决策》，《统计与决策》2016 年第 2 期。

③ 丁荣贵、高航、张宁：《项目治理相关概念辨析》，《山东大学学报》（哲学社会科学版）2013 年第 2 期。

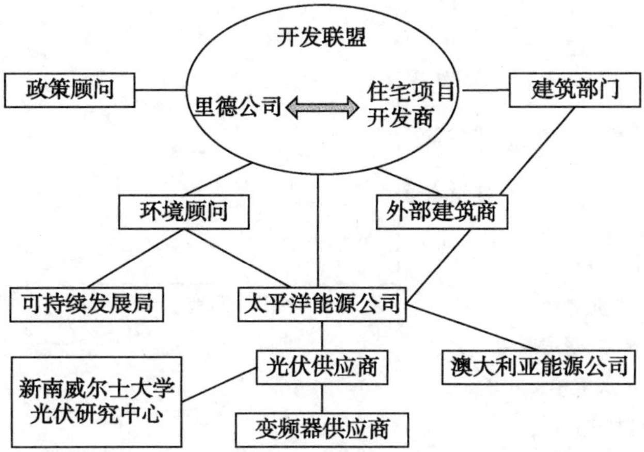

图 3-2　纽因顿项目光伏技术采购阶段关键利益相关方及其关系

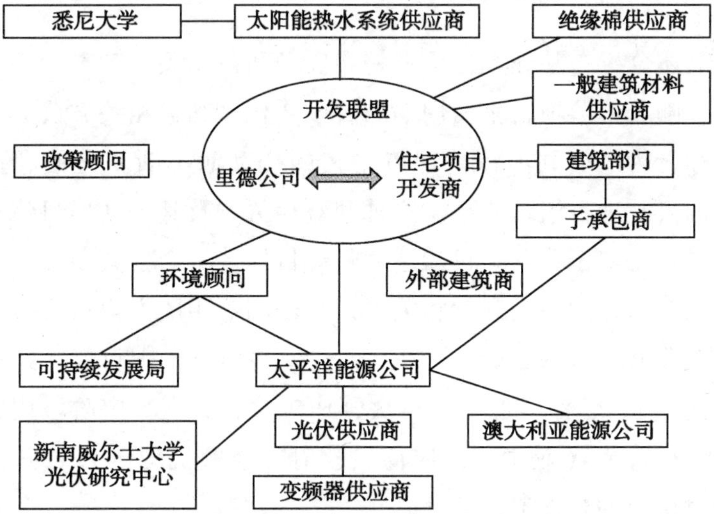

图 3-3　纽因顿项目配置及建设阶段关键利益相关方及其关系

项目利益相关方治理关系的动态性，可以用一个三维模型来考察动态的公共项目治理关系，如图 3-4 中列出了三种维度上有代表性的要素。公共项目生命周期维度用以表明公共项目属于哪个阶段或哪个过程。利益相关方维度与治理策略维度表明公共项目的利益相关方会在公共项目的不同阶段和过程中参与公共项目活动，并依据不同阶段的公共项目治理结构做出不同的公共项目治理策略。

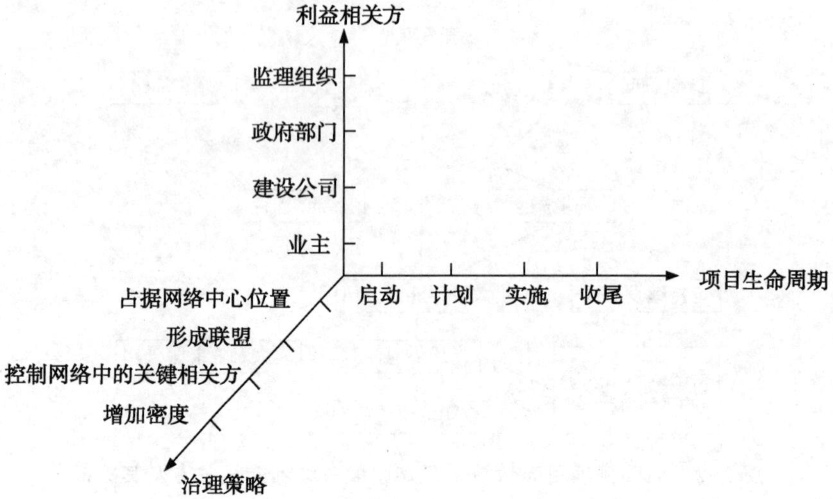

图 3-4 公共项目利益相关方治理关系动态性分析三维模型

在上述分析的基础上，得出公共项目利益相关方动态治理关系的内涵为：随着公共项目生命周期的阶段变化、利益相关方公共项目治理状态和行为（公共项目治理策略）的变动而不断变化的利益相关方之间的公共项目治理关系。这种利益相关方及其公共项目治理关系的动态变化是基于公共项目治理的具体目标。一个公共项目组织包括功能上相互依存的各个利益相关方，每个利益相关方都努力实现一系列的有关公共项目的目标。① 为了实现公共项目治理目标，经过多重选择（进入）、合作、退出、再次合作等过程，在特定阶段内，公共项目利益相关方（业主、供应商、政府、金融机构等）之间会呈现一种相对稳定的合作治理关系。

二 公共项目利益相关方动态治理关系的特征

公共项目利益相关方动态治理关系的特征可以概括为以下三点。

一是公共项目利益相关方动态治理关系随着公共项目生命周期的

① Ralf Müller and Miia Martinsuo, "The Impact of Relational Norms on Information Technology Project Success and Its Moderation through Project Governance", *International Journal of Managing Projects in Business*, Vol. 8, No. 1, 2015, pp. 154-176.

阶段变化而动态变化。相关方在决策时不但要考虑公共项目治理的收益，还应斟酌所处的公共项目阶段。一个公共项目发展过程中的治理决策，可能在之后的某个阶段对其组织和管理带来难以预测的影响。因此，公共项目利益相关方必须针对不同阶段的实际做出适当的反应，理解不同应对决策如何影响整个公共项目系统。只有这样，才能有效地管理治理关系的动态性。

二是公共项目利益相关方动态治理关系随着公共项目治理目标的需要而呈现动态性。关注整个公共项目生命周期的绩效，需要考虑各个相关方的公共项目治理整体目标，而不是只考虑单方的利益，以保障动态条件下的公共项目绩效。通常情况下，公共项目组织包括来自不同组织的成员，他们在不同的时间从事公共项目，形成一个临时的多组织结构①或一个特定的合作联盟②，为实现一个既定的公共项目治理目标而努力。在各个公共项目利益相关方“独立自治”的基础上，公共项目利益相关方之间关系的相互依赖性是其固有特征之一。

三是公共项目利益相关方的动态治理关系还受到相关方个体特定属性特征（如知识、创新、教训、阅历）的累积影响。在公共项目治理关系网络内，利益相关方主要通过调整关系网络结构（例如，建立连接或者删除连接）以适应外部环境变化，谋求生存与发展。除此之外，还有另外一种可以对治理关系演变产生重要影响的系统变量，就是相关方个体的属性特征。通过公共项目治理关系网络中的信息等资源传递，利益相关方可以不断地积累与更新自己的知识，提高自己的公共项目治理能力，进而影响公共项目治理关系。当然，由于知识获取能力各不相同，各个相关方知识水平的积累情况也不尽相同。

上述动态治理关系特征表明公共项目利益相关方动态治理关系研究需要综合考虑公共项目所处的生命周期阶段、公共项目治理目标、

---

① Albert B. Cherns and Donald T. Bryant, “Studying the Client’s Role in Construction Management”, *Construction Management and Economics*, Vol. 2, No. 2, 1984, pp. 177-184.

② Peter. E. D Love, Angappa Gunasekaran and Heng Li, “Concurrent Engineering: A Strategy for Procuring Construction Projects”, *International Journal of Project Management*, Vol. 16, No. 6, 1998, pp. 375-383.

相关方属性特征以及关系网络结构特征。对这些问题的进一步探讨将在下文中展开。

第二节　公共项目利益相关方动态治理关系的结构动力及表达方法

预见和解释不同的相关方治理关系网络演变轨迹，需要明确治理关系网络发展的内在机理，以此为基础，寻求一种能够准确刻画其关系特点的表达方法。

一　公共项目利益相关方动态治理关系的结构动力

公共项目利益相关方动态治理关系的结构动力是指公共项目治理目标、治理结构指标、相关方属性特征等促进治理关系演变的因素。公共项目利益相关方治理关系网络的动态变化，是主要由治理目标引导驱动的网络演变过程。依据相关研究成果，在拥有明确目标的多边合作的组织网络中，网络成员“认为自身是网络的一部分，因此有义务促使网络层次各种目标的实现”。[①] 这种主要受目标引导驱动的网络发展演变动力，与网络层次、个体层次目标的制定及其凝聚力水平密切相关。[②] 即相关方动态治理关系网络中组织之间所发生的所有关系，都主要围绕着实现整体及相关方个体公共项目治理目标的要求而展开，新公共项目治理目标的发现会延长相关方治理关系网络的生命周期。在这种情况下，如果不同公共项目利益相关方存在项目治理目标上的冲突，该治理关系网络很可能解体。新的网络成员正是受到网

---

① Sherrie E. Human and Keith G. Provan, “Legitimacy Building in the Evolution of Small-Firm Multilateral Networks: A Comparative Study of Success and Demise”, *Administrative Science Quarterly*, Vol. 45, No. 2, 2000, pp. 327-365.

② Chiara Calastri, Stephane Hess, Andrew Daly, Michael Maness, Matthias Kowald and Kay Axhausen, “Modelling Contact Mode and Frequency of Interactions with Social Network Members using the Multiple Discrete-Continuous Extreme Value Model”, *Transportation Research Part C: Emerging Technologies*, Vol. 76, March 2017, pp. 16-34.

络所承诺要实现的目标吸引而加入这一网络中来的，相关方的加入存在一个遴选的过程，即依据与现存网络发展目标是否一致的原则来选择合适的成员。

在已经建立的公共项目治理目标和不确定性的共同作用下，随着公共项目进程的推进，公共项目利益相关方治理关系也在不断变化。公共项目利益相关方需要对这些变化做出有效和快速的反应。为了实现公共项目治理目标和应对不确定性，公共项目团队需要保持活力，及时依据治理结构特征和相关方的属性特征来调整各种公共项目治理策略。公共项目利益相关方治理关系的动态变化过程如图 3-5 所示。这种动态性分析的目的是了解利益相关方及其治理关系如何随时间变化，以及如何减少公共项目风险的负面影响。一个公共项目组织利益相关方之间的动态治理关系本质上可以看作是一种动态系统，所以研究重点是相关要素如何相互作用以追求和实现公共项目治理的目标。

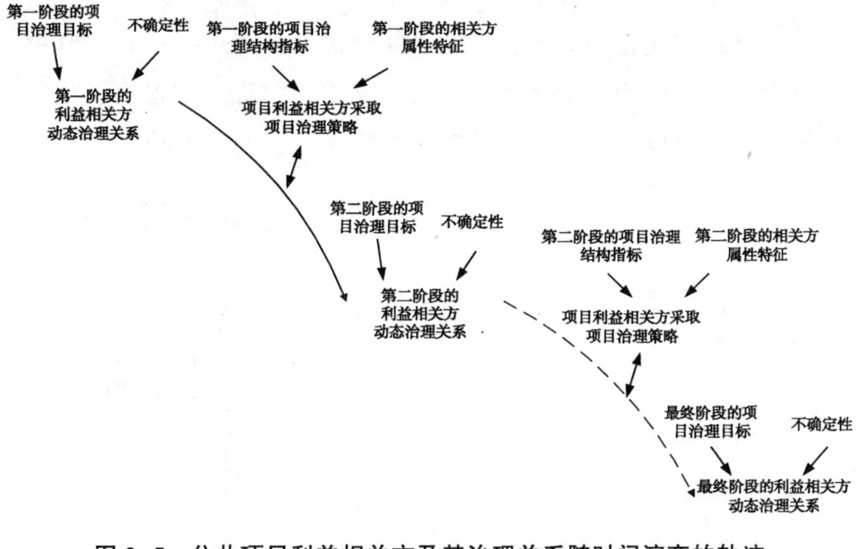

图 3-5　公共项目利益相关方及其治理关系随时间演变的轨迹

二　公共项目利益相关方动态治理关系的表达方法

公共项目利益相关方之间构成一种网络关系，为研究公共项目治理中利益相关方之间多元的动态关联关系，适合采用动态变化的相关方治理关系社会网络进行表达。结合系统理论，本书认为相关方动态治理关系社会网络是指在公共项目治理过程中，为了实现公共项目治理目标而参与公共项目治理活动的利益相关方之间形成的多组织交互作用和合作关系的复杂的动态社会网络。相关方动态治理关系社会网络中包含正式与非正式的联系，社会网络的出现和形成是公共项目利益相关方为了适应外部环境项目需求的结果，该社会网络的目的是实现公共项目治理目标。相关方动态治理关系社会网络的主要特征是公共项目治理过程中不同利益相关方之间的交互作用性，其目的是相关方相互合作实现公共项目需求并控制公共项目治理风险。需要特别指出的是，社会网络中的信息流动为公共项目知识与技能的交流创造了一种相互作用的环境，进而导致了知识的积累。

相关方治理关系社会网络的动态变化，就是相关方为获得更大的公共项目治理收益或防范治理风险，以社会网络状态结构和网络成员属性特征为基础分析多种治理决策要素，不断调整自身行为，进而引起社会网络结构变化的过程，其动态变化过程如图 3-6 所示。其中相关方社会网络动态变化的具体表现为：相关方的进入和退出、相关方个体属性的变更以及相关方治理关系的维系、更改与删除。

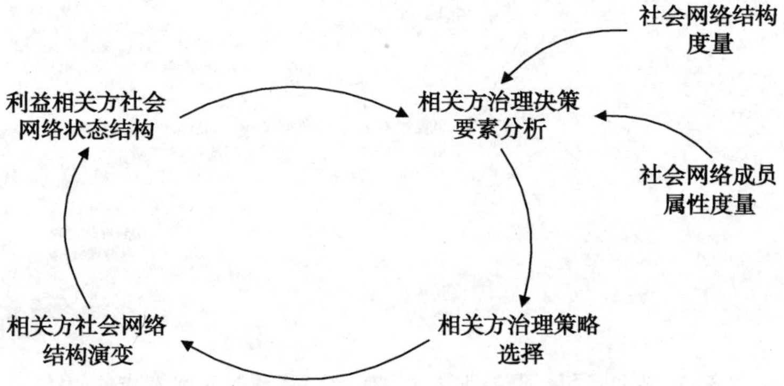

图 3-6 相关方治理关系社会网络动态变化环路

相关方治理关系社会网络构建之后，最理想的状态是社会网络结构向着预先设定的一系列目标不断发展变化。然而，公共项目治理中多种相关要素交互作用有可能引发网络发展目标的冲突，使网络的动态变化偏离预期的发展过程，产生公共项目治理风险，严重时甚至会导致网络的瓦解。图 3-7 将这种情况概括为目标冲突导致的公共项目治理成效不佳，在这种情况下，追求公共项目治理目标实现的不断成长的增强环路，牵动了一个由于相关方利益逐渐分歧化与极端化所形成的调节环路，从而阻碍了公共项目治理目标的实现过程。

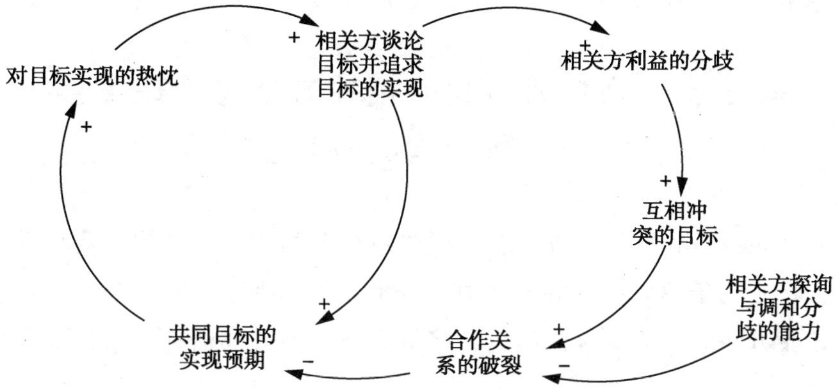

图 3-7　公共项目治理目标实现的成长上限系统基模

Christos Ellinas 和 Henrich R. Greve 等①②学者分别对日本徒手自卫武术俱乐部网络的动态变化和联盟网络动态性进行了分析，证明了公共项目系统的风险与社会网络的动态变化、社会网络结构以及相关方的行为有着密切关系。鉴于此，得出一个重要的启示：为了降低目标冲突及其造成的影响，在明确多种要素相互作用关系的基础上，可以通过改变相关方动态治理关系社会网络中的可控因素来引导公共项目利益相关方的行为，从而控制公共项目治理风险。如采取一系列措施来提高利益相关方合作可以获得的收益，会促使相关方采取合作的治理策略，达到巩固与发展相关方网络地位的目的；也可以通过相反的

① Henrich R. Greve, Joel A. C. Baum, Hitoshi Mitsuhashi and Timothy J. Rowley, "Built to Last but Falling Apart: Cohesion, Friction, and Withdrawal from Interfirm Alliances", *Academy of Management Journal*, Vol. 53, No. 2, 2010, pp. 302-322.

② Christos Ellinas, Neil Allan and Anders Johansson, "Project Systemic Risk: Application Examples of a Network Model", *International Journal of Production Economics*, Vol. 182, December 2016, pp. 50-62.

策略降低合作的概率，使相关方倾向于采取相对独立的策略，从而避免网络内小派别权力过度膨胀而导致的公共项目治理风险。

综合上述分析，动态社会网络分析是一种阐释公共项目利益相关方间规制关系的有效方法，能够表达出相关方治理关系的动态本质，有利于寻找公共项目治理风险控制的有效途径，因此本书选择动态社会网络作为公共项目利益相关方动态治理关系的表达方法。

第三节 公共项目利益相关方动态治理关系社会网络的构建及特征度量

公共项目利益相关方动态治理关系社会网络的合理构建及科学度量，将有助于建立有效的公共项目治理方式，进而提高对公共项目利益相关方之间行为的规制能力，降低利益相关方的治理角色风险，最终提高公共项目成功率。

一 公共项目利益相关方动态治理关系社会网络的构建

相关方动态治理关系社会网络的结构和变动不仅影响整个网络的功能，也会影响网络中各个相关方的行为。因此采用合理的方法来构建这种社会网络，以此提高公共项目治理效率，对提高当前公共项目的成功率具有重要意义。依据公共项目治理关系的实质，动态治理关系社会网络图应该是多重有向图。相关方动态治理关系社会网络的构建包含多个步骤，主要包括初始阶段相关方社会网络的构建、治理关系的变更、下一阶段相关方治理关系社会网络的形成三个步骤，如图 3-8 所示。

（一）公共项目利益相关方的确定

社会网络图用二维空间中的点代表各个利益相关方，用点与点之间的线代表利益相关方间关系。在公共项目治理中，完成公共项目所需的资源通常掌握在利益相关方手中，公共项目绩效的最终衡量标准也是由利益相关方判断的。因此用社会网络图中的各个点（Vertices）代表公共项目利益相关方。

滚雪球方式（Snow Balling）是确定公共项目利益相关方的一种有

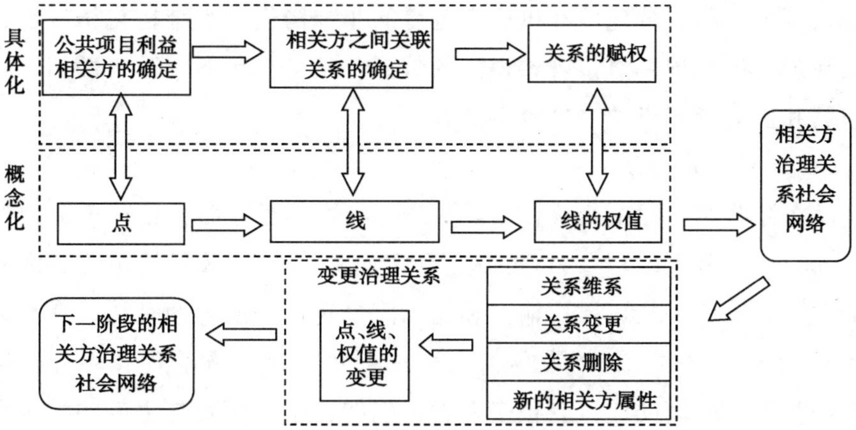

图 3-8　相关方动态治理关系社会网络的构建方法

效方法。滚雪球方式可以根据某些样本特征对样本进行控制，适用于寻找一些在总体中十分稀少的事物，符合本书中研究对象的特征。该方法要求研究者勾勒一个初始的案例样本，在此基础上收集该样本成员的全部接触者，而不用考虑这些接触者是否为初始样本的成员，然后把这些接触者加入样本之中，并且利用同样的方式发现这些接触者的接触者。①② 本书收集的数据对象是特定公共项目中的各个利益相关方，即影响或受到公共项目成果影响的组织或个人，如成果需求提出方、实施计划提出方、执行计划方、资源供给方、监控管理方、成果使用方等。

对于利益相关方组成复杂、信息获取难度较大的公共项目，为了全面、科学的收集公共项目利益相关方数据，可以采用三角测量方法（Triangulation）。③④ 其数据来源于三个方面，一是针对公共项目的客

① John Scott, "Social Network Analysis: A Handbook", *Contemporary Sociology*, Vol. 22, No. 1, 2000, p. 128.

② Jiehua Wu, Guoji Zhang and Yazhou Ren, "A Balanced Modularity Maximization Link Prediction Model in Social Networks", *Information Processing & Management*, Vol. 53, No. 1, January 2017, pp. 295-307.

③ Todd D. Jick, "Mixing Qualitative and Quantitative Methods: Triangulation in Action", *Administrative Science Quarterly*, Vol. 24, No. 4, December 1979, pp. 602-611.

④ Robert Joslin and Ralf Müller, "Identifying Interesting Project Phenomena using Philosophical and Methodological Triangulation", *International Journal of Project Management*, Vol. 34, No. 6, 2016, pp. 1043-1056.

户、管理团队、分包商和供应商进行的非结构化和半结构化访谈，二是在公共项目现场直接观察得到的数据，三是承包商、政府部门、分包商和供应商提供的文件资料。

（二）线的划分

在社会网络图中线（Edges 和 Arcs）的选择方面，相对于无向线（Edges），用箭线（Arcs）可以更真实而具体的表示利益相关方之间的关系。箭线一般可以用输入和输出简单表示，指示的是从一个行动者（箭尾）到另一行动者（箭头）的联系。相关方治理关系社会网络中相关方之间的连接有很多形式，例如，用于研发与生产的技术合同、相关方之间的私人关系与其他多个方面的合作（管理、文化）关系等。根据利益相关方关联的内容不同，其箭线可以表示为：需求提出、资源提供、信息提供、方法提供、指示提供等不同形式，但无论哪种形式，其在网络中的表现方式都是相同的，本书将用不同内容抽象而来的单条箭线表达利益相关方之间的关联关系（Ties）。

（三）箭线的权值

利益相关方间的关系在公共项目治理中的地位和作用是不一样的。为了使分析更具客观性和可信性，应该对公共项目治理中的每一个关系（箭线）指标赋以相应的权重。权值可反映关系传达信息等的丰富程度，例如，资金数量、人员数量等。关系的权值一般可以表现为需方对供方重要程度的认定，可以采用分类（5 级或其他）的方式确定。结合公共项目治理的实际和分析的简便性，可以选择意义明确、可操作性强的二进制赋权方法，即相关方治理关系社会网络中，一个关系若存在，则权值设置为 1，节点之间不存在关联关系时，权值设置为 0。

（四）治理关系的变更

没有一个一成不变的相关方治理关系社会网络会贯穿整个公共项目生命周期，在多种系统要素协同作用下，相关方治理关系社会网络会随着公共项目的进行而发展变化，具体表现为治理关系的维系、变更、删除、出现新的相关方结构特征与属性特征等，其结果是形成下一阶段新的相关方治理关系社会网络。这是因为各个相关方为了实现其公共项目治理目标，会根据系统变化而不断调整自己的行为（单独治理、建立、维持或删除连接等），这一治理关系社会网络发展变动的过程受到多种关键系统要素的影响，并遵循一定的内在规律，具体影响因素的发掘及治理关系变动迭代算法将在后续章节中予以详述。

二　公共项目利益相关方动态治理关系社会网络的特征度量

（一）度量指标的选取

本书主要采用中心度（Centrality）、网络密度（Density）、网络中心势（Centralization）、平均路径长度（Average Path Length，APL）与平均收益系数（Average Surplus）几个特征度量来观测相关方治理关系社会网络的动态变化特征。其中中心度、网络密度和平均路径长度是社会网络研究中的重要指标。

（二）度量指标的计算方法

网络密度表示各个网络成员之间联系的紧密程度。联系紧密的整体网络不仅为其中的个体提供各种社会资源，同时也成为限制其中个体的重要力量。[①②] 其表达式为：

$$Density(G) = \frac{L}{N(N-1)} \tag{3-1}$$

其中，N 为公共项目利益相关方的个数，L 为边（利益相关方间的联系）的个数。

相关方治理关系社会网络中，各种网络中心势可表示为最核心点（公共项目利益相关方）的中心度（相应的最大中心度）和其他点的中心度的差值总和与最大可能的差值总和之比。对于一个包含点 v_1，…，v_n 的治理关系社会网络，其公式表示为：

---

① Alvin W. Wolfe, "Social Network Analysis: Methods and Applications, by Stanley Wasserman; Katherine Faust" *Contemporary Sociology*, Vol. 91, No. 435, 1994, pp. 219–220.

② Goldina Ghosh, Soumya Banerjee and Neil Y. Yen, "State Transition in Communication under Social Network: An Analysis Using Fuzzy Logic and Density Based Clustering towards Big Data Paradigm", *Future Generation Computer Systems*, Vol. 65, Decmber 2016, pp. 207–220.

$$C = \frac{\sum_{i=1}^{n}(C_{\max} - C_i)}{\max[\sum_{i=1}^{n}(C_{\max} - C_i)]} \tag{3-2}$$

其中 $C_{\max}$ 是最大中心度，C_i 是点 v_i 的中心度。

在相关方治理关系社会网络中，两个利益相关方之间的距离被定义为连接两者的最短路径所包含的边的数量，求解所有网络节点对的距离平均值就可以得到相关方治理关系社会网络的平均路径长度。而平均路径长度 l 可以被定义为治理关系社会网络中任意两点之间的平均最短路径长度：

$$l(p) = \frac{1}{\frac{1}{2}n(n+1)}\sum_{i \geqslant j} d(p)_{ij} \tag{3-3}$$

其中，d_{ij}为从相关方 i 到相关方 j 的几何距离；p 为演化概率。当 $p=0$ 时，相关方治理关系社会网络为随机网络，平均路径长度 $l \sim N/2K$，K 为常数；当 $p=1$ 时，$l \sim \ln(N)/\ln(K)$，即随着相关方数 N 的增加与网络规模的扩大，网络的平均路径长度 l 随 N 呈对数增长。

网络平均收益系数（Average Surplus）是依据本书的研究需要而设定的，它是每个公共项目利益相关方收益的总和。表示为：

$$\bar{u}(g) = \frac{1}{\#N}\sum_{i \in N} u_i(g) \tag{3-4}$$

而方差表达式表示在治理关系社会网络中财富的分配情况：

$$\text{var}(\text{u}) = \frac{1}{\#N}\sum_{i \in N}[u_i(g) - \bar{u}(g)]^2 \tag{3-5}$$

中心度包括点度中心度、接近中心度和中间中心度三种。点度中心度（Degree Centrality）可用以测度特定网络成员所在的位置是否存在密集的交易。它是指结点拥有的直接联系数量，可表示为：

$$C_D(n_i) = \frac{d(n_i)}{N-1} \tag{3-6}$$

其中，$d(n_i)$ 为与节点 n_i 相连的线条数，N 指网络规模。

接近中心度（Closeness Centrality）可用以表达网络成员在网络中分享资源、信息、方法等内容的能力。它是指结点之间距离的远近程度，可表示为：

$$C_c = \frac{N-1}{\sum_{j=1}^{n} d(n_i, n_j)} \tag{3-7}$$

其中 $d(n_i, n_j)$ 为节点 n_i 与 n_j 之间的短程线距离，N 指网络规模。

中间中心度（Betweenness Centrality）衡量网络成员在网络中对资源、信息等的控制能力。它表示一个相关方在多大程度上是社会网络中其他相关方的“中介”，可表示为：

$$C_B = \frac{\sum_{j<k} g_{jk}(n_i)/g_{jk}}{[(N-1)(N-2)]} \tag{3-8}$$

其中，g_{jk} 表示相关方 n_j 和 n_k 之间存在的短程线数目，$g_{jk}(n_i)$ 表示包含相关方 n_i 的两个相关方之间的短程线数目，N 指网络规模。

（三）度量结果的解释

度量结果可以分为网络整体度量结果和个体度量结果。网络整体度量指标方面，网络密度表示各个公共项目利益相关方之间联系的紧密程度，代表网络整体对处于其中的相关方的约束程度，可用于衡量相关方自主决策的空间大小。网络中心势刻画整个网络中各个利益相关方的差异程度。网络个体度量指标方面，点度中心度用于测度特定利益相关方所在的位置是否存在密集的交易，接近中心度用以表达利益相关方在网络中分享资源、信息、方法等内容的能力，而中间中心度衡量利益相关方在相关方治理关系社会网络中对资源、信息等的控制能力。该类指标可用于衡量相关方在网络中拥有权力的大小，在下文中用来研究相关方治理决策制定与实施的能力。平均路径长度是用于衡量治理关系社会网络信息转发能力的关键参数。具有较短平均路径长度的社会网络能够降低传输延迟，减少资源传递代价。因此，它对研究利益相关方之间的资源传递（如资源中转、知识获取、信息传输等）较为重要。平均收益系数可以用来衡量相关方治理关系社会网络在一段特定时间内所创造的财富。

第四节　本章小结

本章探讨了公共项目利益相关方动态治理关系的内涵，提出了利益相关方动态治理关系的特征。为研究公共项目治理中利益相关方之间多元的动态关联关系，根据公共项目治理的本质，本章采用社会学领域中有关动态社会网络分析的思想和方法，明确了相关方动态治理关系的表达方法，提出了基于动态 SNA 的相关方动态治理关系社会网络构建方法，来研究相关方动态治理关系的变动及社会网络中各个相关方的治理行为，最终得到相关方治理关系社会网络特征的定量描述。

第四章

公共项目利益相关方动态治理关系的影响因素及实现过程

公共项目治理研究的起步和发展，恰逢经济社会环境瞬息万变、公共项目复杂性日益提高、公共项目实施和完成过程中不确定性因素逐渐增多以及各方对公共项目成功的需求不断增长之时。尽管各类公共项目的性质与发展状况不尽相同，但公共项目利益相关方之间的治理关系实质上构成了一种社会关系网络的形态，因此，可以将社会关系网络理论融入公共项目治理研究当中，通过项目利益相关方所构成的社会关系网络对不同公共项目进行表达和分析，进而对所关注的问题进行研究和考察。

当前，中国经济正处于高速成长时期，国家和地方、政府和企业积极推动各类公共项目上马、不断加大对公共项目的支持和投入力度，这在极大地推动了各类公共项目立项和发展的同时，也使得公共项目风险问题更加凸显，亟须采取有效方法和手段进行控制。同时，全球化浪潮下，中国社会在深刻变革的进程中面临更多难题，国内外复杂多变的形势和激烈的市场竞争对公共项目治理各方提出了更高要求，公共项目利益相关方必须在更高层次上进行分工合作，从对环境的不断适应中寻求进步空间，以更加开放的、动态的视角来治理公共项目，平衡公共项目各方关系。因此，对公共项目治理中利益相关方社会网络的动态性研究具有重要理论意义和实践价值，需要对公共项目利益相关方动态治理关系的影响因素进行分析，对其实现过程予以详细考察，本章对这些关键问题进行了研究和探讨。

第一节 公共项目利益相关方动态治理关系的影响因素

影响因素分析时关注各种影响因素对相关方动态治理关系的影响程度。运用一系列影响评估技术将数据和信息转化为可用的知识，进而为战略制定和寻找解决方案提供依据。这些技术包括计算机决策支持系统、系统要素可视化技术和要素影响评估技术。

一 信息收集与处理

利益相关方动态治理关系的信息收集与处理过程分为系统分析与系统评价两个阶段。

（一）系统分析阶段

在实际问题中，需要广泛调研，明确研究问题所涉及的对象、对象间的关系及特点，找出相应的影响要素，并做出必要的归纳，从而为之后的系统可视化模型的构造做准备。

分析利益相关方动态治理关系影响因素的关键阶段是系统信息收集，即从现有研究成果及利益相关方处收集相关信息。这一信息收集过程可以使决策者更好地了解利益相关方动态治理关系系统，该阶段的成果是识别出的利益相关方动态治理关系的多项关键指标。

Henrich R. Greve、Timothy J. Rowley、万怀宇、刘学军等学者的研究表明社会网络的结构指标对其动态发展具有十分重要的作用[1][2][3][4]，如网

---

① Henrich R. Greve, Joel A. C. Baum, Hitoshi Mitsuhashi and Timothy J. Rowley, "Built to Last but Falling Apart: Cohesion, Friction, and Withdrawal from Interfirm Alliances" *Academy of Management Journal*, Vol. 53, No. 2, 2010, pp. 302-322.

② Timothy J. Rowley, "Moving beyond Dyadic Ties: A Network Theory of Stakeholder Influence" *Academy of Management Review*, Vol. 22, No. 4, 1997, pp. 887-910.

③ 万怀宇、林友芳、黄厚宽：《社会网络中的链接稳定性预测问题研究》，《北京交通大学学报》2009 年第 5 期。

④ 侯俊东、肖人彬：《地质灾害防治项目治理的社会网络结构优化及策略》，《管理评论》2015 年第 2 期。

络规模、网络密度、网络成员中心度、相关方之间的平均最短距离、网络结构熵。网络中个体属性指标会影响公共项目利益相关方的合作伙伴选择等关键问题①②，主要包括资源互补性、学习能力、地理位置等要素。公共项目利益相关方为了达到公共项目治理目标，会根据特定治理策略的收益、成本、网络约束、相关方行为选择取向等不断调整自己在相关方动态治理关系社会网络中的行为。相关方不仅需要依据社会网络结构特征与自身属性特征采取不同的行为，还需要严格控制公共项目治理风险，公共项目治理风险主要包括风险水平数值、风险累积及消减速率、不确定因素等。依据上述研究成果，结合相关方动态治理关系社会网络的特点，得出的利益相关方动态治理关系系统要素如表 4-1 所示。

表 4-1　利益相关方动态治理关系系统要素

社会网络结构指标	利益相关方个体属性指标	利益相关方行为要素	公共项目治理风险因子
相关方中心度 节点的重要度 相关方之间的平均最短距离 网络规模 网络中实际连接数 网络密度 网络结构熵 网络结构熵与完全均匀时网络的偏离程度 排除节点数影响的偏离程度 网络完全均匀时的结构熵 网络结构的发展方向	相关方间资源的互补程度 利益相关方的学习能力 相关方之间的地理位置间距	网络对行为的约束 利益相关方的治理策略选择倾向（乐观、适中、悲观） 相关方采取特定治理行为的概率 相关方采取特定治理行为的收益 相关方采取特定治理行为的成本 相关方采取特定治理行为的速率	相关方角色风险水平 风险累积速率 风险消减速率 不确定因素

（二）系统评价阶段

系统评价致力于识别各种利益相关方动态治理关系的关键指标，以形成对利益相关方动态治理关系系统的总体理解，为关键指标的进

① Ela Ozkan-Canbolat and Aydin Beraha, "Evolutionary Knowledge Games in Social Network" *Journal of Business Research*, Vol. 69, No. 5, 2016, pp. 1807-1811.

② 周志伟、刘芳：《山东省水库工程项目地域性差异研究》，《山东师范大学学报》（自然科学版）2016 年第 3 期。

一步分析提供框架。在已有研究成果的基础上，本书尝试对各类关键指标进行深入分析。

AHP 是由美国运筹学家、匹兹堡大学 T. L. Saaty 教授于 20 世纪 70 年代提出来的，他首先于 1971 年在为美国国防部研究“应急计划”时运用了 AHP，又于 1977 年在国际数学建模会议上发表了关于应用层次分析法的论文，此后 AHP 在决策问题的许多领域得到应用，AHP 的理论也得到不断深入和发展。同时，以 AHP 为基本方法的决策分析系统——“专家选择系统”（Expert Choice）软件也得到广泛应用。

AHP 于 1982 年传入我国。在当年召开的中美能源、资源、环境会议上 Saaty 教授的学生 H. Gholamnezhad 向中国学者介绍 AHP。随后，许树柏等人在国内发表了介绍 AHP 的文章，AHP 开始在我国得到迅速发展，1987 年 9 月我国召开了第一届 AHP 学术讨论会，1988 年在我国召开了第一届国际 AHP 学术会议。目前 AHP 在理论和应用方面得到不断发展与完善。

AHP 实现了定性与定量分析的结合，将人的主观判断用数量形式表达出来并进行科学处理，因此，更能适合复杂的社会科学领域的情况，能较准确地反映社会科学领域的问题。其特点可以简单总结为：系统性、综合性、简便性与准确性。

第一，系统性。系统分析是当今社会背景下的一种必需的决策分析方法。系统分析要求把分析对象看成是一个整体。另外，系统分析思想要求把系统分清层次，任何复杂系统都具有一定的层次结构，下层因素受到上层因素的支配，反过来上层因素又要受到下层因素的影响，而 AHP 的思想基础与系统分析的原则是一致的，它要求决策者在对问题进行决策分析时，首先要将分析对象的诸因素建立起彼此相关的层次递阶系统结构。

第二，综合性。AHP 在对事物进行决策分析时，能对定性问题与定量问题进行综合分析处理，并能得到明确的定量化结论，以优劣排序的形式表现出来，这有助于决策者做出判断。这正是 AHP 决策分析法区别于其他许多优化决策方法的一个重要特征。

第三，简便性。AHP 对事物的评判决策过程十分简便，用计算器就能完成全部的决策分析过程。事实上，现在已有专门的计算机软件（比如，上面提到的 Expert Choice 系统）用于辅助 AHP 分析过程，从而使分析过程更加简便。

第四，准确性。AHP 的准确性表现在它可以为人们提供“满意的决策”或“最优”的决策。AHP 丰富的数学原理为该方法的准确性提供了可靠的基础。同时，AHP 还能充分借助决策者个人或集团的阅历、经验、智慧、判断能力，从而使得决策建立在更扎实的基础上。

根据上面的讨论，使用 AHP 对公共项目利益相关方动态治理关系进行分析，对于本研究具有如下的便利性和可行性：第一，AHP 同时考虑到了评价一个事物所需要不同性质的指标，具有兼顾定性判断与定量分析的优点；第二，AHP 具有一定的开放性，所实施的评价可以根据情景做出调整从而使之适用于不同的条件；第三，AHP 在考虑评价的主观性的同时，通过一致性检验可以保证具体情景下评价的有效性与可接受性；第四，使用 AHP 得到的评价模型，可以对文献调查及演绎推理得出的各项关键因素及其权重予以检验。

依据 AHP 的原则，建立递阶层次结构是 AHP 中非常重要的一步。首先，根据对问题的了解与初步分析，把复杂问题分解成可称之为元素的各组成部分，把这些元素按照属性差异分成若干组，以形成不同的层次。同一层次的元素作为准则，对下一层次的某些元素起支配作用，同时它又受上一层次元素支配。这种从上到下的支配关系形成了一个递阶层次。处于最上边的层次称为目标层，通常它只有一个要素，一般是分析问题的预定目标或理想结果。中间的层次一般是准则、子准则，称为准则层。最低一层可以是方案（措施）层，其中排列了各种可能采取的方案或措施。层次之间的支配关系不一定是完全的，即可以存在这样的元素，它不支配下一层次的所有的或部分的要素。一个典型的层次结构可以用图 4-1 表示出来。

层次数与问题的复杂度和所需要分析的详细程度有关。在实际操

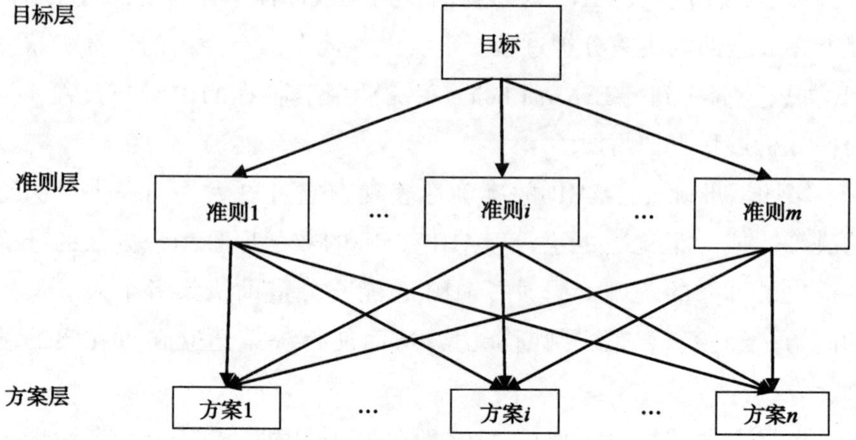

图 4-1 递阶层次结构示意图

作中，每一层次中的各元素所支配的元素数一般不超过九个，这是因为支配过多的元素会给两两比较的判断矩阵带来困难。一个好的层次结构对解决问题极其重要。

结合利益相关方动态治理关系的特点，得出这一阶段的研究成果，即构建出利益相关方动态治理关系系统的层次分析模型，如图4-2所示。

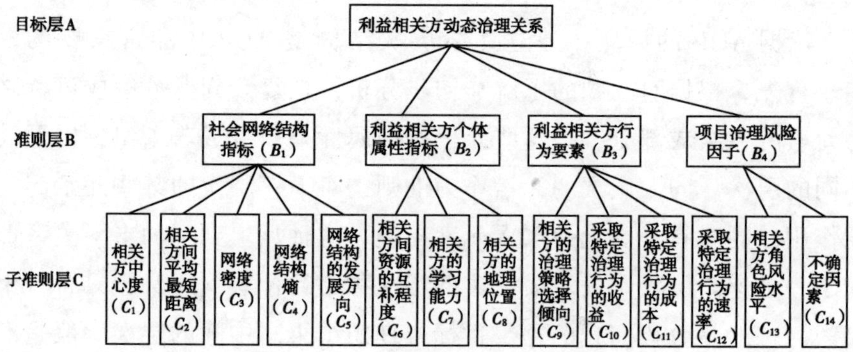

图 4-2 利益相关方动态治理关系系统的层次分析模型

该模型自上而下由目标层、准则层、子准则层三个层次构成。其中，准则层涵盖社会网络结构、利益相关方个体属性、利益相关方行为要素、公共项目治理风险四大类指标，这四类指标是实现利益相关方间动态治理关系的核心要素，这些指标从网络结构特征、相关方个体属性特征、相关方治理决策与风险水平四个角度支撑了目标层的实现，相互之间是平行关系。子准则层进一步将准则层指标细分为便于度量的多种要素。

二 影响因素分析过程

基于综合的信息和知识，该阶段可以得出利益相关方动态治理关系系统关键指标的权重，有利于分析不确定性如何影响决策制定和实施过程。影响因素分析过程的关键步骤在于构造两两比较判断矩阵并计算同一层次上的权系数。

在建立递阶层次结构以后，上下层之间的隶属关系就被确定了。假定上一层的元素 C 作为准则，对下一层次的元素 A_1，A_2，…，A_n 有支配关系，分析的目标是在准则 C 之下按照它们的相对重要性赋予 A_1 相应的权重 w_i（$i=1$，2，…，n）。对于大多数的实际问题，直接得到这些元素的权重并不容易，往往需要通过适当的方法来导出它们的权重。AHP 通常使用两两比较方法。

比较 n 个元素 A_1，A_2，…，A_n 对准则 C 的影响，以确定它们在准则 C 中所占的比重。每次取两个元素 A_i 与 A_j，用 a_{ij}表示 A_i 与 A_j 关于准则 C 的相对重要程度之比，其全部比较结果可用矩阵 $A=\begin{bmatrix} a_{11} & a_{12} & \cdots & a_{1n} \\ a_{21} & a_{22} & \cdots & a_{2n} \\ \vdots & \vdots & \ddots & \vdots \end{bmatrix}$ 表示，其中 A 称为比较判断矩阵，简称判断矩阵。并且判断矩阵中的元素满足如下性质：

$$a_{ij}>0;\ a_{ij}=\frac{1}{a_{ji}};\ a_{ii}=1$$

判断矩阵中的赋值 a_{ij}表示元素 A_i 关于元素 A_j 的相对重要程度判断（具体含义见表 4-2）。这些赋值的根据或来源可以由决策者直接提供，或通过决策者与分析者对话来确定，可以由分析者通过某种技术咨询而获得，也可以通过其他合适的途径来确定。

表 4-2 重要性标度含义表

重要性标度	含 义
1	表示两个元素相比，具有同等重要性
3	表示两个元素相比，前者比后者稍重要
5	表示两个元素相比，前者比后者明显重要
7	表示两个元素相比，前者比后者强烈重要
9	表示两个元素相比，前者比后者极端重要
2，4，6，8	表示上述判断的中间值
倒数	若元素 i 与元素 j 的重要性之比为 a_{ij}，则元素 j 与元素 i 的重要性之比为 $a_{ji}=1/a_{ij}$

对于元素 A_1，A_2，…，A_n，通过两两比较判断得到判断矩阵 A。若 A 是一致阵，则解特征值问题：

$$Aw = \lambda w \tag{4-1}$$

并记 A 的最大特征根为 λ max，与 λ max对应的标准化之后的特征向量为：

$$w = (w_1,\ w_2,\ \cdots,\ w_n)^T \tag{4-2}$$

则 w_1，w_2，…，w_n 给出了元素 A_1，A_2，…，A_n 相对于准则 C 的按重要程度的一个排序。

设当前层次上的因素为 A_1，A_2，…，A_n，相关的上一层次准则为 C_1，C_2，…，C_m，则对于每一个 C_i，根据上一步的讨论可求得一个权向量 $w^i=(w_1^i,\ w_2^i,\ \cdots,\ w_n^i)$。如果已知上一层次准则的权重分别为 a_1，a_2，…a_m，则当前层每个因素的组合权系数为：

$$\sum_{i=1}^{m} a_i w_1^i,\ \sum_{i=1}^{m} a_i w_2^i,\ \cdots,\ \sum_{i=1}^{m} a_i w_n^i \tag{4-3}$$

如此一层层自上而下求下去，一直到最低层所有因素的权系数（组合权系数）都求出来为止，根据最低层次权系数的分布即可以给出一个关于各子准则优先重要程度的排序。

由式（4-3）可以知道，若记 B_k 为第 k 层次上所有要素相对于上一层次上有关因素的权重按列组成的矩阵，则第 k 层次的组合权系数向量 W^k 满足：

$$W^k = B_k \cdot B_{k-1} \cdot \cdots \cdot B_2 \cdot B_1 \tag{4-4}$$

其中 $B_1=1$。

在得到判断矩阵 A 时，有时免不了出现判断上的不一致性。因此需要用一致性指标 $C.I.=(\lambda_{amx}-1)/(n-1)$、平均随机一致性指标 $R.I.$[①]、一致性比率 $C.R.$ 来做一致性检验。当一致性比率 $C.R.\leqslant 0.1$ 的时候，即可认为判断矩阵通过了一致性检验，具有满意的一致性。否则，就需要重新调整判断矩阵。

依据上述分析原理，本研究选用研究平台 Expert Choice，该平台可以在评价过程中动态显示评价结果，并对评价的不一致性给出指示，从而在人机交互过程中得到可靠的评估结果。

本研究选择具有公共项目治理实践经验的不同领域的专家作为调查对象。总共发出专家打分问卷 62 份，回收 56 份，回收率为 90.32%。按照不一致性系数应该小于 0.1 的标准，对回收的问卷进行有效性检验，共剔除无效问卷 8 份，所回收问卷的有效率为 85.71%。

本研究对 48 位专家的有效打分问卷进行数据分析，每位专家的打分结果形成 5 个矩阵，总共形成 240 个矩阵。由于数量较多，通过下面一个案例，展示对其中一位专家打分结果的详细处理过程，对本次研究的 AHP 数据分析进行说明。

（一）准则层相对于目标层的权重确定及其一致性检验

表 4-3 与表 4-4 列出了利益相关方动态治理关系系统准则层相对于目标层的专家打分及其分析结果。

由表 4-4 可以看出，不一致性系数值为 0.0058，远小于 0.1，该判断矩阵的一致性是可以接受的。在利益相关方动态治理关系系统的影响因素评价当中，利益相关方行为要素准则（权重 0.3734）得到了该位专家最大程度的关注，社会网络结构指标（权重 0.3542）受关注的程度次之，利益相关方个体属性指标（权重 0.1963）、公共项目治理风险因子（权重 0.0761）分别排在第三位、第四位。

① 2 阶及 2 阶之下的两两比较自然是一致的，在下表中不再给出。

表 4-3 利益相关方动态治理关系系统准则层相对于目标层的专家打分结果

准则	社会网络结构指标	利益相关方个体属性指标	利益相关方行为要素	公共项目治理风险因子
社会网络结构指标	1	2	1	4
利益相关方个体属性指标	1/2	1	1/2	3
利益相关方行为要素	1	2	1	5
公共项目治理风险因子	1/4	1/3	1/5	1

表 4-4 利益相关方动态治理关系系统准则层相对于目标层的权重及其一致性检验

准则	相对于目标层的权重	一致性判断指数（*CI/RI*）
社会网络结构指标	0.3542	0.0058
利益相关方个体属性指标	0.1963	
利益相关方行为要素	0.3734	
公共项目治理风险因子	0.0761	

（二）社会网络结构指标类子准则相对于准则层 B1 的权重确定及其一致性检验

表 4-5 与表 4-6 列出了社会网络结构指标类子准则相对于准则层 B1 的专家打分及其分析结果。

表 4-5 社会网络结构指标类子准则相对于准则层 B1 的专家打分结果

社会网络结构指标类子准则	相关方中心度	相关方间平均最短距离	网络密度	网络结构熵	网络结构的发展方向
相关方中心度	1	3	2	4	3
相关方间平均最短距离	1/3	1	1/2	2	3
网络密度	1/2	2	1	3	4
网络结构熵	1/4	1/2	1/3	1	2
网络结构的发展方向	1/3	1/3	1/4	1/2	1

表 4-6　社会网络结构指标类子准则相对于准则层 B1 的权重及其一致性检验

社会网络结构指标类子准则	相对于准则层 B1 的权重	一致性判断指数（CI/RI）
相关方中心度	0.3909	0.0373
相关方间平均最短距离	0.1656	
网络密度	0.2676	
网络结构熵	0.1015	
网络结构的发展方向	0.0745	

（三）利益相关方个体属性指标类子准则相对于准则层 B2 的权重确定及其一致性检验

表 4-7 与表 4-8 列出了利益相关方个体属性指标类子准则相对于准则层 B2 的专家打分及其分析结果。

表 4-7　利益相关方个体属性指标类子准则相对于准则层 B2 的专家打分结果

利益相关方个体属性指标类子准则	相关方间资源的互补程度	相关方的学习能力	相关方的地理位置
相关方间资源的互补程度	1	3	4
相关方的学习能力	1/3	1	2
相关方的地理位置	1/4	1/2	1

表 4-8　利益相关方个体属性指标类子准则相对于准则层 B2 的权重及其一致性检验

利益相关方个体属性指标类子准则	相对于准则层 B2 的权重	一致性判断指数（CI/RI）
相关方间资源的互补程度	0.6232	0.0158
相关方的学习能力	0.2395	
相关方的地理位置	0.1373	

（四）利益相关方行为要素类子准则相对于准则层 B3 的权重确定及其一致性检验

表 4-9 与表 4-10 列出了利益相关方行为要素类子准则相对于准

则层 B3 的专家打分及其分析结果。

表 4-9　　利益相关方行为要素类子准则相对于准则层 B3 的专家打分结果

利益相关方行为要素类子准则	相关方的治理策略选择倾向	采取特定治理行为的收益	采取特定治理行为的成本	采取特定治理行为的速率
相关方的治理策略选择倾向	1	1/7	1/5	2
采取特定治理行为的收益	7	1	3	6
采取特定治理行为的成本	5	1/3	1	5
采取特定治理行为的速率	1/2	1/6	1/5	1

表 4-10　　利益相关方行为要素类子准则相对于准则层 B3 的权重及其一致性检验

利益相关方行为要素类子准则	相对于准则层 B3 的权重	一致性判断指数（*CI/RI*）
相关方的治理策略选择倾向	0.0873	0.0626
采取特定治理行为的收益	0.5594	
采取特定治理行为的成本	0.2894	
采取特定治理行为的速率	0.0638	

（五）公共项目治理风险因子类子准则相对于准则层 B4 的权重确定及其一致性检验

表 4-11 与表 4-12 列出了公共项目治理风险因子类子准则相对于准则层 B4 的专家打分及其分析结果。

表 4-11　　公共项目治理风险因子类子准则相对于准则层 B4 的专家打分结果

公共项目治理风险因子类子准则	相关方角色风险水平	不确定因素
相关方角色风险水平	1	5
不确定因素	1/5	1

表 4-12 公共项目治理风险因子类子准则相对于准则层 B4 的权重及其一致性检验

公共项目治理风险因子类子准则	相对于准则层 B4 的权重	一致性判断结果
相关方角色风险水平	0.8333	通过
不确定因素	0.1667	

（六）本次专家打分总体结果

使用 Expert Choice 计算本次专家打分总体结果，并进一步得到子准则层各项指标相对于目标层的重要性程度综合排序，结果如表 4-13 所示。

表 4-13 本次专家打分总体结果

指标	符号	权重	排序
采取特定治理行为的收益	C_{10}	0.2089	1
相关方中心度	C_1	0.1384	2
相关方间资源的互补程度	C_6	0.1224	3
采取特定治理行为的成本	C_{11}	0.1081	4
网络密度	C_3	0.0948	5
相关方角色风险水平	C_{13}	0.0634	6
相关方间平均最短距离	C_2	0.0586	7
相关方的学习能力	C_7	0.0470	8
网络结构熵	C_4	0.0359	9
相关方的治理策略选择倾向	C_9	0.0326	10
相关方的地理位置	C_8	0.0270	11
网络结构的发展方向	C_5	0.0264	12
采取特定治理行为的速率	C_{12}	0.0238	13
不确定因素	C_{14}	0.0127	14

三 结果分析及讨论

本研究在 48 位专家打分结果的基础上，计算出准则层 4 项指标相对于目标层的权重均值，对利益相关方动态治理关系影响因素评价中具有最为显著影响作用的 4 项关键指标进行排序（重要性程度由强到弱），结果如表 4-14 所示。

表 4-14　　利益相关方动态治理关系影响因素评价指标重要性程度综合排序

准则	符号	权重均值	排序
利益相关方行为要素	B_3	0.3864	1
社会网络结构指标	B_1	0.3161	2
利益相关方个体属性指标	B_2	0.2582	3
公共项目治理风险因子	B_4	0.0393	4

在48位专家打分结果的基础上，计算得出子准则层14项指标相对于目标层的权重均值，据此对这14项指标的重要性程度进行综合排序，如表4-15所示。

表 4-15　利益相关方动态治理关系系统子准则层各项指标相对于目标层的重要性程度综合排序

指标	符号	权重均值	排序
采取特定治理行为的收益	C_{10}	0.2162	1
相关方间资源的互补程度	C_6	0.1609	2
采取特定治理行为的成本	C_{11}	0.1118	3
相关方中心度	C_1	0.1086	4
网络密度	C_3	0.0982	5
相关方的学习能力	C_7	0.0618	6
相关方间平均最短距离	C_2	0.0534	7
相关方的地理位置	C_8	0.0355	8
相关方的治理策略选择倾向	C_9	0.0337	9
相关方角色风险水平	C_{13}	0.0327	10
网络结构熵	C_4	0.0326	11
采取特定治理行为的速率	C_{12}	0.0247	12
网络结构的发展方向	C_5	0.0233	13
不确定因素	C_{14}	0.0065	14

影响因素分析的结果为利益相关方动态治理关系的研究提供了支持。在公共项目利益相关方动态治理关系研究中，需要综合考虑分析得出的各指标权重及排序，着重关注对相关方动态治理关系有重大影

响的排序靠前的各项指标。分析结果表明：公共项目利益相关方间动态治理关系的关键影响因素有采取特定治理行为的收益、相关方间资源的互补程度、采取特定治理行为的成本、相关方中心度、网络密度、相关方的学习能力、相关方间平均最短距离、相关方的地理位置等，这些关键影响因素将作为相关方动态治理关系系统仿真模型的输入变量。

第二节　公共项目利益相关方动态治理关系的实现过程

不同公共项目利益相关方动态治理关系的实现过程会对相关方的治理行为产生影响，进而影响公共项目治理的绩效，因此有必要对相关方动态治理关系实现过程的内涵、实现路径及分析方法进行研究。

一　公共项目利益相关方动态治理关系实现过程的内涵

公共项目利益相关方动态治理关系实现过程的内涵可以概括为：公共项目治理目标引导、多种影响因素协同作用的相关方动态治理关系社会网络演变过程。相关方动态治理关系社会网络的演变基于特定的公共项目治理目标，各个利益相关方之间的关系大多服务于既定目标的实现，网络成员的治理决策受到了所嵌入网络发展战略的影响。在这一过程中，相关方动态治理关系社会网络可以看作是治理过程中不同相关要素间交互作用的结果，其目的是获得更大的治理收益或控制公共项目治理风险。为了实现公共项目治理目标，经过多次选择—合作—信息收集—选择—合作的过程，相关方动态治理关系社会网络内的相关方（业主、供应商、政府、金融机构等）之间在特定阶段内形成了相对稳定的公共项目合作关系，同时，如果需要，他们又会重复选择、合作的过程去寻找其他相关方进行合作。通过分析可以发现，相关方动态治理关系社会网络的演变，就是公共项目利益相关方为获得更大的治理收益或防范公共项目治理风险，而不断调整自身行为，进而引起相关方治理关系社会网络发展变化的动态过程。

二　利益相关方动态治理关系的实现路径

相关方动态治理关系社会网络的动态变化是众多相关要素交互作用的结果，依据 James M. Lyneis 等学者的研究①②，具有此类特征的问题适合应用系统仿真进行分析。这是因为：通过构建系统仿真模型对相关变量及其交互影响进行分析，可以更好地预测社会网络未来的发展方向；通过表达和解释系统状态的动态性，便于发现和比较不同的决策；系统仿真模型还可用于敏感度分析，以发现解决问题的关键所在。斯特曼等提出了构建系统仿真模型的多个步骤，结合社会网络分析的相关方法③，可以得出相关方动态治理关系社会网络发展变化的模型构建方法。

为了构建相关方动态治理关系社会网络的系统仿真模型，需要建立多方面相关要素的动态关系。根据利益相关方决策的依据，以及相关方网络结构特征，该过程涉及的相关要素主要包括社会网络结构指标、利益相关方行为要素、社会网络结构要素和公共项目治理风险因子。借助流体力学的原理和方法，可以得到系统动力学的模型构建方法。系统动力学模型包括两个部分：流图模型和系统动力学方程。

流图模型中一个反馈回路包含两类基本变量，即水平变量和速率变量。水平变量表示在某方面某一特定时刻的状况，它的大小是系统内各种行动或活动的结果。而速率变量表示某个水平变量变化的快慢。为了进一步了解所研究系统的运动机理，可以将速率变量表示成若干个辅助变量的函数。在变量分类的基础上，采用流图特有的符号将被研究系统的诸变量按流图符号连接起来，就得到反映系统结构的流图模型。考察

① James M. Lyneis, "System Dynamics for Market Forecasting and Structural Analysis", *System Dynamics Review*, Vol. 16, No. 1, 2000, pp. 3-25.

② Eugen Pircalabelu and Gerda Claeskens, "Focused Model Selection for Social Networks", *Social Networks*, Vol. 46, No. 4, July 2016, pp. 76-86.

③ Shobeir Karami, Ezatollah Karami, Laurie Buys and Robin Drogemuller, "System Dynamic Simulation: A New Method in Social Impact Assessment (SIA)", *Environmental Impact Assessment Review*, Vol. 62, January 2017, pp. 25-34.

现有的研究可以知道网络的结构特征能够对网络成员的行为产生显著影响。Anne M. Lovell 利用多级分析方法探讨了资本形式、社会网络特征和其他规制要素对网络成员行为的影响。[①] 资源依赖理论认为外部压力引发了组织的行为。格兰诺维特认为社会成员被嵌入在一个关系系统中，需要从关系结构的角度理解网络成员的行为。[②] Timothy J. Rowley 的利益相关方理论表明社会网络结构与组织行为策略之间存在特定的关系。[③] 根据系统理论，正是由于相关方动态治理关系社会网络内相关方选择、建立和解除合作关系等一系列行为导致相关方动态治理关系社会网络结构的发展变化。而行为主体之所以做出如此决策最基本的出发点就是采取相应治理策略所能获得的收益。

综合前文的分析，相关方社会网络的演变与公共项目治理风险息息相关。公共项目治理流图模型的基本结构如图 4-3 所示。这种基于系统动力学的动态性分析模型综合考虑了结构风险（如网络密度和网络规模）和属性风险（如相关方个体的收益），并包括了相关方行为的影响分析。多种社会网络结构指标对利益相关方的行为产生影响，结合相关方个体的属性特征，得到相关方治理行为的结果，进而引起相关方治理关系社会网络的演变，而这一过程又受到多种不确定性因素的影响，并与公共项目治理风险息息相关。

在系统流图模型的基础上，系统动力学方程通过系统参数相互耦合可以完整反映相关方治理关系系统的整体结构，其构建思路为：水平变量受到增大和减小两方面输入流速和输出流速的控制，而速率量又受到系统结构的影响，表现形式为它们是系统某些水平变量和若干参数的函数。可用积分方式来描述，即：

---

① Anne M. Lovell, "Risking Risk: The Influence of Types of Capital and Social Networks on The Injection Practices of Drug Users", *Social Science & Medicine*, Vol. 55, No. 5, September 2002, pp. 803-821.

② Puneet Kaur, Amandeep Dhir, Sufen Chen and Risto Rajala, "Flow in Context: Development and Validation of the Flow Experiencc Instrument for Social Networking", *Computers in Human Behavior*, Vol. 59, June 2016, pp. 358-367.

③ Timothy J.Rowley, "Moving beyond Dyadic Ties: A Network Theory of Stakeholder Influence", *Academy of Management Review*, Vol. 22, No. 4, October 1997, pp. 887-910.

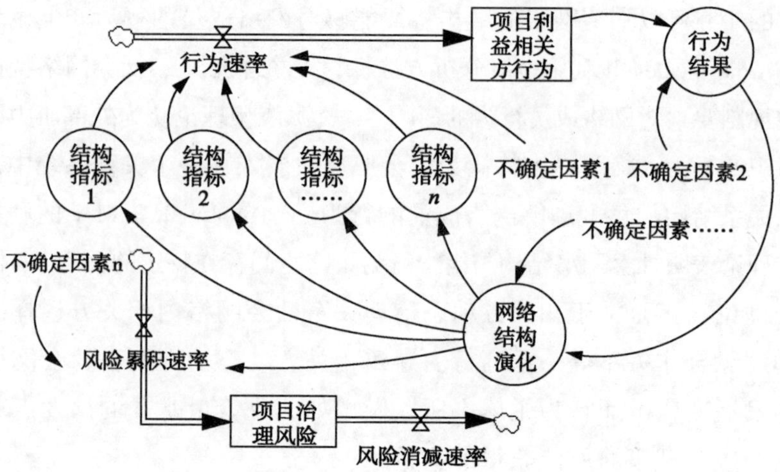

图 4-3　利益相关方治理关系社会网络发展变化的流图模型基本结构

$$L(t) = L_0 + \int_0^t \left(\sum R_{in}(t) - \sum R_{out}(t) \right) dt \tag{4-5}$$

其中，$L(t)$ 表示状态变量 L 在时刻 t 的值，L_0 表示 L 的初始值，R_{in} 表示状态变量的输入流，R_{out} 表示状态变量的输出流。DYNAMO（Dynamil Model，动态模拟）语言是面向差分方程描述的仿真语言，用来处理行为随时间变化的系统问题，可用其构建上述关系的差分方程，表达为：

$$L.K = L.J + \left(\sum R.JK_{in} - \sum R.JK_{out} \right) \times DT \tag{4-6}$$

其中，$L.K$ 表示状态变量 L 在时刻 K 的取值，$L.J$ 表示状态变量 L 在时刻 J 的取值，$R.JK_{in}$ 表示流入速率变量 R_{in} 在 JK 区间内的取值，$R.JK_{out}$ 表示流出速率变量 R_{out} 在 JK 区间内的取值，DT 表示时刻 J 和时刻 K 之间时间间隔的长度。

三　利益相关方动态治理关系实现过程的系统基模

本部分致力于分析几种典型的相关方治理关系动态变化过程，以考察特定的动态变化过程如何作用于相关方社会网络的发展。本书综合应用网络可视化技术和网络特征分析等网络分析方法，并且选用典型案例，描述不同情况下企业间伙伴关系的结构特性，同时运用系统论方法构建系统基模，研究不同公共项目治理系统中相关方治理关系的动态变化过程。

公共项目利益相关方动态治理关系实现过程可采用揭示复杂现象背后实质的系统基模来表达，其目的是重新调整决策者的认知，使决策者能更清晰地看出系统结构的运作，进而找到系统结构中的杠杆解。利益相关方动态治理关系实现过程的系统基模是由增强环路、调节环路与时间滞延所组成。而通过分析，可以发掘控制治理风险的策略。以下是三个最常发生的利益相关方动态治理关系实现过程的系统基模。

（一）小团体形成的系统基模

某大型水资源信息系统项目的总投资为 8.02 亿元，其中国家投资 5.71 亿元。根据有关法律法规，该项目采用监理制治理模式。项目主要任务包括：第一，建立水利部和省级水行政主管部门之间的骨干系统；第二，在关键领域建立水文信息采集系统；第三，构建配套的洪水预警系统和通信系统。虽然该项目在现阶段运行良好，但如何分析利益相关方之间关系的复杂动态性和预测未来可能发生的项目治理风险成为亟待解决的问题。根据三角测量方法收集得到的项目利益相关方网络邻接矩阵，本书使用软件 NetDraw 构建了大型水资源信息系统项目的治理关系社会网络（见图 4-4）。

在该项目中，小团体现象是治理关系社会网络结构变化的重要原因。相关研究表明，相关方会通过加盟或者合资的方式获取所需的资源以获得更大收益。[①] Laurent Vilanova 的利益相关方理论（the Short Term Salient Stakeholder Theory）也认为管理者倾向于同强大的利益相关方相互串通。[②③] 小团体的存在不仅影响小团体内成员的行为，也关系到整个治理关系社会网络的项目治理风险。这是因为本应独立履

① 童欣、彭华涛：《创业企业社会网络演化的条件因子及倾向指数分析》，《理论月刊》2010 年第 5 期。

② Laurent Vilanova，"Neither Shareholder nor Stakeholder Management：What Happens When Firms are Run for their Short-term Salient Stakeholder？"，*European Management Journal*，Vol. 25，No. 2，April 2007，pp. 146-162.

③ 张兵、乐云、陆云波等：《资源视角下的腐败网络扩散机制：基于 Agent 的仿真》，《系统管理学报》2016 年第 6 期。

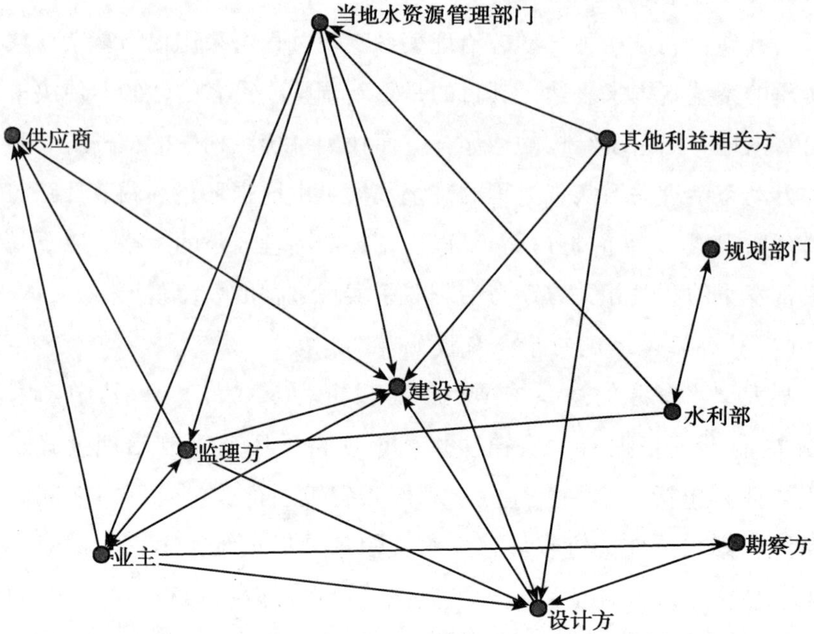

图 4-4 大型水资源信息系统项目治理关系社会网络

行项目责任及做出项目治理决策的相关方实现了合并，其战略和制度等都被转变并且以小团体领导人所设定的目标为导向重新界定①，导致了小团体内的成员在各个方面都遵循该小团体在项目范围内的非正式行为规范，而这些行为规范的制定是基于小团体自身的利益，如果其发展目标不同于治理关系社会网络整体的发展目标，就会使相关方治理关系社会网络的动态变化偏离预期，进而扩大项目治理风险。

在数据收集和系统分析的基础上，可以构建公共项目的小团体形成系统基模（见图 4-5）。这种动态分析模型全面考察了结构风险（如网络密度）和属性风险（如利益相关方的收益），而且包括了对公共项目利益相关方行为的分析。从模型中可以看出，多个公共项目治理要素之间是相互影响、协调发展的关系。公共项目利益相关方为了获得更多的收益可能会采取有利于特定个体的治理策略（如联盟或

① 施锋娇：《试论公共政策制定中的影响因素及原因》，《山东行政学院学报》2013年第5期。

形成小团体)，通过这种治理策略，相关方可以增加对网络资源的控制，从而获得更多的个体收益，但从长期来看，如果特定个体对其他相关方造成了不利于公共项目治理整体利益的影响，则相关方动态治理关系社会网络的合理性会受到影响，进而使整个公共项目面临较高的治理风险。为了探索风险控制的有效手段，公共项目决策者可以利用该系统基模，通过调整相关控制变量，模拟分析得出各个周期和不同情况下相应参数的贡献水平，从而控制公共项目治理风险。

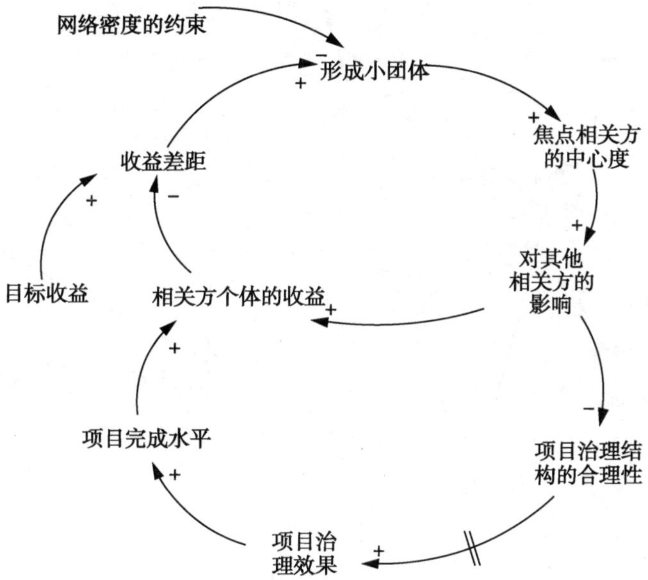

图 4-5　小团体形成的系统基模

(二) 竞争性公共项目治理策略的系统基模

重庆轨道交通六号线大型建设项目呈南北向贯穿主城区，其线路全长 60.55 千米，采用 B 型地铁车交通制式。项目全线分为两期建设，工程规模大，施工组织难度大；各个工程标段间、工序间的接口关系复杂，协调难度大。针对这种情况，有效的项目治理对于确保工程建设进度、控制投资规模、防范项目风险十分必要。该项目中，监理单位主要由中国国际工程咨询公司担任。尽管项目合同明确规定监理公司享有监控权，但在执行过程中，监理权力的实施往往受到太多人为干预，这就需要考虑相关方之间的社会网络关系和监理公司等相关方在社会网络中的地位。

通过采用滚雪球方法收集数据，可以得到重庆轨道交通六号线项目的相关方治理关系社会网络（见图 4-6）。图中的有向边表明关系从一个网络成员（项目利益相关方）指向另一个网络成员，如从监理方指向施工方的有向边表示监理方对施工方有监理责任，而相关管理部门指向监理方的有向边表示相关管理部门对监理方的监督和管理。在该相关方治理关系社会网络中，社会网络的结构特征是相关方

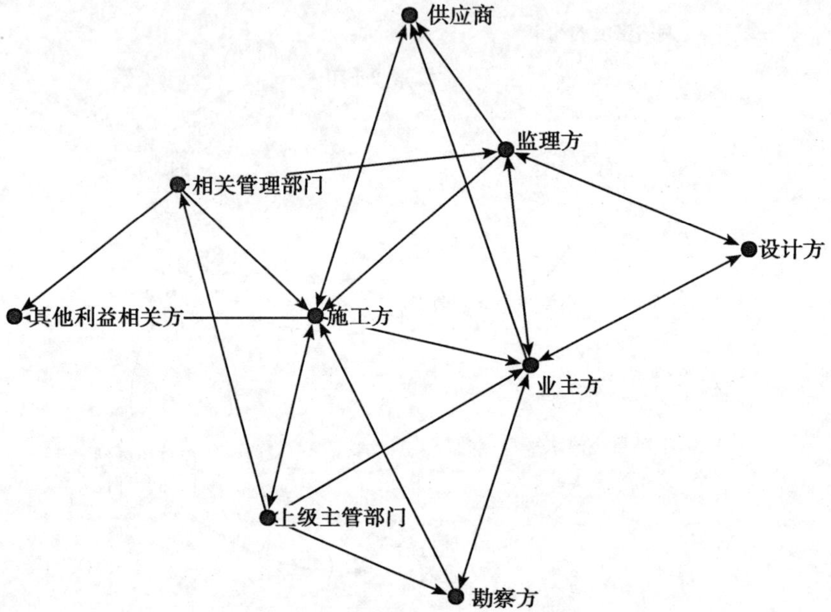

图 4-6　重庆轨道交通六号线项目相关方治理关系社会网络

做出不同项目治理策略的主要依据。点度中心度指标说明，业主有较大的外向点度中心度，施工方具有较大的内向点度中心度，可认为两者是网络中具有高度影响力的利益相关方。施工方和业主具有较高的中间中心度，表明他们处于网络连接的核心地位，与其他网络成员相比更有可能控制其他相关方。业主方、施工方和上级主管部门拥有较高的外向接近中心度，说明在项目治理过程中三者在资源输出上较少依赖其他相关方。综合上述分析，施工方和业主方已经成为该项目的治理中心，拥有巨大权力。相比之下，监理方在实际项目运作中权力

小，力量薄弱，无法充分发挥其职能。

理想情况下，项目的多个利益相关方共同拥有项目资源，单个相关方自主决定其项目治理活动。在该案例中，两个强大的利益相关方，即建设方和业主方倾向于利用项目资源达成短期个体利益，获利会导致更多的利己活动，进而形成如图 4-7 中所示的增强环路。但他们未察觉长期如此项目治理会面临较高的风险。这种仅仅基于个体相关方利益的治理策略会对整个社会网络结构及其他相关方产生很大影响。治理策略的实施一方面有利于相关方内部协调，是为了内部更好发展。另一方面，治理策略的实施亦可能是源于另一个或多个利益相关方的强大压力，这样的对立性策略就可能导致部分相关方的利益难以保证，经常会给项目带来治理风险。解决此类问题的关键在于相关方通过系统思考与模型构建认识到只关注个体利益的做法无益于整体及个体的长远发展，需要项目相关方为了项目治理整体目标而一起行动。

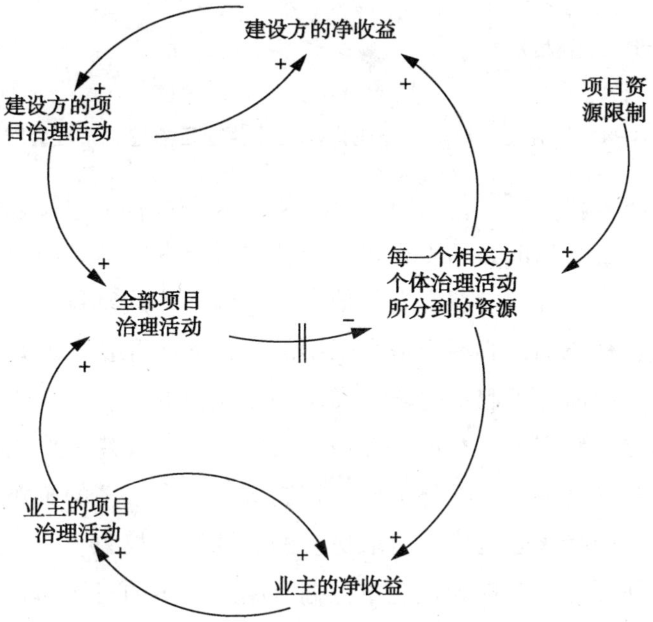

图 4-7　竞争性公共项目治理策略的系统基模

(三)“家长”模式的系统基模

中国的公益性水利工程专业化建设公共项目通常通过市场化方式解

决专业化问题，通过公开招投标方式选定代建单位，即采用政府投资代建制模式。其特点在于对实施代建的公共项目性质有着较清晰的界定；同时，对代建范围的资格规定比较宽泛，没有专门设定代建单位的资质，并且约定了明确的奖惩规则，有利于公共项目投资。①② 公益性水利工程专业化建设公共项目的治理关系社会网络如图 4-8 所示。

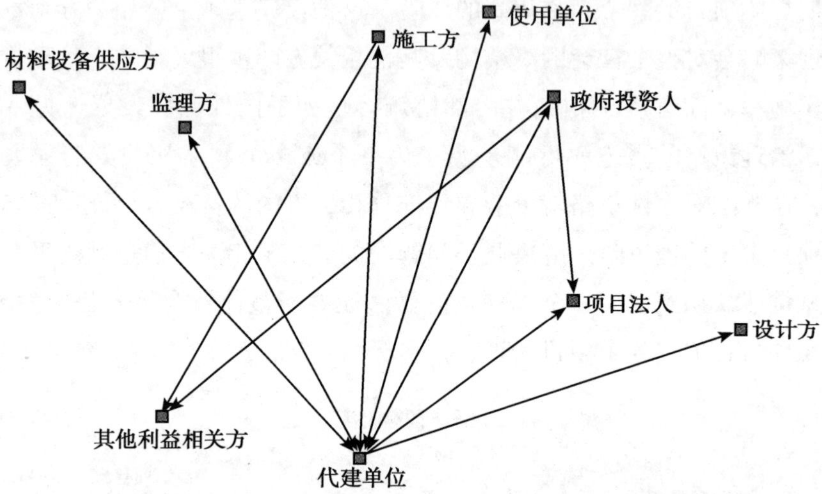

图 4-8　公益性水利工程专业化建设公共项目治理关系社会网络

公益性水利工程专业化建设公共项目采用具有中国特色的政府投资代建制，这是当前水利工程建设公共项目投融资体制改革和政府职能转变过程中出现的创新，有效地克服了以往公共项目建设管理体制中存在的多种弊端，有利于最大限度的优化资源配置。但是代建制管理模式在我国尚处于起步阶段，在水利工程中的应用也较少，对其动态风险问题的研究亟待开展。在该公共项目中，代建单位在相关方治理关系社会网络中处于优势地位，控制着网络中较多的资源。如果代建单位以其网络核心地位去争取更多的资源控制权力，就会无意中产生一个增强环路，表现为代建单位拥有越来越多的资源与控制权，而

① 李春雨、王绪民：《水利工程建设项目代建制管理模式探讨》，《广东水利水电》2010 年第 12 期。

② 戴大双、吕途、顾强：《基于不同治理强度的代建制项目结构研究》，《预测》2016 年第 2 期。

其他利益相关方（如监理方）则会陷入资源与权力越来越少的状态。这种问题的直接后果是公共项目相关方之间的权责利失衡，如监理方难以正常实现对代建单位的监督（见图 4-9）。

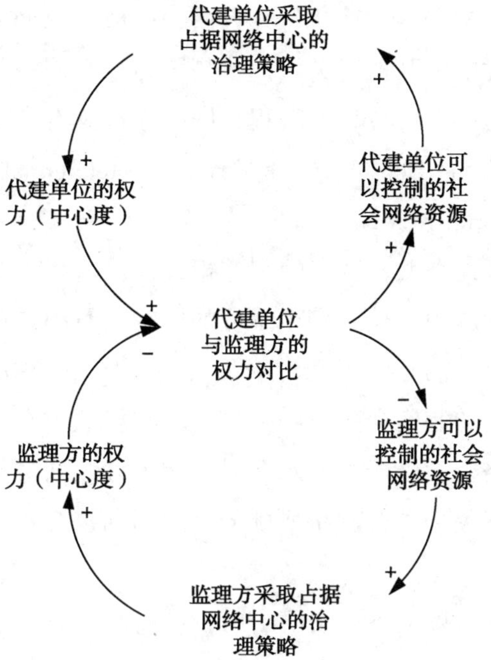

图 4-9　“家长”模式的系统基模

第三节　相关方动态治理关系与相关方治理策略选择的关联性

公共项目利益相关方的治理策略选择直接关系到相关方动态治理关系的发展变化，利益相关方治理策略选择的依据为何，治理策略选择对动态治理关系有着怎样的作用形式，以及如何有效分析相关方动态治理关系与治理策略选择的关联性，这些直接影响相关方治理行为及其治理效果的重要问题亟须得到关注与分析。

一　利益相关方治理策略的选择

当前对组织网络的研究包含两个方面：一种是人格化的个人关系

研究，另一种是非人格化的组织合作研究。人格化研究包括不同社会文化所形成的连接偏好。非人格化研究指标主要包括度数（Degree）、密度（Density）、中心度（Centrality）和中心势（Centralization）等。现有研究基本集中在非人格化研究方面，而被忽视的人格化研究在中国组织运营环境中尤其值得关注。这是因为社会网络的研究表明，社会网络中连接是一个有意识的过程，网络连接具有一定的偏好性，这种偏好性表现为组织间关系的择优连接（Preferential Attachment）和同类混合（Assortative Mixing）。[①]

综合两种研究类型，特定的利益相关方采取何种策略应对来自其他利益相关方的压力，受到多个维度的影响，组织在网络中的位置和嵌入形式影响组织的行为及其结果[②③]，同时，相关方个体的属性特征也对治理策略的制定产生影响。例如，在相关方自身能力、相关方的中心度和网络密度处于不同水平时，相关方倾向选择不同的治理策略。此外，治理关系社会网络所处的生命周期也会影响利益相关方的治理策略选择。

在公共项目治理关系社会网络中，利益相关方将采取不同的治理策略应对来自网络及其他公共项目利益相关方的压力，以实现公共项目治理目标，这些治理策略可以分为以下几类：

（一）占据桥（Bridge）或切割点（Cut-point）的位置

对于公共项目，特别是中国大型建设公共项目来说，政府部门和建设方等单位之间可能有切割点和桥存在，占据桥或切割点的位置是利益相关方巩固和发展其地位的有力手段。桥或切割点通常是资源交换的关键点，是信息传递的枢纽，占据桥或切割点的位置可以防范资源分配失

① John Skvoretz, Thomas J. Fararo and Filip Agneessens, "Advances in Biased Net Theory: Definitions, Derivations, and Estimations", *Social Networks*, Vol. 26, No. 2, May 2004, pp. 113-139.

② Ranjay Gulati and Martin Gargiulo, "Where do Interorganizational Networks Come from?", *American Journal of Sociology*, Vol. 104, No. 5, March 1999, pp. 1439-1493.

③ Toon Haer, W. J. Wouter Botzen and Jeroen C. J. H. Aerts, "The Effectiveness of Flood Risk Communication Strategies and the Influence of Social Networks—Insights from an Agent-Based Model", *Environmental Science & Policy*, Vol. 60, June 2016, pp. 44-52.

衡等导致的治理风险。桥或切割点的识别可依据如下定义：如果两个公共项目利益相关方之间仅仅通过唯一关系连在一起，则称此关系为“桥”；切割点是在整体网络中的一些个体，它们在网络中扮演着重要的中介作用，如果将它们移开，那么整体网络可能被分裂为互不连接的两个或者更多的子网。如图 4-10 中所示，相关方 E 通过采取占据桥位置的项目治理策略，成为治理关系社会网络中处于关键位置的相关方，如果相关方 E 退出公共项目，则会导致整个网络结构的分裂。

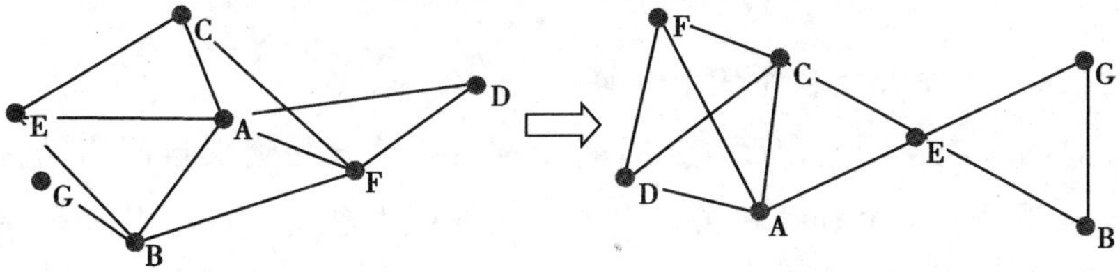

图 4-10　占据桥或切割点位置的公共项目治理策略

（二）增加中心度

中心度是关于公共项目利益相关方重要性的网络度量指标。这种重要性，依据不同网络的结构特点及关系内涵表现为相关方的影响力、权威性（例如，重要思想、知识或者判断决策的源头）、控制能力（例如，传输、流量的控制水平）、便利程度（例如，易于访问、位置上的优势）或者其他某种特殊意义。在治理关系社会网络中，处于中心地位的利益相关方更容易获得资源、信息、方法等，拥有更大的权力、更高的地位和对其他利益相关方更强的影响力。因此增加相关方在社会网络中的中心度成为一种重要的公共项目治理策略。依据 Phillip Bonaeieh 等学者的研究①②，三种因素会影响到治理关系社会网络中心度水平的高低，包括联结的其他利益相关方的数目、所联结相关方集中度大小和联结的强度。如图 4-11 中，相关方 E 通过增加中

① Phillip Bonacich, “Factoring and Weighting Approaches to Status Scores and Clique Identification”, *The Journal of Mathematical Sociology*, Vol. 2, No. 1, 1972, pp. 113-120.

② Fereshteh-Azadi Parand, Hossein Rahimi and Mohsen Gorzin, “Combining Fuzzy Logic and Eigenvector Centrality Measure in Social Network Analysis”, *Statistical Mechanics and its Applications*, Vol. 459, No. 10, October 2016, pp. 24-31.

心度的公共项目治理策略，占据了治理关系社会网络的中心位置，拥有更大的网络资源支配权。

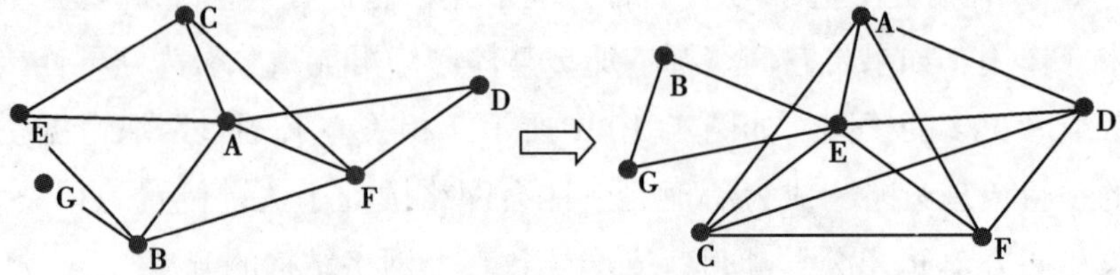

图 4-11　增加中心度的公共项目治理策略

（三）增强密度和降低中心势

总的来说，网络密度越大，各个利益相关方受到来自网络结构的约束越明显，单个利益相关方自主行为的能力越弱。在公共项目治理中，增强密度是稳定利益相关方间规制关系的有效策略。网络中心势刻画整个网络中各个利益相关方的差异程度。中心势值越大，说明网络越具有集中趋势，网络中权力的分布越不均衡。有优势的一方倾向于利用权力的差异，进一步修改网络结构来加大优势。[①] 可见，降低中心势可以作为稳定利益相关方间规制关系的另一策略。如图 4-12 中所示，相关方通过建立更多连接的方式实现了增强网络密度的公共项目治理策略，使得各个相关方受到整个治理关系社会网络的约束力加大，有利于整个网络在一定公共项目阶段内保持稳定性。

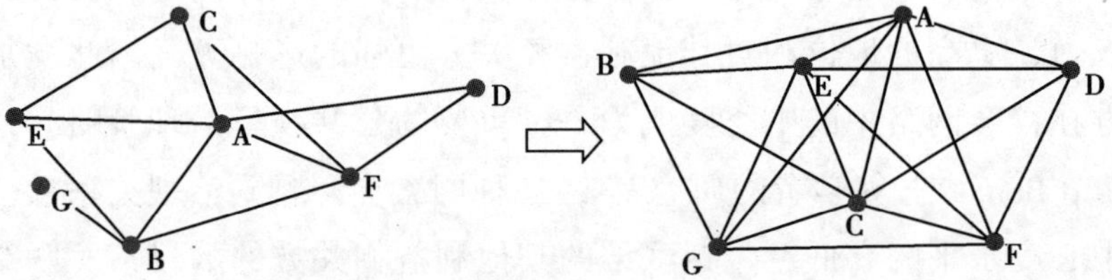

图 4-12　增强密度的公共项目治理策略

（四）增强联合性

网络中的利益相关方倾向于与社会网络中的关键利益相关方

---

① Linton C. Freeman, "Centrality in Social Networks: Conceptual Clarification", *Social Networks*, Vol. 1, No. 3, 1978-1979, pp. 215-239.

(例如，业主或主要出资方) 建立有利于行使特权的联合关系①，由此产生的治理策略可能引起治理关系社会网络的变迁。在具有不对称关系的治理关系社会网络中，成员间必须合作才能获得共同的资源。②③ 合作方式之一即寻找占据优势位置的利益相关方，与其组建策略联盟或实施合并，以更有效的控制网络资源（如信息、服务、原料、技术等），进而提高利益相关方应对网络结构压力的能力。利益相关方在决定是否实施这种联合策略的过程中，最主要考虑的是联合的收益，而在社会网络模型中决定收益的因素，主要是整个网络结构对利益相关方的约束程度以及其他利益相关方的影响力水平。在中国的公共项目治理中，政府在相当长时期内需要加大对公共项目及公共项目各方监管的力度，政府对于公共项目具有较高的影响力水平，在众多公共项目利益相关方中具有特殊地位，利益相关方大多希望通过增强同政府的联合性增加公共项目成功率。如图 4-13 中所示，相关方 A 与 E 通过战略联盟的方式实现了增强网络联合性的公共项目治理策略，使得战略联盟整体在治理关系社会网络中享有更大的位置优势。

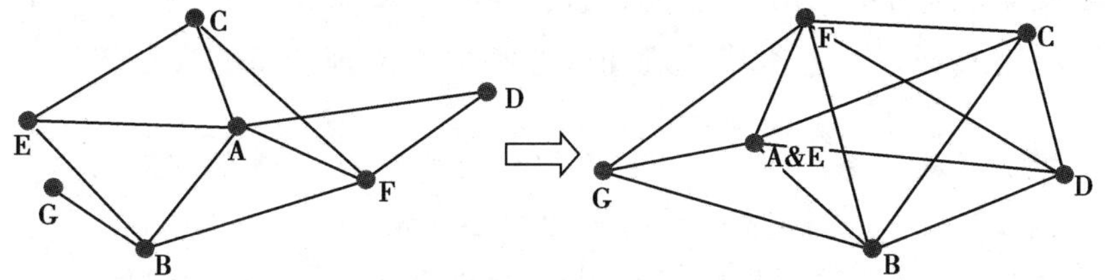

图 4-13 增强联合性的公共项目治理策略

① Ans Kolk and Jonatan Pinkse, "Stakeholder Mismanagement and Corporate Social Responsibility Crises", *European Management Journal*, Vol. 24, No. 1, February 2006, pp. 59-72.

② Barry Wellman, "Network Analysis: Some Basic Principles", *Sociological Theory*, Vol. 1, No. 1, 1983, pp. 155-200.

③ Orazio Attanasio, Sandra Polania-Reyes and Luca Pellerano, "Building Social Capital: Conditional Cash Transfers and Cooperation", *Journal of Economic Behavior & Organization*, Vol. 118, No. 10, 2015, pp. 22-39.

二 治理策略选择对动态治理关系的作用形式

治理策略选择以现有相关方治理关系社会网络状态为基础，并对社会网络状态产生影响。相关方治理关系社会网络演变与治理策略选择的关联机制不仅包括网络结构对利益相关方的影响，还应包括特定利益相关方组织应对这些影响的策略。

依据系统理论，本书认为，社会网络中的公共项目利益相关方经过多次选择—合作—信息收集—选择—合作的过程，公共项目治理的各个利益相关方之间会形成相对稳定的项目治理合作关系，同时，如果需要，他们又会去寻找其他利益相关方（包括现有社会网络的成员和新加入的组织）进行合作。很显然，相关方及其治理关系社会网络动态变化就是在利益相关方为适应网络环境而调整自身行为（即刺激—反应）的前提条件下，一种从个体至整体、从微观到宏观的逐步变动的过程。这一过程如图 4-14 所示，公共项目利益相关方治理关系系统要素包含多种类别，如社会网络结构指标要素、相关方行为偏好要素、风险要素等，多种系统要素协同作用，为相关方治理关系的动态变化提供了内在动力。相关方依据各类要素交互作用的结果选择适合的公共项目治理策略，进而引起相关方治理关系的变更。

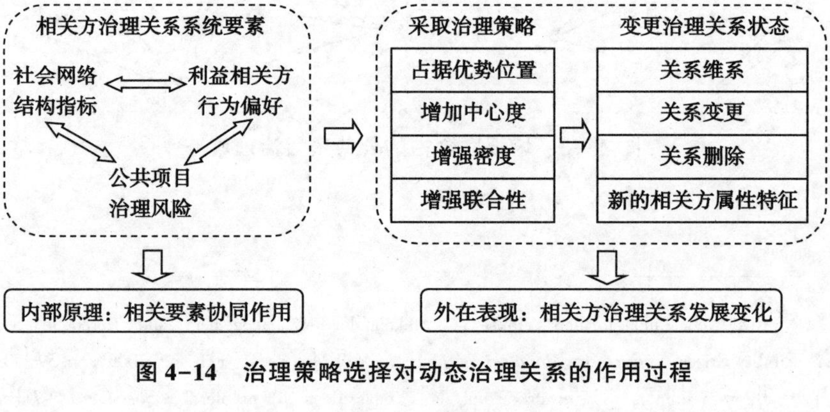

图 4-14 治理策略选择对动态治理关系的作用过程

通过上述分析，得到一个重要的结论：公共项目治理决策者可以通过改变相关方治理关系社会网络中的可控因素，迫使网络成员即利益相关方改变行为规则（治理策略），从而实现促进相关方动态治理关系社会网络健康发展的目标。

三　相关方动态治理关系与治理策略选择的关联性分析模型

本书把相关方治理策略选择的依据分为两个维度：相关方个体的资源禀赋和社会网络的限制。相关方个体的资源禀赋是指相关方动态治理关系社会网络中相关方自身拥有的与公共项目治理活动有关的一切资源，它包括相关方个体的属性特征（相关方战略定位、技术能力、投入资源条件以及组织文化等）和社会网络结构赋予相关方的个体结构特征（相关方的网络中心度水平、占据社会网络中关键位置的情况等）。社会网络的限制是指社会网络结构对其中的网络成员即相关方所具有的约束力（如网络密度水平等）。有关专家学者对网络的特点与发展情况开展了实证研究。[①] 通过对比分析这些研究成果，容易发现：相关方治理关系社会网络的动态变化和网络成员行为（治理策略）的变化有着非常密切的关系。鉴于此，结合上文的分析，本书提出了相关方治理关系社会网络动态变化的治理策略选择模型，如图4-15所示。

该治理策略选择模型分为四个象限，即独立策略象限、服从策略象限、支配策略象限和合作策略象限。相关方动态治理关系社会网络变化的关键动力就是利益相关方根据相关方个体的资源禀赋和社会网络的限制所做出的行为调整。

独立策略象限：这个象限最显著的特点就是治理关系社会网络的限制减弱并且利益相关方个体的资源禀赋减弱。在这种情况下，利益相关方主要采取独立治理策略，表现为维持现状或者删除已有连接的治理策略。主要原因包括：第一，由于来自相关方个体之外的社会网络限制较弱，使得相关方对于未来的预见性有所增强；第二，减弱的相关方个体资源禀赋导致相关方可选择的公共项目资源减少，而且此

---

① Xiaolin Lin, Dawei Zhang and Yibai Li, "Delineating the Dimensions of Social Support on Social Networking Sites and Their Effects: A Comparative Model", *Computers in Human Behavior*, Vol. 58, May 2016, pp. 421-430.

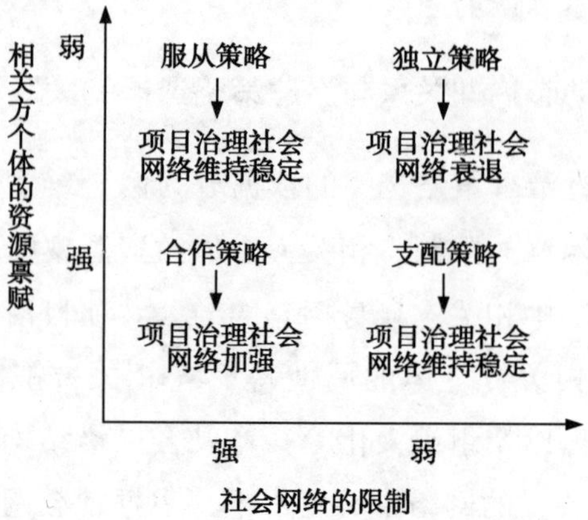

图 4-15　公共项目利益相关方治理关系社会网络动态变化的治理策略选择模型

时与强大的相关方关系密切还可能受制于对方，减弱相关方个体的竞争优势；最后，相关方个体资源禀赋的减弱（社会网络中心度较低、技术滞后等）将增加相关方动态治理关系社会网络内相关方之间的合作难度，迫使有些相关方可能选择删除已经建立的关系。这些因素综合作用导致相关方动态治理关系社会网络的衰退。

服从策略象限：由于治理关系社会网络的限制增强，致使利益相关方有动机去寻求全新的、更强有力的合作伙伴来建立连接以降低公共项目治理风险。与此同时，由于相关方个体资源禀赋减弱，相关方缺乏更多的资源来维持原有的连接，于是他们会选择删除不能带来收益的旧连接，只保留对自身仍然起作用的那些连接。因此，在这种环境下，相关方实施的是受迫于相关方动态治理关系社会网络的合作治理和单独治理行动，至于最终采用哪种策略，还需要依据具体情况而定。正是公共项目利益相关方之间不断的建立与删除连接的行为使得相关方治理关系社会网络的总体变化不大，能够基本维持稳定。

支配策略象限：同服从策略象限相似，在相关方个体资源禀赋增强且治理关系社会网络限制减弱的情况下，利益相关方也是多采取合作和单独治理相结合的活动形式，但更偏重合作。与服从策略象限不同的是，在支配策略象限利益相关方更愿意同已经建立连接的合作伙伴进一步加强与扩大合作，而较少去寻求新的连接。造成这种情况的原因有：第一，相关方个体的资源禀赋增强，社会网络限制减弱使得相关方对于现有合作伙伴之外的持有公共项目资源的组织依赖性降低，再加上相关方对未来公共项目治理环境变化的预见性提高，使得相关方更有意愿加强已有的合作关系；第二，由于社会网络限制减弱，相关方个体资源禀赋增强，相关方不需要通过建立新合作来巩固现有地位，寻求新连接的意愿减弱。此外，已有合作关系的相关方之间连接的加强可以提高外来组织进入该相关方治理关系社会网络的门槛，从而达到现有相关方维护其自身利益的目的。这种行为的结果使治理关系社会网络的稳固性进一步加强，但规模的扩大并不显著。

合作策略象限：在相关方个体资源禀赋和治理关系社会网络限制都较强的条件下，相关方主要采取合作的公共项目治理策略（既包括与社会网络内部相关方的合作，也包括与外部相关方的合作）。究其原因，主要有：首先，社会网络限制较强迫使相关方不断的建立新连接以分散风险，另外，相关方个体的资源禀赋相对较强，为他们建立与维持这些连接提供了强有力的动力与支持；其次，相关方之间的合作行为及其成功刺激了其他相关方的模仿行为；再次，在不断扩大与外部相关方合作的同时，相关方动态治理关系社会网络内部的相关方也会力求加强同现有合作伙伴的关系，目的在于提高新的竞争对手进入该相关方动态治理关系社会网络的门槛。这些行为导致了相关方动态治理关系社会网络迅速扩张，同时，原有社会网络又不断得到巩固。

在明确公共项目相关方治理策略与治理关系社会网络动态变化关联的基础上，项目决策者可以有目的的引导相关方动态治理关系社会网络的发展。例如，如果需要加强现有的相关方治理关系社会网络，就可以通过采取一系列公共项目治理措施来提高相关方个体的资源禀赋水平，从而促使大多数相关方采取合作的治理策略，达到加强相关方治理关系社会网络、增加公共项目产出的目标；同时，也可以通过相反的治理措施降低相关方个体的资源禀赋水平，使公共项目利益相关方更多地采取独立的项目治理策略，进而避免形成由于网络过度膨胀导致的相关方知识同质化的情况，提高公共项目治理水平。

第四节 本章小结

本章研究了利益相关方动态治理关系的影响因素及其实现过程，公共项目利益相关方动态治理关系的实现过程就是利益相关方为获得更大的治理收益或防范公共项目治理风险而不断调整自身行为（治理策略），进而引起相关方治理关系社会网络发生变化的过程。本章基于 AHP 方法分析了相关方动态治理关系系统，考察了关键影响因素对动态性的影响情况，研究发现了四类影响相关方动态治理关系的关键要素。本章对利益相关方动态治理关系实现过程进行了研究，以多个公共项目案例为载体，分析了几种典型的相关方动态治理关系实现过程，并根据利益相关方治理策略选择的依据，借鉴系统思考的有关理论和方法，提出了相关方动态治理关系与治理策略选择的关联性分析模型，力求使研究更具有针对性和可操作性。

第五章

公共项目利益相关方动态治理关系的系统仿真

系统仿真提供的工具与方法可以有效表达与分析多个关键要素及其动力学关系。①② 本书尝试构建公共项目利益相关方治理关系社会网络动态变化的系统仿真模型，借此揭示相关方治理关系社会网络系统的动态性，进而探索控制公共项目治理风险的有效路径，以避免“局部优化”（Sub-optimization）带来的损害，并在一定程度上推动公共项目治理理论研究。

第一节　公共项目利益相关方动态治理关系系统仿真的原则与特点

公共项目利益相关方动态治理关系系统仿真是根据相关方动态治理关系系统分析的目标，在分析各系统要素的性质及其相互关系的条件下，建立起能描述相关方动态治理关系系统结构或行为过程的、同时具有特定逻辑关系或数量关系的系统仿真模型，据此开展试验或定量分析，以获得相关方正确决策所需的各种信息。科学合理地开展相

---

① Erma Suryani, Shuo-Yan Chou and Chih-Hsien Chen, “Air Passenger Demand Forecasting and Passenger Terminal Capacity Expansion: A System Dynamics Framework”, *Expert Systems with Applications*, Vol. 37, No. 3, March 2010, pp. 2324–2339.

② Julius H. Kotir, Carl Smith, Greg Brown, Nadine Marshall and Ron Johnstone, “A System Dynamics Simulation Model for Sustainable Water Resources Management and Agricultural Development in the Volta River Basin, Ghana”, *Science of The Total Environment*, Vol. 573, No. 12, December 2016, pp. 444–457.

关方动态治理关系系统仿真研究，需要遵循系统仿真的一般原则，并符合相关方动态治理关系的特点。

一 相关方动态治理关系系统仿真的原则

相关方动态治理关系系统仿真中，各利益相关方是相互独立的，他们遵循各自的行为规则，并且通过这些行为规则与其他相关方以及公共项目治理环境发生作用。同时，系统仿真模型中的相关方来源于现实世界，他们的项目治理行为非常复杂，所造成的结果经常难以预料。因此，只有遵循合理的系统仿真设计原则，才能使系统仿真模型能够更好地解释复杂现象。

鉴于仿真设计原则的重要性，国内外一些专家学者对其进行了相关阐述，但到目前为止，还没有形成一套统一的、完整的仿真设计原则。通过对已有文献的认真分析，发现尽管系统仿真的内容与目的各不相同，但在仿真设计方面却体现出了许多相似之处。例如，学者 Rosanna Garcia 指出，仿真设计主要是建立于案例研究、已有实验数据、经验与理论假设研究基础之上的。同时他还认为仿真设计中主体行为规则既可以相对简单，也可以非常的复杂。但是，行为规则越复杂，决策者对模型结果的阐释也就越困难。① 斯特曼等学者强调，仿真设计要充分的反映现实情况，要在检测模型总体有效性的条件下，不断修正和调整，以此来确保系统仿真模型的正确。② 我国学者任锦鸾运用研究复杂系统的仿真平台——SWARM 展开研究，基于我国创新系统的现状与复合三链螺旋模型对创新系统网络的具体形成过程进行了模拟，她提出主体行为规则的实质是一种对现实的客观反映。③

① Rosanna Garcia, "Use of Agent-Based Modeling in Innovation/New Product Development Research", *Journal of Product Innovation Management*, Vol. 22, No. 5, Septenber 2005, pp. 380-398.

② Khelifa Baizid, Saša Ćuković, Jamshed Iqbal, Ali Yousnadj, Ryad Chellali, Amal Meddahi, Goran Devedžić and Ionut Ghionea, "Industrial Robotics Simulation Design Planning and Optimization Platform based on CAD and Knowledgeware Technologies", *Robotics and Computer-Integrated Manufacturing*, Vol.42, No.12, December 2016, pp.121-134.

③ 任锦鸾：《基于复杂性理论的创新系统理论及应用研究》，博士学位论文，天津大学，2002 年。

童慧骅和屠文川等学者也是基于相似的设计理念对代理主体的行为进行仿真研究[①]，分析了代理主体行为对其所处环境的影响，考察了代理主体对企业技术创新的进化过程与创新对社会发展的影响，构建出测算代理主体行为对社会造成影响的定量化模型。杨陈等学者的研究结果表明，文化与科技融合创新系统是由互为作用的复杂反馈机制构成[②]，系统仿真中构建的各反馈回路表示文化科技融合创新的实现路径。

通过对已有研究进行提炼、归纳，并结合相关方动态治理关系系统的特点，本书提出了相关方动态治理关系系统仿真的两大原则。

（一）现实性与理论抽象相结合的原则

公共项目利益相关方动态治理关系系统仿真最直接的目的就是解释现实世界里各种相关方动态治理关系系统中所呈现的复杂现象，并探索这些外在现象背后的实现机理。如果仿真模型能够忠诚的复制真实系统中的动态行为特征，就可以利用模型拟合系统过去及现有的状态，之后让模型继续运行，从而预测系统未来的发展趋势。更进一步讲，决策者或者管理者就可以根据这些理论与预测结果进行信息管理、政策分析与决策制定。

由此不难看出，公共项目利益相关方动态治理关系系统模型中主体行为规则的设计是一种对“现实世界”的高度浓缩。相关方行为规则的设计需要认真的研究现实公共项目案例，需要可观察的证据与背景理论来支持。在获得了详实的观察数据之后，经过周密的分析和研究，将这些现象与数据抽象为理论假设，从而设计出系统仿真模型。

（二）易操作性原则

相关方动态治理关系系统规则设计的最大难点，就在于如何判断哪些相关方的现实特性应该予以保留，哪些可以剔除。现实世界中的

---

① 童慧骅、屠文川：《一种基于 CAS 的代理主体行为仿真模型》，《计算机仿真》2006 年第 9 期。

② 杨陈、徐刚、孙金花：《基于系统动力学的文化科技融合创新反馈机制研究》，《科技管理研究》2016 年第 1 期。

特性剔除得越多，模型与现实之间的跨度就越大，仿真后解释结果时就可能会有些牵强附会。而另一方面，系统的现实特性保留得越多，对仿真模型的解释与检验就越困难，仿真模型的可靠性也就无从谈起。

因此设计公共项目利益相关方行为规则时，需要在这两个方面之间寻求动态的平衡，使仿真模型达到充分有效。一般情况下，如果建立仿真模型的目的是预测未来的发展趋势，那么主体的行为规则相对要精确一些；而如果仅仅是为了解释某种现象，那么仿真主体行为规则的简明性就更加重要。总之，仿真主体行为规则设计的繁简程度要综合取决于仿真的目的、决策者的建模经验与仿真工具的功能等多种因素，换言之，行为规则设计的目的就是要在符合现实情况的条件下，保证仿真实验能够完全被研究者所掌控，同时使实验的结果达到预期目标。为了更好地表现相关方动态治理关系系统的实质，相关方行为规则的设计要尽可能的简化真实世界中公共项目的性质，只保留那些对解决研究问题必不可少的内容。

二　相关方动态治理关系系统仿真的特点

依据 Michael Wooldridge 等人的研究①②，结合公共项目利益相关方的特点，相关方动态治理关系系统仿真具有其突出的特点。第一，自治性（Autonomy）：公共项目利益相关方开展项目治理活动时能够自主的采取行动以实现自己的目标，而不需要其他相关方的介入或干预。这是一个组织内部成员合作时所不具有的。第二，社会性（Social-ability）：相关方能够通过某种通信方式与其他相关方进行交互，进而达到自己的目标。第三，应激性（Reactivity）：相关方能够感知他们所处相关方治理关系社会网络的变化，并通过改变其个体行

① Michael Wooldridge，"Intelligent Agents：Theory and Practice"，*Knowledge Engineering Review*，Vol. 10，No. 2，June 1995，pp. 115-152.

② Juan C. Correa，"The Behavioral Interaction of Road Users in Traffic：An Example of the Potential of Intelligent Agent-Based Simulations in Psychology"，*Revista Latinoamericana de Psicología*，Vol. 48，No. 3，Septemper - December 2016，pp. 201-208.

为来适应社会网络环境，同时能够对外界的刺激做出反应。第四，主动性（Pro-activeness）：相关方的项目治理行为应该是主动的，即自发的，能主动感知其他项目利益相关方及整个相关方治理关系社会网络的变化，并及时做出反应。

Anand Rao 与 Michael Georgeff 共同提出的 BDI（Belief Desire Intention Theory）研究模型使用了信念、愿望、意图三种基本概念来描述仿真主体的特征。[①] 在相关方动态治理关系系统仿真中，公共项目利益相关方的愿望（Desire）、能力（Capability）、意图（Intention）、责任（Obligation）等心智状态方面的特征，也可以作为系统仿真的输入变量。

依据 Rosanna Garcia 的定义，公共项目利益相关方的行为规则是相关方必须遵守的一系列基本行动法则[②]，在它的基础之上，相关方会产生各种行为以及相关方之间、相关方与社会网络之间会发生各种相互作用。正是由于这些行为规则的存在，在系统演变过程中，相关方才会不断地改变自身的行为以适应外部的网络环境，从而呈现出复杂的动态现象。

依据建模仿真的一般流程和上述公共项目利益相关方动态治理关系系统仿真的突出特点，本书总结出相关方动态治理关系系统仿真的基本流程（见图 5-1）。在定义系统目标之后，就要对所研究的治理关系系统进行认真的调查研究，明晰系统中存在的各种逻辑关系。接下来，对各相关方的行为进行高度的概括和抽象。在此基础之上，依据模型与计算机仿真实验的需要，确定模型中的相关方类型。然后跟据霍兰的刺激—反应模型，识别出相关方的主要行为规则，那些与系统决策关系不大的次要行为规则可以简化甚至忽略。最后，编写计算

① Yifeng Zeng, Xuefeng Chen, Gao Cong, Shengchao Qin, Jing Tang and Yanping Xiang, "Maximizing Influence under Influence Loss Constraint in Social Networks", *Expert Systems with Applications*, Vol. 55, No. 15, August 2016, pp. 255-267.

② Rosanna Garcia, "Use of Agent-Based Modeling in Innovation/New Product Development Research", *Journal of Product Innovation Management*, Vol. 22, No. 5, September 2005, pp.380-398.

机仿真程序并进行模拟，如果仿真结果与现实情况基本一致，则可以继续深化研究，反之则要重新进行调查研究与设计。

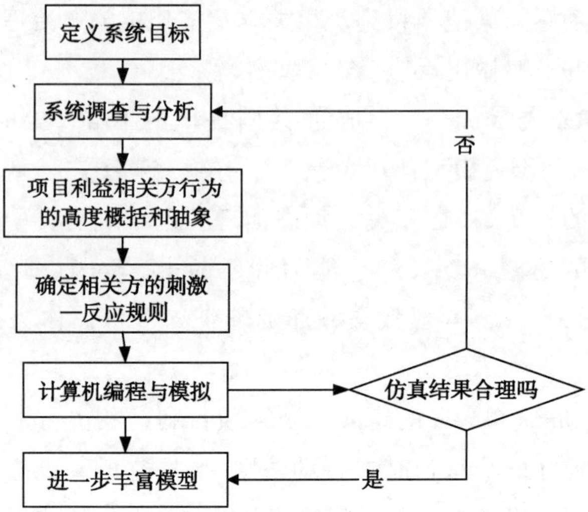

图 5-1　相关方动态治理关系系统仿真的基本流程

第二节　公共项目利益相关方动态治理关系仿真模型的构建

公共项目利益相关方动态治理关系仿真模型的构建包含系统关键变量与关联关系、系统参数设计两部分内容。

一　关键变量与关联关系

在环境不确定性不断加大，国际和国内竞争加剧，我国的政策、金融、科技环境等变得相对宽松的情况下，组织间的竞争规则发生了变化，不再表现为“你死我活”，而是希望通过相互合作或任务分割，实现“双赢”的目标。如在产学研公共项目中，企业与大学、科研机构的联系愈加紧密，除了委托大学和科研机构进行开发和研究外，还通过其他方式开展彼此之间的合作，提高公共项目绩效。聘请高等院校的专家、学者到企业做顾问或咨询人员，或与大学、科研机构联合进行技术开发等情况已经非常常见。基于上述公共项目特点，结合仿真系统的设计原则，本书认为为了实现公共项目治理的目标，公共项目各个利益相关方相互合作构成相关方治理关系社会网络，并在网络中从事公共项目治理活动，这也是进行仿真研究的基础。

假设最初相关方治理关系社会网络内有 n 个公共项目利益相关方，他们代表形成相关方治理关系社会网络的各个节点（Vertices），全部节点的集合记为 $V=\{1, 2, \cdots, n\}$，$n \geqslant 3$。每个相关方通过从事公共项目治理活动来积累相关信息与知识。在此过程中，相关方在自愿选择的基础上所建立起来的公共项目治理关系，记为 ij，其中，$i, j \in V$。ij 也表示为网络中两相关方之间的连线（Arcs）。相关方治理关系社会网络全部边的集合记为 g，即有 $ij \in g$。

根据相关方治理关系社会网络的现实特点，本书所建立的社会网络主要是有向网络（Direct Network），本书将相关方治理关系社会网络记为 $\{V, g\}$。在给定了节点（相关方）集合之后相关方社会网络由其边（相关方关系）的集合唯一确定。由此，本书首先定义一个完全连接社会网络（Completely Connected Social Network），$g^c = \{ij \mid i, j \in V\}$，即社会网络中所有的节点都互相连接，且必有 $g \subseteq g^c$。本书用 G 来表示 g^c 中所有子集组成的集合，有 $G=\{g \mid g \subseteq g^c\}$，它表示节点集合 V 组成的所有可能的治理关系社会网络的全体，因此有 $g \in G$ 和 $g^c \in G$。另外本书用 g^φ 表示一个不存在任何连接的空社会网络，即该网络的所有节点都是孤立点。

令 $g' = g + ij = g \cup \{ij\}$，$(ij \notin g)$ 和 $g'' = g - ij = g/\{ij\}$，$(ij \in g)$ 分别表示公共项目利益相关方治理关系社会网络 g 通过添加和删除边 ij 所形成的新网络，称为是 g 的相邻网络。本书将 V 中那些至少存在一条连接的相关方的集合记为 $n(g)$。记所有与相关方 i 有连接关系的相关方的集合为 $n_i(g) = \{j \mid ij \in g\}$，称为相关方 i 的领域（Neighbor），可简记为 n_i。相关方 j 称为相关方 i 的邻居节点。此时集合 n_i 中元素的个数就称为相关方 i 的度（Degree），记为 $d(n_i)$，在网络规模 N 已知的情况下，显然 $C_D(n_i) = \dfrac{d(n_i)}{N-1}$ 即为网络点度中心度（Degree Centrality）。

除此之外，根据系统科学理论，正是由于相关方治理关系社会网络内利益相关方选择合作伙伴、建立和解除合作伙伴关系等一系列公共项目治理行为导致相关方治理关系社会网络结构和成员属性的动态变化。而利益相关方之所以做出此类决策最基本的出发点就是公共项目治理收益，即假设1。

假设1：公共项目治理活动的收益越大，公共项目利益相关方越倾向于从事该活动。

为验证假设，本书选取了108名拥有公共项目治理活动经验的人员参加了这项研究。公共项目治理收益水平以高（表示为3）、中（表示为2）、低（表示为1）三个层次表示。被调查者针对给出的不同公共项目治理活动收益水平与所需成本的案例情境给出从事该公共项目治理活动的倾向性程度，程度从小到大依次表示为1—7（1="强烈反对从事"和7="非常愿意从事"）。同时，收集活动参与者所从事的公共项目治理活动领域及其他相关的个人信息。

本书运用收集得到的数据，分析公共项目治理活动收益与相关方从事活动的意愿之间的关系，为更加准确的对控制因素进行评价，选取公共项目治理活动所需成本作为协变量，在排除协变量对观测变量影响的条件下，分析控制变量对观测变量的作用。主体间效应的检验分析结果如表5-1所示。

表5-1　　假设1的主体间效应的检验

因变量：从事公共项目治理活动的意愿

源	Ⅲ型平方和	*df*	均方	*F*	Sig.
校正模型	167.174[a]	3	55.725	117.913	0.000
截距	192.547	1	192.547	407.428	0.000
成本	33.267	1	33.267	70.392	0.000
收益	92.927	2	46.463	98.316	0.000
误差	49.150	104	0.473		
总计	3089.000	108			
校正的总计	216.324	107			

a. $R^2=0.773$（调整 $R^2=0.766$）

表 5-1 分别列出了各变差分解的情况、自由度、均方、F 统计量的观测值以及概率 p 值，表中结果表明：公共项目治理活动的成本对相关方从事公共项目治理活动的意愿有显著贡献；同时，在排除了公共项目治理活动成本的影响下，不同公共项目治理活动的收益对相关方从事公共项目治理活动的意愿也存在显著的差异。从模型对观测数据的拟合优度来看，R^2值为 0.773。

接着进一步分析比较三种公共项目治理活动的收益水平对相关方从事公共项目治理活动意愿影响的具体差异，计算得到排除协变量影响后各水平下相关方从事公共项目治理活动意愿的修正均值对比检验结果，如表 5-2 与表 5-3 所示。

表 5-2　　假设 1 的一次对比结果（K 矩阵）

收益 简单对比[a]			因变量：从事公共项目治理活动的意愿
级别 1 和级别 3	对比估算值		-2.325
	假设值		0
	差分（估计 - 假设）		-2.325
	标准 误差		0.166
	Sig.		0.000
	差分的 95% 置信区间	下限	-2.655
		上限	-1.995
级别 2 和级别 3	对比估算值		-1.122
	假设值		0
	差分（估计 - 假设）		-1.122
	标准 误差		0.169
	Sig.		0.000
	差分的 95% 置信区间	下限	-1.457
		上限	-0.787

a. 参考类别 = 3

表 5-2 与表 5-3 综合表明，级别 1 公共项目治理活动意愿比级别 2 收益水平对应的相关方从事公共项目治理活动意愿少 1.203，级别 2 公共项目治理活动收益水平比级别 3 收益水平对应的相关方从事公共

项目治理活动意愿少 1.122。级别 3 收益水平对应的相关方从事公共项目治理活动意愿最大，其次是级别 2，级别 1 最小。由此可以接受假设 1，公共项目治理活动的收益越大，公共项目利益相关方越倾向于从事该活动。

表 5-3　　假设 1 的二次对比结果（K 矩阵）

收益 简单对比[a]			因变量
			从事公共项目治理活动的意愿
级别 2 和级别 1	对比估算值		1.203
	假设值		0
	差分（估计 - 假设）		1.203
	标准 误差		0.183
	Sig.		0.000
	差分的 95% 置信区间	下限	0.840
		上限	1.566
级别 3 和级别 1	对比估算值		2.325
	假设值		0
	差分（估计 - 假设）		2.325
	标准 误差		0.166
	Sig.		0.000
	差分的 95% 置信区间	下限	1.995
		上限	2.655

a. 参考类别 = 1

本书用 $F_i(g_t)$ 表示公共项目利益相关方 i 在 t 时刻从相关方治理关系社会网络 g 中获得的收益，并且由此还能推导出整个社会网络上的总收益函数 $F(g)$ 。如果一个相关方社会网络中存在一对已有边相连接的两个利益相关方，其中至少有一个相关方认为删除连接将会获得更大的收益；或者如果存在一对没有边相连接的两个利益相关方，他们均认为添加新的连接会给双方带来更大收益，那么这时的相关方社会网络是不稳定的，否则这种情况被称作成对稳定（Pair Wise Stable）。该概念说明，在相关方治理关系社会网络发展过程中为什么有一些连接会被添加并维持，而另一些连接却不能够维持。社会网络的总收益函数达到最优的情况被称作网络有效（Efficiency），它是衡量网络是否达到最优状态的指标。于是一个相关方治理关系社会网络 g 在 t 时刻的总收益函数为社会网络中所有节点（公共项目利益相关方）的收益之和：$F(g_t) = \sum_{i \in V} F_i(g_t)$ 。通常条件下，$F_i(g^\varphi) = 0$。对此，依据 Matthew O. Jackson 给出的正式定义①，本书对相关方治理关系社会网络作出以下定义：

定义 1：一个相关方治理关系社会网络 $g \subseteq g^c$ 如果被称为是成对稳定的，它必须满足以下两个条件：

其一，对于所有的 $ij \in g$ ，$F_i(g - ij) \le F_i(g)$ 并且 $F_j(g - ij) \le F_j(g)$ ；

其二，对于所有的 $ij \notin g$，如果 $F_i(g + ij) > F_i(g)$ ，则必有 $F_j(g + ij) < F_j(g)$ 。

这说明在成对稳定的相关方治理关系社会网络中既没有一个公共项目利益相关方愿意删除其现有的一条边，也没有一对相关方双方同时愿意添加一条连接两个相关方的边。

定义 2：当下述条件成立时，一个相关方社会网络 $g \subseteq g^c$ 被称为是有效的。

$F(g') \le F(g)$ ，$\forall g' \subseteq g^c$

值得关注的是，有效的相关方社会网络并不是唯一的，例如，相关方社会网络 g 上每个公共项目利益相关方的收益函数如果只取决于相关方的连接情况而与具体的连接标号无关，则所有与相关方社会网络 g 的拓扑结构相同的网络 g' 就具有相同的总收益。

二　参数设计

（一）公共项目利益相关方信息与知识获取相关参数设计

在相关方治理关系社会网络内，公共项目利益相关方主要通过单独或合作治理（可以建立连接或删除连接）来适应系统环境变化，

① Matthew O. Jackson and Alison Watts, "The Evolution of Social and Economic Networks", *Journal of Economic Theory*, Vol. 106, No. 2, October 2002, pp. 265-295.

以求得生存与发展。另外，他们还有另外一个能够对相关方治理关系社会网络动态变化产生重要影响的行为规则，即信息获取。通过信息获取，公共项目利益相关方可以不断地积累和更新自己的知识库，提高自己的公共项目治理能力。当然，由于信息获取能力各不相同，每个公共项目利益相关方信息的积累情况也不尽相同。相关方 i 的信息与知识增长过程如式（5-1）所示：

$$d_{k_i}/d_t = B_i(k_i, t) + E_i(g, k) - D_i(k_i) - C_i(g, k) \quad (5-1)$$

其中，$B_i(k_i, t)$ 表示相关方 i 在 t 时刻的信息与知识应用能力；$E_i(g, k)$ 是公共项目利益相关方 i 从已建立的利益相关方治理关系社会网络 g 中获得的信息与知识溢出；$D_i(k_i)$ 表示相关方 i 的信息与知识的衰减度；$C_i(g, k)$ 是相关方 i 从 g 中获取信息与知识的成本。

（二）公共项目治理活动相关参数设计

显而易见，公共项目利益相关方的项目治理活动不是每一次都能取得成功，而且获得成功的概率也与其采取的公共项目治理方式（单独治理或合作治理）以及相关方个体的信息与知识水平有密切关联。因此，本书提出假设 2 并进行验证。

假设 2：公共项目利益相关方获取的与项目治理活动相关的信息与知识越多，公共项目治理活动成功的概率越大。

为验证假设 2，采取与验证假设 1 相似的实验方法，选取 108 名拥有公共项目治理活动经验的人员参加研究。公共项目利益相关方获取的与项目治理活动相关的信息与知识量以少（表示为 1）、中（表示为 2）、多（表示为 3）三个层次表示。被调查者针对给出的不同信息与知识量与项目治理方式的案例情境给出治理活动成功概率的预测值，成功概率从小到大依次表示为 1—7（1 = “非常可能失败” 和 7 = “非常可能成功”）。同时，收集活动参与者所从事的项目治理活动领域及其他相关的个人信息。

运用收集得到的数据，分析相关方获取的与公共项目治理活动相关的信息、知识与公共项目治理活动成功概率之间的关系，为更加准确的对控制因素进行评价，选取公共项目治理方式作为协变量，在排除协变量对观测变量影响的条件下，分析控制变量对观测变量的作用。主体间效应的检验分析结果如表 5-4 所示。

表 5-4　　假设 2 的主体间效应的检验

因变量：公共项目治理活动成功的概率					
源	Ⅲ型平方和	*df*	均方	*F*	Sig.
校正模型	172.923[a]	3	57.641	103.367	0.000
截距	186.524	1	186.524	334.492	0.000
项目治理方式	24.756	1	24.756	44.395	0.000
信息与知识水平	101.240	2	50.620	90.777	0.000
误差	57.994	104	0.558		
总计	2901.000	108			
校正的总计	230.917	107			

a. $R^2=0.749$（调整 $R^2=0.742$）

表 5-4 分别列出了各变差分解的情况、自由度、均方、F 统计量的观测值以及概率 p 值，表中结果表明：公共项目治理方式对公共项目治理活动成功的概率有显著贡献；同时，在排除了公共项目治理方式的影响下，不同公共项目利益相关方获取的与公共项目治理活动相关的信息与知识水平对项目治理活动成功的概率也存在显著的差异。从模型对观测数据的拟合优度来看，R^2值为 0.749。

接着进一步分析比较三种信息与知识水平对公共项目治理活动成功概率影响的具体差异，计算得到排除协变量影响后各水平下相关方从事公共项目治理活动成功概率的修正均值对比检验结果，如表 5-5 与表 5-6 所示。

表 5-5 与表 5-6 综合表明，级别 1 公共项目治理活动成功概率比级别 2 信息与知识水平对应的公共项目治理活动成功概率少 1.399，级别 2 公共项目治理活动成功概率比级别 3 信息与知识水平对应的公共项目治理活动成功概率少 1.048。级别 3 信息与知识水平对应的公共项目治理活动成功概率最大，其次是级别 2，最小的是级别 1。由此可以接受假设 2，公共项目利益相关方获取的与项目治理活动相关的信息与知识越多，项目治理活动成功的概率越大。

表 5-5　　假设 2 的一次对比结果（K 矩阵）

信息与知识水平 简单对比[a]			因变量
			公共项目治理活动成功的概率
级别 1 和级别 3	对比估算值		-2.447
	假设值		0
	差分（估计 - 假设）		-2.447
	标准 误差		0.182
	Sig.		0.000
	差分的 95% 置信区间	下限	-2.808
		上限	-2.087
级别 2 和级别 3	对比估算值		-1.048
	假设值		0
	差分（估计 - 假设）		-1.048
	标准 误差		0.185
	Sig.		0.000
	差分的 95% 置信区间	下限	-1.415
		上限	-0.681

a. 参考类别 = 3

本书用 k_i^t 表示公共项目利益相关方 i 在 t 时刻的信息与知识水平。依据 Nicolas Carayol Pascale 和 Roux 的研究成果①，一个组织合作网络中相关方 i 与公共项目治理相关的信息与知识水平在某一时刻达到 k 的概率密度函数可以表达为：$P(k_i = k) = \lambda e^{-\lambda k}$。相关方的信息与知识水平随着项目治理活动而不断发展变化，此时在没有从事公共项目治理行为的情况下，相关方 i 去从事公共项目治理活动的条件概率可以从信息与知识水平变化的角度表达为：

$$q_i = \frac{P\{k_i \in [k,\ k + dk],\ k_i > k\}}{P(k_i > k)} = \lambda \tag{5-2}$$

因此，就可以得出相关方 i 在一个周期 $[t,\ t+1]$ 内成功开展公

① Nicolas Carayol and Pascale Roux, "Collective Innovation in a Model of Network Formation with Preferential Meeting", *Paper presented at*: *WEH IA Conference*, *Kiel*, *Germany*, *MD*, May 2003, pp. 29-31.

共项目治理活动的概率为：

$$P_i^t = \int_t^{t+1} q_i k_i^t \mathrm{d}t \tag{5-3}$$

表 5-6　　假设 2 的二次对比结果（K 矩阵）

信息与知识水平 简单对比[a]			因变量：公共项目治理活动成功的概率
级别 2 和级别 1	对比估算值		1.399
	假设值		0
	差分（估计 - 假设）		1.399
	标准 误差		0.204
	Sig.		0.000
	差分的 95% 置信区间	下限	0.995
		上限	1.803
级别 3 和级别 1	对比估算值		2.447
	假设值		0
	差分（估计 - 假设）		2.447
	标准 误差		0.182
	Sig.		0.000
	差分的 95% 置信区间	下限	2.087
		上限	2.808

a. 参考类别 = 1

如果定义 $\Delta k_i^t = \int_t^{t+1} k_i^t \mathrm{d}t$ 表示相关方 i 在 $[t, t+1]$ 时刻内的信息与知识水平变化，上式则简化为：

$$P_i^t = \lambda \Delta k_i^t \tag{5-4}$$

根据实际经验，公共项目利益相关方之间合作开展公共项目治理活动的成功概率总是比单独开展公共项目治理活动要高一些。其中一个重要原因在于，在进行合作治理的过程中，相关方之间传递的公共项目信息与知识更多，信息与知识水平增长的速度也更快。但需要注意的是，这种合作效应也不会无限大。因此，提出假设 3 并加以验证。

假设3：公共项目利益相关方之间合作开展项目治理活动时的项目治理活动成功概率比单独开展项目治理活动时大。

本书针对108名拥有公共项目治理活动经验人员的调查数据进行分析。公共项目利益相关方开展项目治理活动时的合作水平用低（表示为1）、中（表示为2）、高（表示为3）三个层次表示。被调查者针对给出的不同的信息与知识量与项目治理方式的案例情境给出公共项目治理活动成功概率的预测值，成功概率从小到大依次表示为1—7（1="非常可能失败"和7="非常可能成功"）。同时，收集活动参与者所从事的公共项目治理活动领域及其他相关的个人信息。为更加准确的对控制因素进行评价，选取公共项目利益相关方获取的与公共项目治理活动相关的信息与知识水平作为协变量，在排除协变量对观测变量影响的条件下，分析控制变量对观测变量的作用。主体间效应的检验分析结果如表5-7所示。

表5-7　　假设3的主体间效应的检验

因变量：公共项目治理活动成功的概率					
源	Ⅲ型平方和	*df*	均方	*F*	Sig.
校正模型	167.298[a]	3	55.766	102.551	0.000
截距	23.699	1	23.699	43.582	0.000
信息与知识水平	38.280	1	38.280	70.395	0.000
项目治理方式	78.457	2	39.229	72.140	0.000
误差	56.554	104	0.544		
总计	2884.000	108			
校正的总计	223.852	107			

a. $R^2=0.747$（调整 $R^2=0.740$）

表5-7的结果表明：公共项目利益相关方获取的与公共项目治理活动相关的信息与知识水平对公共项目治理活动成功的概率有显著贡献；同时，在排除了信息与知识水平的影响下，不同公共项目治理方式（公共项目治理活动的合作程度）对公共项目治理活动成功的概率也存在显著的差异。从模型对观测数据的拟合优度来看，R^2值为

0.747。本书进一步分析比较不同公共项目治理方式对公共项目治理活动成功概率影响的具体差异，计算得到排除协变量影响后各水平下相关方从事公共项目治理活动成功概率的修正均值对比检验结果，如表 5-8 与表 5-9 所示。

表 5-8　　　假设 3 的一次对比结果（K 矩阵）

<table>
<tr><td colspan="3" rowspan="2">公共项目治理方式 简单对比[a]</td><td>因变量</td></tr>
<tr><td>公共项目治理活动成功的概率</td></tr>
<tr><td rowspan="7">级别 1 和级别 3</td><td colspan="2">对比估算值</td><td>-2.151</td></tr>
<tr><td colspan="2">假设值</td><td>0</td></tr>
<tr><td colspan="2">差分（估计 - 假设）</td><td>-2.151</td></tr>
<tr><td colspan="2">标准 误差</td><td>0.180</td></tr>
<tr><td colspan="2">Sig.</td><td>0.000</td></tr>
<tr><td rowspan="2">差分的 95% 置信区间</td><td>下限</td><td>-2.507</td></tr>
<tr><td>上限</td><td>-1.795</td></tr>
<tr><td rowspan="7">级别 2 和级别 3</td><td colspan="2">对比估算值</td><td>-0.975</td></tr>
<tr><td colspan="2">假设值</td><td>0</td></tr>
<tr><td colspan="2">差分（估计 - 假设）</td><td>-0.975</td></tr>
<tr><td colspan="2">标准 误差</td><td>0.183</td></tr>
<tr><td colspan="2">Sig.</td><td>0.000</td></tr>
<tr><td rowspan="2">差分的 95% 置信区间</td><td>下限</td><td>-1.337</td></tr>
<tr><td>上限</td><td>-0.612</td></tr>
</table>

a. 参考类别 = 3

表 5-8 与表 5-9 综合表明，级别 1 公共项目治理活动成功概率比级别 2 公共项目治理方式对应的公共项目治理活动成功概率少 1.177，级别 2 公共项目治理活动成功概率比级别 3 公共项目治理方式对应的公共项目治理活动成功概率少 0.975。级别 3 公共项目治理方式对应的公共项目治理活动成功概率最大，其次是级别 2，最小的是级别 1。由此可以接受假设 3，公共项目利益相关方之间合作开展公共项目治理活动时的公共项目治理活动成功概率比单独开展公共项目治理活动时大。

表 5-9 假设 3 的二次对比结果（K 矩阵）

公共项目治理方式 简单对比[a]			因变量：公共项目治理活动成功的概率
级别 2 和级别 1	对比估算值		1.177
	假设值		0
	差分（估计 - 假设）		1.177
	标准 误差		0.201
	Sig.		0.000
	差分的 95% 置信区间	下限	0.778
		上限	1.576
级别 3 和级别 1	对比估算值		2.151
	假设值		0
	差分（估计 - 假设）		2.151
	标准 误差		0.180
	Sig.		0.000
	差分的 95% 置信区间	下限	1.795
		上限	2.507

a. 参考类别 = 1

依据上述研究结果，本书给 Δk_i^t 增加一个系数 α，公共项目利益相关方之间的合作关系越强，α 越接近 1，表明此时获得的信息与知识量也越大；反之亦然。本书设 $0 < \alpha < 1$。式（5-4）可变化为：

$$P_i^t = \lambda\left[\alpha \max \Delta k_i^t + (1-\alpha)\min \Delta k_i^t\right] \tag{5-5}$$

在相关方治理关系社会网络中，相关方之间的信息与知识传递主要是通过他们之间的直接或间接连接开展的。那么，在 t 时刻相关方 i 信息与知识水平的变化就可以用公式表示为：

$$\Delta k_i^t = \Delta k_i(g_t) = u_i + \sum_{i,\ j \in N}\left[\beta v_{ij} + (1-\beta) w_{ij}\right] \tag{5-6}$$

其中 g_t 表示相关方治理关系社会网络目前的状态，它在 $[t,\ t+1]$ 内是一个常量；u_i 表示在一段时间内公共项目利益相关方 i $(i \in V)$ 所创造的信息与知识量，本书假设 u_i 在 $[t,\ t+1]$ 内是一个常量；参数 β 是转移方式系数，它表示新的信息与知识在公共项目相关方之间传递的主要方式及有效程度，有 $0 \leqslant \beta \leqslant 1$。通过直接连接

(Direct Linkage) 传递信息的方式要比间接连接 (Indirect Linkage) 有效度高。例如，相关方 i 和 j 完全是通过第三个相关方进行连接（间接连接）并传输信息或知识，那么相关方之间的信息与知识传递系数 β 就接近于 0（假设相关方之间的信息与知识传递是没有延时的）；如果完全通过直接连接传递信息或知识，β 就为 1，此时传递效率也最高。v_{ij} 表示相关方 i 和 j 通过直接连接传递知识，计算公式为：$v_{ij} = p_{ij}u_j$。其中 p_{ij} 是相关方 i 和 j 建立连接的概率，u_j 表示在一段时间内相关方 j ($j \in V$) 所创造出的信息与知识总量，它也是一个常量。w_{ij} 表示相关方 i 和 j 通过与第三个相关方 l 的连接间接传递信息与知识，此时有 $w_{ij} = \sum_{l \neq i \neq j} v_{il}v_{lj}$。不难看出，式（5-6）表示相关方 i 在 $[t, t+1]$ 内的信息与知识积累是通过自己创造和从别的相关方（直接或间接）吸收新信息或知识而获得的。

（三）公共项目治理收益相关参数设计

公共项目利益相关方通过改变行为规则来适应系统变化的最终目的是求得组织的生存和发展，而实现生存和发展的基础是获得收益，同时需要考虑随机变量对相关方治理关系社会网络的不确定性影响。因此，定义相关方 i 在 t 时刻的收益函数为：

$$F_i^t = p_i^t M - C_i^t + \varepsilon \tag{5-7}$$

其中，p_i^t 是相关方 i 在 t 时刻开展公共项目治理活动的概率，M 表示一项公共项目治理活动所带来的净收入，ε 是公共项目治理系统中不确定性因素的影响，C_i^t 是公共项目治理活动的成本，详细计算如下：

$$\mathrm{C}_i^t = C_0 + \sum_{j:\ ij \in g_t} cd(i, j) \tag{5-8}$$

式中第一部分是公共项目治理活动的固定成本，第二部分是与其他利益相关方建立连接（直接或间接）时所花费的成本。综合式（5-5）、（5-7）和（5-8），相关方 i 在 t 时刻的收益函数可表示为：

$$F_i^t = M\lambda\,[\alpha\max\Delta k_i^t + (1-\alpha)\min\Delta k_i^t] - C_0 - \sum_{j:\ ij \in g_t} cd(i, j) + \varepsilon \tag{5-9}$$

（四）相关方合作伙伴选择相关参数设计

相关方为了实现利润最大化的目标，会根据系统变化而不断调整自己的行为。由于公共项目治理的特征，拥有不同公共项目资源的组织需要构建相关方治理关系社会网络以实现公共项目目标，因此相关方治理关系社会网络内相关方的治理活动主要采用建立连接的方式，也就是合作治理方式为主。既然要合作，那么各相关方就面临着如何选择合作相关方的问题。为此，需要引入相关方的优先选择过程。

依据 Nicolas Carayol 和 Pascale Roux 等学者的研究①②，两个没有连接关系的组织在地理位置上越接近，他们之间建立连接的可能性越大。这意味着，组织首先在离自己距离最近的地方寻找合作伙伴，之后才向远处延伸。由此，本书假设随着网络平均最短距离和地理位置的接近，两个没有连接关系的公共项目利益相关方进行合作的概率随之增大，由此给出假设 4 并进行验证。

假设 4：随着相关方动态治理关系社会网络平均最短距离的缩小，两个没有连接关系的公共项目利益相关方进行合作的概率随之增大。

针对 108 名上述相关人员的调查数据进行分析。相关方动态治理关系社会网络平均最短距离用远（表示为 1）、中（表示为 2）、近（表示为 3）三种程度表示。被调查者针对给出的不同网络平均最短距离与相关方地理位置接近程度的案例情境给出相关方进行合作的概率预测值，合作概率从小到大依次表示为 1—7（1 = “非常不可能合作”和 7 = “非常可能合作”）。同时，本书将相关方所处地理位置的接近程度作为协变量，得出主体间效应的检验分析结果（表 5-10）。

表 5-10 的结果表明：相关方所处地理位置的接近程度对相关方进行合作的概率有显著贡献；同时，在排除了地理位置的影响后，不同治理关系社会网络平均最短距离对相关方合作概率也存在显著的差异。从模型对观测数据的拟合优度来看，R^2 值为 0.777。本书进一步

① Nicolas Carayol and Pascale Roux, “‘Collective Innovation’ in a Model of Network Formation with Preferential Meeting”, *Paper presented at: WEH IA Conference, Kiel, Germany, MD*, May 2003, pp. 29-31.

② Somayeh Koohborfardhaghighi and Jörn Altmann, *A Network Formation Model for Social Object Networks*, Berlin: Springer Berlin Heidelberg, 2015, p. 79.

计算得到排除协变量影响后各最短距离水平下相关方合作概率的修正均值对比检验结果，如表 5-11 与表 5-12 所示。

表 5-10　　假设 4 的主体间效应的检验

因变量：合作概率					
源	Ⅲ型平方和	*df*	均方	*F*	Sig.
校正模型	213.507[a]	3	71.169	121.022	0.000
截距	15.614	1	15.614	26.552	0.000
地理位置接近程度	87.785	1	87.785	149.277	0.000
网络平均最短距离	74.351	2	37.175	63.216	0.000
误差	61.159	104	0.588		
总计	2740.000	108			
校正的总计	274.667	107			

a. $R^2=0.777$（调整 $R^2=0.771$）

表 5-11 与表 5-12 综合表明，级别 1 公共项目利益相关方合作概率比级别 2 网络平均最短距离对应的合作概率少 0.888，级别 2 比级别 3 网络平均最短距离对应的相关方合作概率少 1.170。即级别 3 网络平均最短距离水平对应的相关方合作概率最大，其次是级别 2，为最小的是级别 1。由此可以接受假设 4，随着相关方动态治理关系社会网络平均最短距离的缩小，两个没有连接关系的公共项目利益相关方进行合作的概率随之增大。

表 5-11　　假设 4 的一次对比结果（K 矩阵）

网络平均最短距离 简单对比[a]			因变量
			合作概率
级别 1 和级别 3	对比估算值		-2.059
	假设值		0
	差分（估计 - 假设）		-2.059
	标准 误差		0.185
	Sig.		0.000
	差分的 95% 置信区间	下限	-2.426
		上限	-1.692

续表

网络平均最短距离 简单对比[a]			因变量 合作概率
级别 2 和级别 3	对比估算值		-1.170
	假设值		0
	差分（估计 - 假设）		-1.170
	标准 误差		0.185
	Sig.		0.000
	差分的 95% 置信区间	下限	-1.537
		上限	-0.804

a. 参考类别 = 3

表 5-12　　假设 4 的二次对比结果（K 矩阵）

网络平均最短距离 简单对比[a]			因变量 合作概率
级别 2 和级别 1	对比估算值		0.888
	假设值		0
	差分（估计 - 假设）		0.888
	标准 误差		0.198
	Sig.		0.000
	差分的 95% 置信区间	下限	0.497
		上限	1.280
级别 3 和级别 1	对比估算值		2.059
	假设值		0
	差分（估计 - 假设）		2.059
	标准 误差		0.185
	Sig.		0.000
	差分的 95% 置信区间	下限	1.692
		上限	2.426

a. 参考类别 = 1

依据表 5-11，表 5-12 分析结果，两个没有连接关系的公共项目利益相关方进行合作的概率如式（5-10）所示。

$$p_{ij}^{t} = \frac{x}{d_s(i,\ j)} + \frac{y}{d_g(i,\ j)},\quad \forall ij \notin g_t \tag{5-10}$$

式中，x 和 y 是正系数，分别表示相关方治理关系社会网络平均最短距离与地理接近的重要程度。$d_s(i, j)$ 是两个公共项目利益相关方之间的平均最短距离，$d_g(i, j)$ 表示两者的地理位置接近程度。

除了距离的接近性之外，综合前文的分析，公共项目利益相关方之间信息或知识（资源）的差异性和互补性也是影响相关方动态治理关系的重要因素。因此，在具有一定信息与知识传递能力的基础上，只有在相关方之间信息或知识资源互补性非常大的前提下，才能使各自的信息与知识积累得到迅速的增长。因此，式（5-5）中的 α 就有第二层含义。即它也表示两个公共项目相关方之间的信息与知识的差异性和互补程度，α 越大，两相关方的知识互补性就越大，$\alpha = 1$ 时，相关方的信息与知识增量达到最大，$\alpha = 0$ 时，相关方的信息与知识增量最小。

（五）相关方连接变更相关参数设计

两个公共项目利益相关方在建立连接并且进行了合作之后，他们下一步如何决定何时删除连接、维持连接或建立更多连接？现实世界考察中会发现很多相关因素，例如，收益水平、技术互补程度以及企业家之间的私人关系等。根据仿真设计的简易性原则，本书优先考虑收益这一最主要的因素。因此，依据 Rosanna Carcia 等的相关研究①，公共项目利益相关方保持、删除或建立更多的连接必须满足两个条件：

其一，当 $ij \in g_t$ 时，如果 $F_i(g_t) \geqslant F_i(g_t - ij)$ 并且 $F_j(g_t) \geqslant F_j(g_t - ij)$，那么两个公共项目利益相关方将继续保持连接，否则会断开连接。

其二，当 $ij \notin g_t$ 时，如果 $F_i(g_t + ij) \geqslant F_i(g_t)$ 并且 $F_j(g_t + ij) \geqslant F_j(g_t)$，那么新的公共项目利益相关方加入并建立新连接。这同时说明，如果相关方治理关系社会网络可获得的收益不断增加，就会使得

① Rosanna Garcia, "Use of Agent-Based Modeling in Innovation /New Product Development Research", *Journal of product innovation management*, Vol. 22, No. 5, September 2005, pp. 380-398.

更多的公共项目利益相关方希望加入该社会网络。

对于无向的公共项目利益相关方治理关系社会网络，如果增加连接对双方都有益，则双方愿意建立新连接；如果断开连接对任何一方有益，则受益方愿意断开连接。结合公共项目治理的特点，本书建立的相关方治理关系社会网络是有向网络，此时如果公共项目相关方变更与其他相关方的连接可以获得更大收益，则该相关方会倾向于变更连接。同时，主张更改连接的相关方是否能够实现连接的变更，还受到自身网络中心度与整体网络密度等的影响，例如，在主张更改连接的相关方中心度较大，且整体网络密度限制相对较小的情况下，连接的变更较可能得以实施。

第三节　仿真结果与系统仿真讨论

系统仿真的结果可用于考查全生命周期内的公共项目利益相关方动态治理关系，预测与调整公共项目治理策略，分析和规避多阶段的公共项目治理风险。

一　仿真结果的表现形式及分析方法

系统仿真的结果表现为公共项目生命周期多阶段的相关方行为以及相关方关系社会网络状态。利益相关方的行为包括单独治理，建立、维持和删除连接等，这些行为是相关方为了达到公共项目治理目标，根据特定治理策略的收益、成本、网络约束、相关方行为选择取向等制定的。相关方治理行为的直接结果表现为不同阶段的相关方治理关系社会网络状态。使用邻接矩阵描述不同阶段的相关方治理关系社会网络状态方便直观，使问题变得更加简单易懂，如运用邻接矩阵的方法不仅能够有效的说明两点间的路径长度为特定值时是否可行，而且还能够反映出可行的路径条数，进而能够寻找出最切合实际的路径或者最短路径，是一种简单并且便于计算机求解的方法。在仿真结果描述中，设相关方治理关系社会网络为 G，$V(G)$ 为 G 的顶点集，$E(G)$ 为 G 的边集。设 G 中有 n 个公共项目利益相关方 v_1，v_2，…，

v_n；$A=(a_{ij})_{n\times n}$为 G 的邻接矩阵，其中

$$a_{ij}=\begin{cases}1 & v_iv_j\in E(G)\\ 0 & v_iv_j\notin E(G)\end{cases},\ i,\ j=1,\ 2,\ \cdots,\ n \tag{5-11}$$

第 1 阶段的相关方治理关系社会网络状态邻接矩阵描述如下：

$$G_1=\begin{bmatrix}a_{11}^{(1)} & a_{12}^{(1)} & \cdots & a_{1n}^{(1)}\\ a_{21}^{(1)} & a_{22}^{(1)} & \cdots & a_{2n}^{(1)}\\ & & \cdots & \\ a_{n1}^{(1)} & a_{n2}^{(1)} & \cdots & a_{nn}^{(1)}\end{bmatrix} \tag{5-12}$$

经过仿真模拟，可以得到公共项目生命周期多个阶段的相关方治理关系社会网络状态，第 k 阶段的相关方治理关系社会网络状态邻接矩阵描述如下：

$$G_k=\begin{bmatrix}a_{11}^{(k)} & a_{12}^{(k)} & \cdots & a_{1n}^{(k)}\\ a_{21}^{(k)} & a_{22}^{(k)} & \cdots & a_{2n}^{(k)}\\ & & \cdots & \\ a_{n1}^{(k)} & a_{n2}^{(k)} & \cdots & a_{nn}^{(k)}\end{bmatrix} \tag{5-13}$$

系统仿真结果的特征可以从社会网络结构特征、利益相关方个体属性特征、利益相关方行为特征、公共项目治理风险因子四个方面加以度量。社会网络结构特征度量主要包括网络规模、网络密度、网络中心势、网络平均路径长度、网络中心度，利益相关方个体属性特征包括相关方间资源的互补程度、利益相关方的学习能力、相关方之间的地理位置间距等，利益相关方行为特征度量有平均收益系数、网络对行为的约束、利益相关方的治理策略选择倾向（乐观、适中、悲观）、相关方采取特定治理行为的概率、相关方采取特定治理行为的收益与成本，公共项目治理风险情况通过相关方角色风险水平、风险累积与消减速率、不确定性因素的影响几个方面进行度量。

二　系统仿真的讨论

公共项目利益相关方的治理关系研究具有独特的网络结构与动态特性，由其构成的治理关系社会网络也具有鲜明的动态变化特点。因

此，本书采用治理关系社会网络演变的实际过程特点来对模型进行分析。具体方法是构建几种典型情况下的治理关系社会网络图，在此基础上，应用网络分析软件对其展开分析，并与模型仿真结果拟合，以此来分析仿真结果。典型情况主要通过现有文献资料分析与实地调研两种方式来获得。由于不同公共项目治理关系社会网络差异较大，本书选取了最具代表性的几种相关方治理关系社会网络演变情况：(1) 公共项目治理预期收益增加后，网络连接增加，相关方合作加强；(2) 公共项目治理固定成本增加后，网络连接减少，相关方合作减弱；(3) 公共项目治理可变成本增加后，利益相关方与现有利益相关方的连接增加，与新相关方建立的连接减少，与现有合作伙伴的关系加强。

本书对模拟得到的仿真结果和治理关系社会网络的多种特征度量进行了拟合，结果表明仿真模型的各种特征度量与公共项目利益相关方动态治理关系的实际相吻合。同时，考虑到现实的复杂性与仿真的简约性因素，可以认为仿真模型中治理关系社会网络的演变趋势与公共项目治理实际基本相同，这说明了系统仿真模型的合理性。

公共项目是具有多样性与创新性的，不能以一种单一的、静态的相关方治理关系用于所有领域的公共项目治理研究，但可以通过上述系统仿真使用统一的分析过程以寻求具体的、个性化的相关方动态治理关系。该过程是伴随着公共项目生命周期的进程，以及公共项目利益相关方的进入与退出而迭代推进的。对相关方动态治理关系的系统仿真研究能够实现对治理关系系统动态变化过程的形象刻画，以及对动态社会网络中相关方之间动态治理关系的整体考虑，系统仿真研究表明公共项目利益相关方动态治理关系的发展变化具有以下特殊规律性：

(一) 公共项目利益相关方动态治理关系的发展变化是多种系统要素交互作用的结果

相关方治理关系社会网络的成员即公共项目利益相关方是具有自主行为能力的实体，各个相关方依据治理决策规则不断调整自身行为，进而引起治理关系社会网络的变化；同时，在社会网络模型中，系统动态变化的主要动力是网络成员与环境（网络结构等）的相互影响，而不仅仅是成员本身的内部属性；再有，系统仿真建模不仅能够将宏观和微观有机地联系起来，还引入了随机因素的影响。

（二）公共项目利益相关方动态治理关系的实现过程是各个相关方追求治理收益的过程

对于不同公共项目，由于其利益相关方不同，他们对公共项目治理收益的需求与期望不同，即使对于同一个公共项目来说，公共项目发展的不同阶段也会伴随着不同相关方的进入或退出。他们将承担不同的责任，彼此之间会存在不同的关联关系，即没有一种一成不变的公共项目治理形式能够贯穿整个项目生命周期，也没有一个静态的项目治理结构能够适用于一个公共项目治理的所有发展阶段。相关方扮演的治理角色和角色之间的关联关系难以预先用一个刚性的矩阵形式、层级形式或网络形式去表示，它们应是依赖于公共项目利益相关方追求治理收益的特点与公共项目治理生命周期各种任务需要的，随着利益相关方进入或退出公共项目而不断变动的“动态治理关系网络”。

在公共项目治理活动中，公共项目利益相关方之间是一种协同的合作伙伴关系，他们要想获得期望的收益，就必须靠在完成公共项目治理任务中投入“劳动”换取。这种公共项目治理任务的主要目的是为项目管理提供有效的管理环境，如资源供给的保证与管理、技术方式的提供等等。在公共项目治理的生命周期内，公共项目利益相关方的权利受到他们在一定时期内治理责任大小与任务完成程度的影响，权利是对其所承诺治理责任的一种补偿，而不像公司治理中主要依据所有权大小来获取。[①][②]

（三）公共项目利益相关方治理关系社会网络的动态变化是相关方降低角色承担风险的过程

对于特定的公共项目而言，很多公共项目利益相关方只是部分的

---

① 丁荣贵：《如何组建高效的项目团队》，《中外管理》2005 年第 9 期。

② 陈玲、李利利：《政府决策与邻避运动：公共项目决策中的社会稳定风险触发机制及改进方向》，《公共行政评论》2016 年第 1 期。

介入公共项目，他们并不是专职的，其所需的收益也不完全或者不主要依赖于该公共项目。这一情形将会给该公共项目带来更多的风险，并且这些风险不能按照公共项目决策的一般管理方式来解决。如何降低这种风险正是公共项目治理研究的关键内容，相关方治理关系社会网络的动态变化主要是建立于治理角色承担的风险得以控制这个基础之上的。

公共项目利益相关方满足需求的程度与其采取的公共项目治理策略有关，同一种需求实现可能有多种策略实施方式。在策略选定之后，需要建立起策略和执行者（即责任主体）之间的各种映射关系。只与责任有关的治理角色分工不容易被公共项目利益相关方自愿的接受，因此公共项目治理角色的界定中应该包括责任与权利两大部分。在公共项目治理中，公共项目所有者可以只有一个，而公共项目的经营者（任务完成者）则可以有很多个。此时所有者和经营者之间，以及经营者彼此之间的矛盾与冲突更需要被关注。对不同治理角色之间的矛盾予以化解、缓和、回避等是相关方确定公共项目治理策略，进而引起相关方治理关系社会网络发展变化的前提。

（四）公共项目利益相关方的动态治理关系体现了公共项目社会分工和合作的深化

中国公共项目变革始终呈现出一种专业化的趋势。这种趋势主要表现在两个方面：一是体制演变过程中形成的工程建设各职能分工，各治理主体相互独立的负责完成各自的职责；二是组织分化导致了组织的资源专有与集中投入。例如，管理体制的深入改革催生了一批管理体系完善、专业技术水平高的建设单位与监理单位，使得工程的质量明显提升。更为重要的是，在我国的工程体制改革进程中，经过从计划经济过渡到市场经济的变革，人们得以获得更多关于公共项目组织分工的制度性知识，进而选择更加有效的工程管理体制结构，以改进工程投资、建设与使用效率，并使各种社会组织获得技术性知识与能力的提高。随着公共项目专业化程度的不断加大，各种市场主体的专业化知识积累不断加强，这对我国经济体制的专业化改革进程提出了进一步的要求。这些发展趋势决定了在相关方治理关系发展变化过程中，相关方之间的专业化程度、技能互补水平等因素已成为推动治理关系变更的重要力量。

（五）公共项目利益相关方的动态治理关系与利益相关方的知识特征息息相关

不同利益相关方对相关专业化知识的积累能力不断加强，使得每一个相关方在自己所从事的领域能够成为专家。分散化的知识与技能完全通过市场交易进行调整的难度很大，此时，相互之间的协调配合关系就变得尤为重要，并且公共项目利益相关方治理关系随着相关方的信息与知识水平变化而呈现动态性。在公共项目治理的全过程中，实际上是各个利益相关方（建设管理单位、政府部门、使用单位等）为了达到共同的公共项目治理目标而相互配合，在不同的公共项目发展阶段依靠其专业知识从事不同的公共项目治理活动。

（六）拥有优势地位的公共项目利益相关方在相关方动态治理关系社会网络中起关键作用

在动态治理关系社会网络中占据优势地位的公共项目利益相关方会为获取更多治理收益或规避治理风险而采取特定的治理策略，如组成集团或联盟。这些治理策略会对整个网络结构及其他相关方产生很大影响。联合策略的实施一方面有利于该相关方的内部协调，是为了内部更好发展。另一方面，策略的实施亦可能对另一个或多个利益相关方形成强大的压力，这样的对立性联盟就可能导致部分相关方的利益难以保证，经常会给公共项目带来治理风险。

例如，依据我国的公共项目实际，公益性公共项目的特征要求政府在体制改革进程中处主导地位，而政府本身的职能决定其并不适合作为公共项目建设的管理者。在动态治理关系社会网络中，政府的主导地位也得到充分的体现，具有强大的网络资源支配权，其治理行为受到网络中其他相关方约束的程度较低，不利于规避公共项目治理风险。又如代建单位作为代建制公共项目治理的核心与载体，拥有着公共项目决策执行权，如何合理选择代建单位就显得尤为重要。应尽量选择那些产权明晰的企业，并通过动态治理关系的系统仿真实时监控治理关系社会网络动态发展过程中潜在的治理风险。

通过运用系统仿真理论对利益相关方治理关系社会网络的演变进行缜密的分析之后，可以认为治理关系社会网络的演变就是在相关方为适应网络关系环境而调整自身行为（压力—反应）的前提下，一种从个体到整体，从微观到宏观的动态变化过程。系统仿真要素分为多个维度，其中又可划分为可控因素与不可控因素两种。其中，可控因素是指运用外力可以改变的系统因素，比如，政府政策和相关方公共项目治理策略就属于可控因素的范畴。在此基础上，研究者可以通过改变系统中的特定可控因素来迫使公共项目利益相关方改变其行为规则，从而促进治理关系社会网络的健康发展。具体地讲，就是政府等相关方可以通过采取一系列的政策措施来提高相关方个体的资源禀赋条件，进而促使大多数相关方采取合作治理的策略，达到稳定与加强治理关系社会网络的目的；同时，亦可以通过相反的策略降低相关方个体的资源禀赋，使相关方更多采取单独治理的策略，从而避免出现由于治理关系总量过度膨胀导致的相关方知识同质化的情况，延长治理关系社会网络的生命周期。

第四节　本章小结

公共项目治理是一个非常复杂的动态过程，通常要经历公共项目启动、计划、实施与收尾等多个项目阶段，在各个项目阶段都会有不同的系统因素影响公共项目治理的进行，而公共项目治理成果能否顺利实现最终还是取决于各个公共项目利益相关方是否能够合理高效的开展合作。相关方治理关系社会网络研究考察一组利益相关方共同构成的网络结构，分析其当前所处的位置和所具有的特征。为了有效地观察和分析相关方治理关系社会网络的发展演变过程，可以综合运用社会网络分析和系统仿真的工具进行研究。依据斯特曼等学者提出的构建系统仿真模型的多个步骤，结合社会网络分析的相关方法，本书得出了相关方治理关系社会网络演变的系统仿真方法。具体包括：第一，构建相关方治理关系社会网络与明确系统目标；第二，建立系统仿真模型；第三，运用计算机模拟与分析。

第六章

公共项目利益相关方动态治理关系建模仿真的案例应用

在理论研究的基础上，本章将通过典型的公共项目案例，详细说明利用动态社会网络分析解决公共项目治理问题的实际过程和效果，着重分析利益相关方在该网络中的嵌入方式与个体属性对治理策略的影响，并考察相关方社会网络的动态性。

第一节　公共项目案例选择与项目概况

一　案例选择

分析实际案例是一种较好的研究公共项目治理的形式，其中，选择案例是关键。本书在选择案例时从公共项目性质、治理模式、公共项目背景、行业性质、治理过程、公共项目相关方构成、公共项目发展阶段等不同视角考虑，依据不同特点与条件筛选出很多不同的备选案例，之后依据案例选择的详尽性、典型性和代表性原则选择出合适的公共项目案例。

一是选择涵盖材料丰富、详细的公共项目案例。进行案例分析时，整个公共项目的背景、发生、发展、各个利益相关方、相关方间的关系、公共项目各个阶段特点等材料的完备性至关重要，因为这样才能完整把握公共项目的来龙去脉，有利于运用本书提出的研究方法分析公共项目的现状特点、发展趋势、潜在风险及应对策略。作为政府机关及企业业绩的集中反映，众多公共项目材料是公共项目有效开展的必备条件。目前，虽然国内各类公共项目资料较多，但研究者可以完整获取到整个项目生命周期材料的公共项目并不多见。最近几年，在国家和政府及科研机构的高度重视下，国家政务公开的力度加大，各行业的公共项目资源库也正在不断扩充完善，为科研工作提供了非常丰富的共享资源。

二是选择项目化运作形式较为典型与普遍的公共项目案例。在选择案例时，着重考虑项目化运作形式在该案例中的典型性与普遍性，较为典型的即建设工程领域，其中大多数产出都是通过公共项目实现的，具体包含各类土木工程、建筑工程、设备安装工程、线路管道与装修工程。按领域可细分为房屋建筑工程、公路工程、铁路工程、水利工程、煤炭矿山工程、市政工程、水运工程、民航工程、海洋工程、农业工程、商业与物流工程、粮食工程和林业工程等。

三是选择具有代表性的行业或产业作为案例分析的落脚点。一个国家或地区不会也不可能在全部的行业都具有代表性，在选择案例时特别关注了以下几种行业：过去比较薄弱，但近几年发展迅速的行业，例如，通信电子行业；长期处于落后状态，依靠引进加工生存的行业，例如，装备制造行业，装备制造业一直是一个国家发展的重中之重，因为其投资大、成本高，但同时核心技术稳固且影响到的行业广，所以备受瞩目，近几年在装备制造行业中发展迅速的企业，例如，三一重工、福田汽车、潍柴动力等；能源行业，随着世界传统能源例如，石油、煤炭、天然气等的日益紧缺，世界各国纷纷开始把注意力投向各种可再生能源产业，如太阳能、风、水等资源的开发利用。我国在这方面起步较晚，但是近几年已有比较成功的案例，通过较好的发挥公共项目的带动作用而跻身世界的先进行列，对此类公共项目的关注能够带动未来的能源行业进一步发展壮大。

基于上述公共项目案例的选择原则，同时为符合当前科学发展模式的国家战略要求，顺应国家和政府及社会各界对水利行业高度重视的趋势，本书选取水利行业公共项目作为研究案例。目前，水利公共项目已经成为各级政府关注的重点，在国际上也备受瞩目，投入巨大，涉及相关方繁多，同时也是能源发展的重点公共项目，希望通过对它的分析推进我国公共项目治理研究及水利事业的良性发展。

新中国成立以来，为防治水旱灾害，我国投入大量的人力和物力进行江河整治，加强水利工程建设，防洪抗旱能力大大增强，但完全依赖工程措施提高防洪标准和抗旱能力，不仅周期长、投资多，而且也难以实现某些目标。应该在努力提高工程技术水平的同时，大力加强水利公共项目治理能力，充分采用现代科学治理手段，全面提升公共项目绩效。

二　案例的项目基本情况

某大型水资源信息系统公共项目总投资为 8.02 亿元人民币，其中包括国家投资 5.71 亿元人民币，依据有关法规，公共项目采用了监理制治理模式。该公共项目是重要的防灾减灾非工程措施，公共项目的建设将提高水旱灾害信息采集、传输、处理的时效性和准确性，充分采用现代信息技术全面提升传统的防汛抗旱效率，进一步发挥水利工程的减灾效益。大型水资源信息系统公共项目属于水利信息化的骨干建设，其采集的信息资源、建立的数据库系统、形成的计算机骨干网络以及开发的决策支持应用系统将为水利行业专业系统建设奠定基础。

公共项目的目标是通过实时雨水情、工情和旱情采集系统的建设，提高信息采集时效；通过通信和计算机网络系统建设，形成水利信息网络的基本骨架和初步的安全体系；通过水情、防洪调度、抗旱管理和天气雷达等应用系统的建设，全面提升防汛抗旱指挥能力。公共项目的主要任务包括建立水利部与当地水资源管理部门之间的骨干网络系统，在关键领域建设水文信息采集系统，改善一些重要的防洪预警通信系统，建立重点地区洪水预报和洪水防控决策支持系统、水资源实时信息数据库、防洪工程数据库、旱情数据库和其他数据库，并开展一系列水情和干旱管理试点工程。该公共项目涉及的利益相关方主要有相关政府部门、勘察设计部门、建设机构、设备供应机构等。此类科技公共项目涉及的利益相关方较多，公共项目范围跨度大，合作协调难度大，亟须采用有效方法控制公共项目动态性产生的风险。

该大型水资源信息系统公共项目的生命周期划分与各阶段参与方如图 6-1 所示。

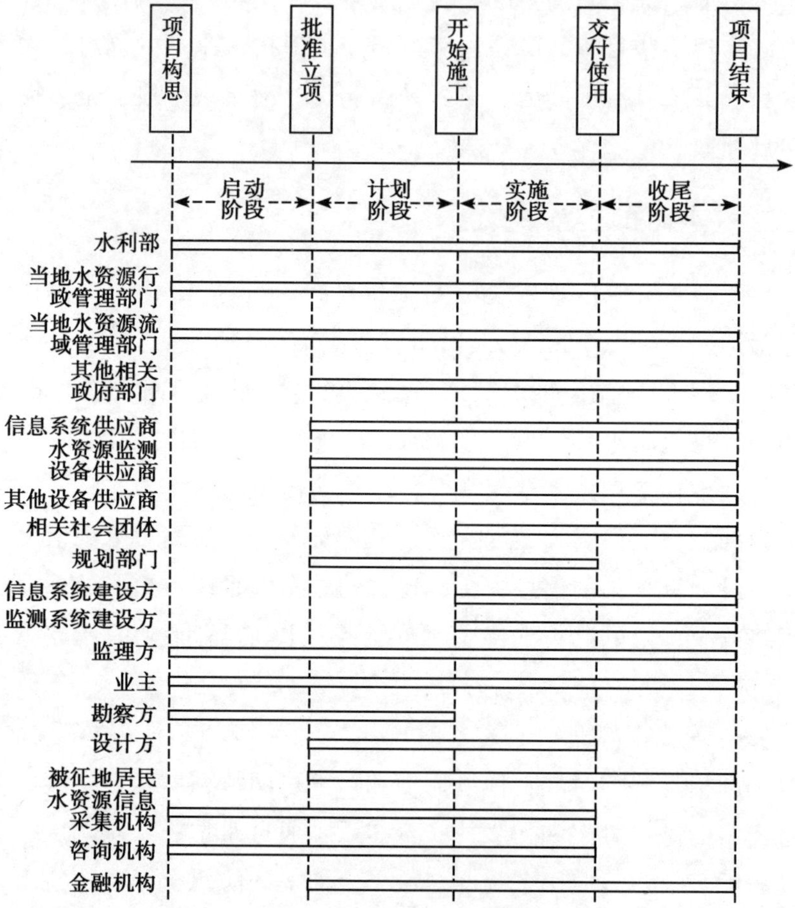

图 6-1 大型水资源信息系统公共项目生命周期与各阶段参与方

第二节 公共项目利益相关方动态治理关系的仿真及结果应用

本节通过公共项目案例的仿真分析，更加翔实、具体的说明公共项目利益相关方动态治理关系研究在公共项目实践中的实现过程。

一　公共项目利益相关方动态治理关系的表达

根据三角测量方法收集得到的初始阶段公共项目利益相关方的网络邻接矩阵，本书使用软件 NetDraw 得到大型水资源信息系统公共项目启动阶段初期的社会网络（见图 6-2）。

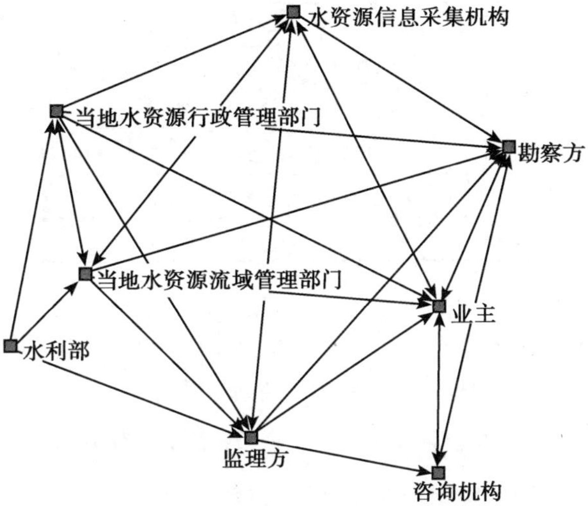

图 6-2　大型水资源信息系统公共项目启动阶段初期社会网络

整个网络的密度为 0.5357，意味着 53.57%的所有可能关系存在（见图 6-3）。该公共项目的出度点度中心势为 20.408%，入度点度中心势为 36.735%，意味着整个网络的集中程度适中（见图 6-4）。

表 6-1 列出每一个利益相关方的个体度量指标。其中，当地水资源行政管理部门、水资源信息采集机构、当地水资源流域管理部门具有最大的出度点度中心度（71.429%），可被视为网络中具有高度影响力的利益相关方。业主具有较高的入度点度中心度（85.714%）和较高的入度接近中心度（87.500%），表明其具有较大的独立性。水利部具有较高的出度接近中心度（63.636%），这表明它在公共项目治理中较少依赖其他网络成员。中间中心度显示水资源信息采集机构和业主更有可能对其他公共项目利益相关方施加影响。

表 6-1　大型水资源信息系统公共项目启动阶段初期利益相关方度量指标（%）

利益相关方	点度中心度		接近中心度		中间中心度
	入度	出度	入度	出度	
当地水资源行政管理部门	42.857	71.429	58.333	46.667	2.381
水资源信息采集机构	71.429	71.429	77.778	46.667	20.238
当地水资源流域管理部门	42.857	71.429	58.333	46.667	2.381
业主	85.714	57.143	87.500	43.750	15.476
监理方	71.429	57.143	77.778	43.750	7.143
勘察方	71.429	42.857	77.778	41.176	2.381
水利部	0.000	42.857	12.500	63.636	0.000
咨询机构	42.857	14.286	63.636	33.333	0.000

该大型水资源信息系统公共项目启动阶段初期社会网络结构洞分析结果如表 6-2 所示，从中可以看出，勘察方到监理方的关系具有较大的冗余度，因为 69%的其他相邻相关方也与监理方存在关系，即勘察方和监理方以少量结构洞的方式嵌入网络。通过限制度指标可以得出，对咨询机构来说，与之存在关系的业主方对其控制最强（0.38），因而业主方对咨询机构的要求是咨询机构最难忽视的。依据结构洞分析指标，咨询机构的有效网络规模是 1.250，受到的总限制度达到 0.670，分析结果再次印证了该公共项目中咨询机构力量薄弱，易受控制，因此在实际公共项目运作中需要审慎地看待公共项目咨询机构提出的方案，避免其成为个别公共项目利益相关方如业主方的利益代言人。

表 6-2　大型水资源信息系统公共项目启动阶段初期社会网络结构洞分析结果

利益相关方	冗余度							
	业主	监理方	勘察方	水资源信息采集机构	咨询机构	水利部	当地水资源行政管理部门	当地水资源流域管理部门
业主	0.00	0.50	0.50	0.60	0.20	0.00	0.50	0.50
监理方	0.56	0.00	0.61	0.56	0.28	0.22	0.56	0.56

续表

冗余度

利益相关方	业主	监理方	勘察方	水资源信息采集机构	咨询机构	水利部	当地水资源行政管理部门	当地水资源流域管理部门
勘察方	0.63	0.69	0.00	0.63	0.31	0.00	0.56	0.56
水资源信息采集机构	0.60	0.50	0.50	0.00	0.00	0.00	0.50	0.50
咨询机构	0.50	0.63	0.63	0.00	0.00	0.00	0.00	0.00
水利部	0.00	0.33	0.00	0.00	0.00	0.00	0.50	0.50
当地水资源行政管理部门	0.63	0.63	0.56	0.63	0.00	0.38	0.00	0.50
当地水资源流域管理部门	0.63	0.63	0.56	0.63	0.00	0.38	0.50	0.00

限制度

利益相关方	业主	监理方	勘察方	水资源信息采集机构	咨询机构	水利部	当地水资源行政管理部门	当地水资源流域管理部门
业主	0.00	0.12	0.11	0.12	0.06	0.00	0.05	0.05
监理方	0.14	0.00	0.07	0.12	0.03	0.02	0.07	0.07
勘察方	0.18	0.08	0.00	0.15	0.04	0.00	0.06	0.06
水资源信息采集机构	0.12	0.10	0.10	0.00	0.00	0.00	0.10	0.10
咨询机构	0.38	0.15	0.14	0.00	0.00	0.00	0.00	0.00
水利部	0.00	0.17	0.00	0.00	0.00	0.00	0.21	0.21
当地水资源行政管理部门	0.07	0.08	0.06	0.16	0.00	0.03	0.00	0.15
当地水资源流域管理部门	0.07	0.08	0.06	0.16	0.00	0.03	0.15	0.00

结构洞分析

	有效网络规模	效率	总限制度	等级度
业主	3.200	0.533	0.499	0.046
监理方	3.667	0.524	0.510	0.087
勘察方	2.625	0.438	0.569	0.082
水资源信息采集机构	2.400	0.480	0.517	0.002
咨询机构	1.250	0.417	0.670	0.107
水利部	1.667	0.556	0.585	0.003
当地水资源行政管理部门	2.688	0.448	0.547	0.074
当地水资源流域管理部门	2.688	0.448	0.547	0.074

二　公共项目利益相关方动态治理关系的系统仿真

（一）建模目标与系统要素

在该案例中，公共项目决策面临的压力与日俱增，控制公共项目治理风险已成为当务之急，如何有效的考察公共项目治理动态结构和寻求抵御风险的途径正是模型研究的重点。基于此，系统仿真模型的目标是：构建大型水资源信息系统公共项目治理中多方面相关要素的动态关系，分析相关方治理关系社会网络的动态发展模式，并研究控制治理风险的途径。该系统涉及的要素如表 6-3 所示。

表 6-3　　大型水资源信息系统公共项目系统要素

社会网络结构指标	利益相关方行为要素	社会网络变动要素	公共项目治理风险因子
网络密度 网络结构熵 节点 i 的重要度 相关方和小派别之间的平均最短距离 两者的地理位置间距 相关方中心度 网络规模 初始网络规模 网络中实际连接数 权重系数 网络初始连接数 网络结构熵与完全均匀时网络的偏离程度 排除节点数影响的偏离程度 网络完全均匀时的结构熵	网络约束 相关方采取项目治理行为的概率 相关方采取项目治理行为的成本 相关方间资源的互补性 相关方采取项目治理行为的收益 相关方采取项目治理行为获得的价值	相关方采取项目治理行为的速率 网络结构的发展方向	不确定因素 风险累积速率 风险消减速率 相关方角色风险

（二）仿真条件及参数选取

根据系统建模仿真的设计原则，对已经建立的相关方动态治理关系系统仿真模型做了一些必要的简化。令 $M\lambda = 3$，$C_0 = 1$。根据实际经验，相关方与合作伙伴建立连接所花费的成本远小于用于公共项目建设与生产的固定成本，因此，设公共项目利益相关方与合作伙伴建立连接所花费的成本 $c = 0.1$。$d(i, j)$ 的值来源于公共项目利益相关方距离矩阵。ε 由系统随机函数生成，表示难以观测到的系统变量对公共项目治理收益的干扰，在［-1，1］之间随机取值。其他参数将在仿真中根据实际情况确定。相关方 i 在 t 时刻的收益函数就可简化为：

$$F_i^t = 3[\alpha\max\Delta k_i^t + (1-\alpha)\min\Delta k_i^t] - 1 - 0.1\sum_{j:\ ij\in g_t} d(i,j) + \varepsilon \tag{6-1}$$

相关方 i 在 t 时刻知识水平的变化可以表示为：

$$\Delta k_i^t = \Delta k_i(g_t) = u_i + \sum_{i,\ j\in N}[\beta v_{ij} + (1-\beta)w_{ij}] \tag{6-2}$$

两个无连接关系的相关方进行合作的概率为：

$$p_{ij}^t = \frac{x}{d_s(i,j)} + \frac{y}{d_g(i,j)},\ \forall ij \notin g_t \tag{6-3}$$

式中，x 和 y 是正系数，分别表示网络平均最短距离和地理接近的重要程度，令 $x = y = 1$。两个公共项目利益相关方建立连接的概率就表示为：

$$p_{ij}^t = \frac{1}{d_s(i,j)} + \frac{1}{d_g(i,j)},\ \forall ij \notin g_t \tag{6-4}$$

由于本书研究的是相关方动态治理关系社会网络，公共项目利益相关方之间的地理位置相对较小，因此连接概率就相对较大。再加上前文所作的分析：在目前的环境下，相关方更倾向于相互合作完成公共项目活动。于是，在仿真中令 p_{ij}^t 在［0.8，0.9］之间随机取值。

（三）利益相关方动态治理关系仿真的实现过程

本书运用 MATLAB 系统仿真平台提供的仿真工具箱编写仿真程序。仿真程序包括多个功能模块，分别为求解相关方间最短距离等参数的仿真参数计算模块、分析利益相关方现阶段公共项目治理收益的收益计算模块、确定利益相关方连接对象的合作伙伴选择模块、考察难以预料的随机因素对相关方动态治理关系社会网络影响程度的随机因素影响分析模块和用于输出各个公共项目生命周期相关方动态治理关系社会网络状态的输出显示模块。依据公共项目治理的一般特点，在仿真的初期，多个初始利益相关方分布在一定的区域内，相关方彼此之间的连接较少。随着公共项目治理仿真实验的不断深入，利益相关方之间的连接呈现增加的趋势，不断有新的主体加入到社会网络中来，当然，也有原有的利益相关方退出网络，网络的壮大速度通常较快，总收益也有较快增长。当相关方动态治理关系社会网络在项目生命周期的某阶段内处于稳定状态时，建立与删除连接的数量不再继续增加，加入或退出社会网络的利益相关方数目也保持相对稳定，社会网络的总收益将大于任一局部网络的收益，并且趋于稳定。

三　仿真结果及分析

（一）大型水资源信息系统公共项目各阶段仿真结果及特征分析

依据系统仿真结果，大型水资源信息系统公共项目各阶段网络密度与网络规模变化情况如图 6-3 所示。在公共项目初期利益相关方治理关系社会网络密度很高，表明关系网络对其中利益相关方的态度、行为等产生的影响很大。这是因为联系紧密的整体网络不仅为其中的个体提供各种社会资源，同时也成为限制其发展的重要力量。[①] 公共项目发展的第三阶段，网络密度骤减，结合公共项目实际，这种情况是由多个公共项目利益相关方在此时加入关系网络开展公共项目治理活动造成的，在降低网络整体对相关方行为约束程度的同时，也增加了公共项目治理资源滥用的风险。随着公共项目进一步发展，网络密度又呈现不断增大的趋势。大型水资源信息系统公共项目各阶段网络规模变化情况则呈现基本相反的特点，公共项目发展的中间阶段参与的利益相关方较多，符合公共项目治理的实际。

大型水资源信息系统公共项目各阶段网络中心势变化情况如图 6-4 所示，网络中心势刻画整个网络中各个利益相关方的差异程度，公共项目发展中期网络出度中心势值最大，可以说明此时网络具有集中趋势，网络中权力分布不均衡，有优势的一方倾向于利用权力的差异，进一步修改网络结构来加大优势。

大型水资源信息系统公共项目启动阶段的社会网络仿真结果如图 6-2 和图 6-5 所示。此时参与到公共项目中的利益相关方相对较少，整个网络的密度较高（初期 53.57%，后期 57.14%），意味着相关方社会网络中

① 依据 Wasserman、Faust 等人的研究，当代整体社会网络研究技术已经能够检验此命题的统计显著性。

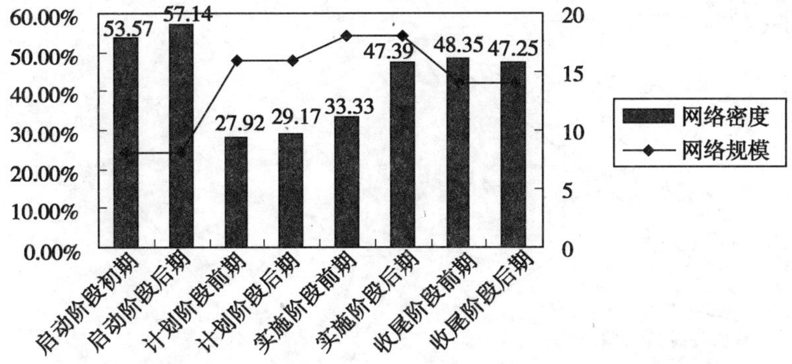

图 6-3　大型水资源信息系统公共项目各阶段网络密度及网络规模变化情况

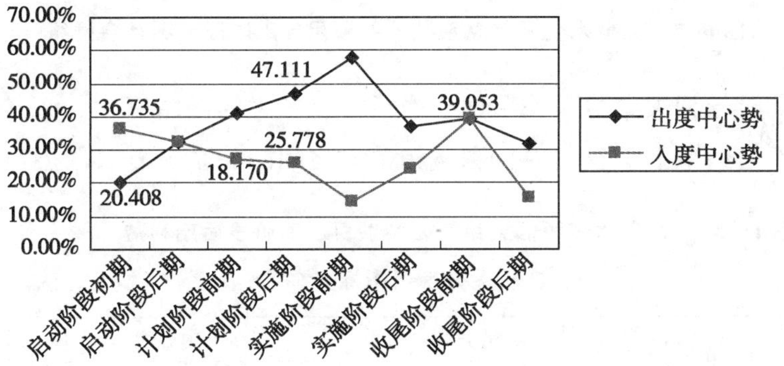

图 6-4　大型水资源信息系统公共项目各阶段网络中心势变化情况

超过50%的所有可能关系存在。整个网络的集中度不高，该公共项目的出度点度中心势初期为20.408%，入度点度中心势初期为36.735%。

表6-4列出了大型水资源信息系统公共项目启动阶段后期利益相关方的个体度量指标，观察每一个利益相关方，当地水资源行政管理部门在初期有最大的出度点度中心度（71.429%），可被视为网络中具有高度影响力的利益相关方。业主在初期具有较高的入度点度中心度（85.714%），表明其具有较大的独立性。业主在启动阶段后期具有较高的入度接近中心度（87.500%），这表明它在公共项目治理中较少依赖其他网络成员。综合该阶段的分析结果，当地水资源行政管理部门、水资源信息采集机构、业主和监理方因为担当公共项目构思的主要工作，成为公共项目批准立项准备工作的关键利益相关方，同

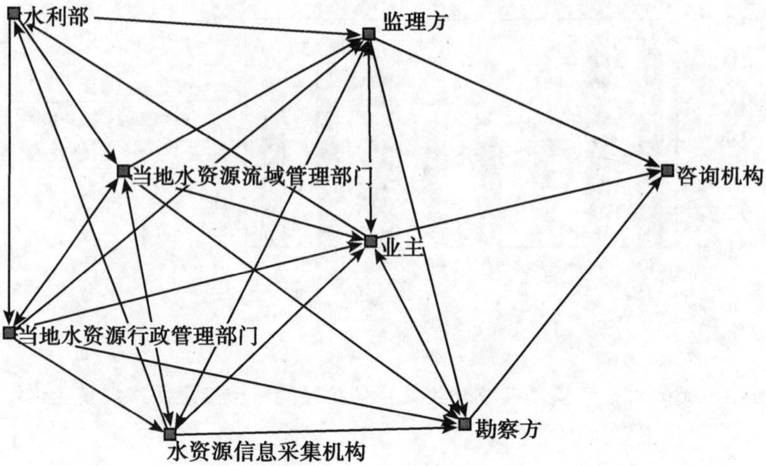

图 6-5　大型水资源信息系统公共项目启动阶段后期社会网络

时，此时的相关方治理关系社会网络具有较大的网络密度，在较强的社会网络约束下，公共项目利益相关方之间的关系更多的保持稳定。

表 6-4　　大型水资源信息系统公共项目启动阶段后期利益相关方度量指标（%）

利益相关方	点度中心度		接近中心度		中间中心度
	入度	出度	入度	出度	
当地水资源行政管理部门	42.857	71.429	58.333	77.778	2.381
水资源信息采集机构	71.429	85.714	77.778	87.500	20.238
当地水资源流域管理部门	42.857	71.429	58.333	77.778	2.381
业主	85.714	71.429	87.500	77.778	22.619
监理方	71.429	57.143	77.778	70.000	7.143
勘察方	71.429	42.857	77.778	63.636	2.381
水利部	28.571	42.857	58.333	63.636	4.762
咨询机构	42.857	14.286	63.636	46.667	0.000

大型水资源信息系统公共项目计划阶段的社会网络仿真结果如图 6-6 和图 6-7 所示。此时参与到公共项目中的利益相关方数量快速增长，整个网络的密度初期为 27.92%，后期为 29.17%，意味着接近三分之一的所有可能关系存在，相对于公共项目启动阶段，网络密度大幅下降，使

得网络整体对相关方个体的约束水平降低，相关方之间关系变动较多。整个网络的集中度不高，该阶段初期的网络入度点度中心势为 18.17%，说明网络中存在拥有强大信息控制能力的利益相关方；后期出度点度中心势为 47.111%，入度点度中心势为 25.778%。

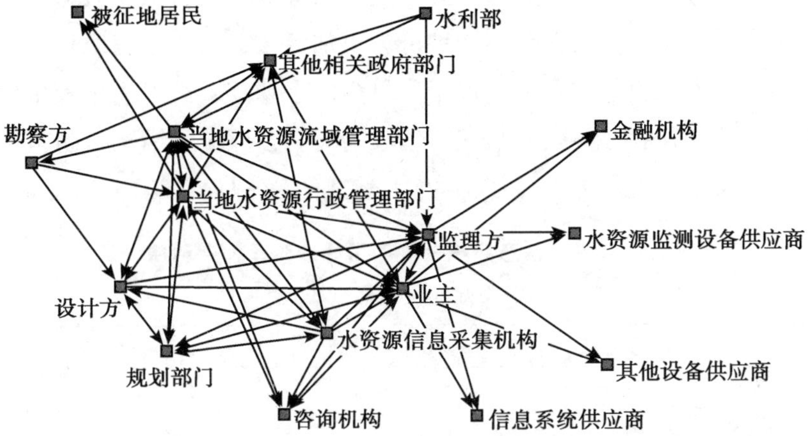

图 6-6 大型水资源信息系统公共项目计划阶段初期社会网络

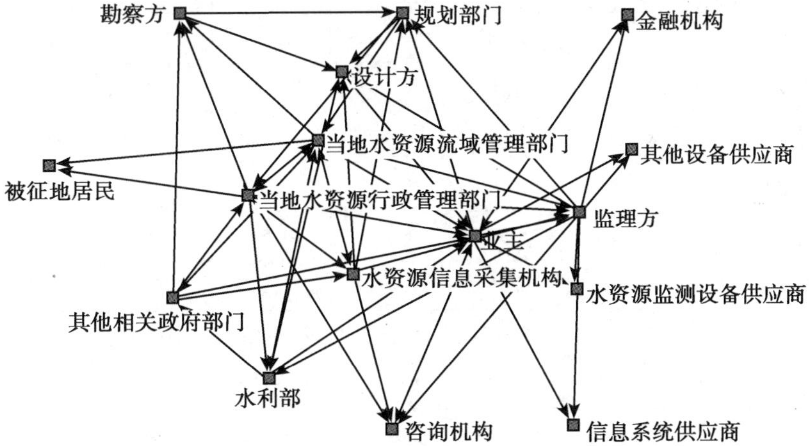

图 6-7 大型水资源信息系统公共项目计划阶段后期社会网络

表 6-5 和表 6-6 列出了大型水资源信息系统公共项目计划阶段利益相关方的个体度量指标，考察每一个利益相关方的个体度量指标时，业主在该阶段初期具有最高的中间中心度（20.786%），表明其有可能对其

他网络成员施加影响。在该阶段后期，当地水资源行政管理部门、监理方与业主具有较高的出度点度中心度（73.333%，66.667%，66.667%）和较高的入度点度中心度（40.000%，40.000%，53.333%），可被视为网络中具有高度影响力的利益相关方。该阶段大型水资源信息系统公共项目利益相关方关系特点为：参与公共项目治理的相关方数量较多，网络整体约束力下降，相关方个体治理行为更加活跃。当地水资源行政管理部门、监理方与业主在网络中占据着更多的主动权，可以利用较多的网络资源，对其开展公共项目治理活动较为有利，但应采用相应防范措施监督与约束其行为，防止权力过度膨胀造成的公共项目风险。

表 6-5　大型水资源信息系统公共项目计划阶段初期利益相关方度量指标（%）

利益相关方	点度中心度		接近中心度		中间中心度
	入度	出度	入度	出度	
当地水资源行政管理部门	40.000	66.667	18.293	44.118	8.918
水资源信息采集机构	33.333	53.333	18.519	41.667	3.991
当地水资源流域管理部门	46.667	66.667	18.519	44.118	9.102
业主	53.333	60.000	19.231	40.541	20.786
监理方	40.000	66.667	18.750	44.118	9.748
勘察方	20.000	20.000	17.045	33.333	0.190
水利部	0.000	20.000	6.250	55.556	0.000
咨询机构	33.333	6.667	18.519	30.000	0.000
其他相关政府部门	26.667	33.333	17.857	38.462	1.131
设计方	46.667	26.667	18.987	37.500	4.257
规划部门	40.000	20.000	18.750	33.333	1.876
金融机构	13.333	6.667	17.442	30.000	0.000
水资源监测设备供应商	0.000	13.333	20.833	6.250	0.000
信息系统供应商	0.000	13.333	20.833	6.250	0.000
被征地居民	0.000	13.333	20.000	6.250	0.000
其他设备供应商	0.000	13.333	20.833	6.250	0.000

表 6-6　大型水资源信息系统公共项目计划阶段后期利益相关方度量指标（%）

利益相关方	点度中心度		接近中心度		中间中心度
	入度	出度	入度	出度	
当地水资源行政管理部门	40.000	73.333	18.293	78.947	9.687
水资源信息采集机构	33.333	53.333	18.519	68.182	3.048
当地水资源流域管理部门	46.667	66.667	18.519	75.000	9.099
业主	53.333	66.667	19.231	68.182	22.532
监理方	40.000	66.667	18.750	75.000	9.615
勘察方	20.000	20.000	17.045	48.387	0.190
水利部	20.000	20.000	18.072	55.556	1.623
咨询机构	33.333	6.667	18.519	41.667	0.000
其他相关政府部门	26.667	33.333	17.857	60.000	1.238
设计方	46.667	33.333	18.987	60.000	5.095
规划部门	40.000	20.000	18.750	48.387	1.683
金融机构	13.333	6.667	17.442	41.667	0.000
水资源监测设备供应商	13.333	0.000	20.833	6.250	0.000
信息系统供应商	13.333	0.000	20.833	6.250	0.000
被征地居民	13.333	0.000	20.000	6.250	0.000
其他设备供应商	13.333	0.000	20.833	6.250	0.000

大型水资源信息系统公共项目实施阶段的社会网络仿真结果如图 6-8 和图 6-9 所示，此时参与到公共项目中的利益相关方数量继续增多，相关方之间的公共项目治理关系显著增加。整个网络的密度初期为 33.33%，后期为 47.39%，与前一阶段相比，网络整体密度显著增大。

表 6-7 和表 6-8 给出了公共项目实施阶段各个利益相关方的个体度量指标，该阶段初期当地水资源行政管理部门、设计方、当地水资源流域管理部门、业主具有较高的出度接近中心度（89.474%、85.000%、80.952%、77.273%），这表明他们在公共项目治理中较少依赖其他利益相关方。该阶段后期的中间中心度显示业主（6.226%）、规划部门（5.904%）和其他相关政府部门（4.360%）都有可能对其他利益相关方施加影响。综合上述分析结果，业主、当

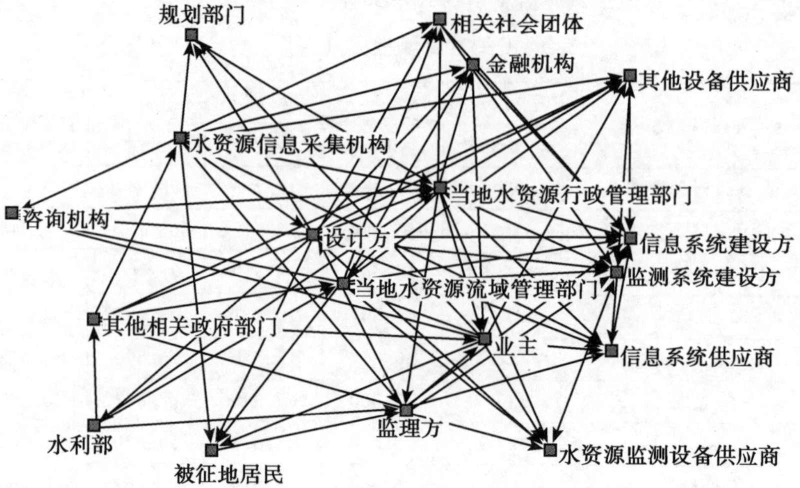

图 6-8　大型水资源信息系统公共项目实施阶段初期社会网络

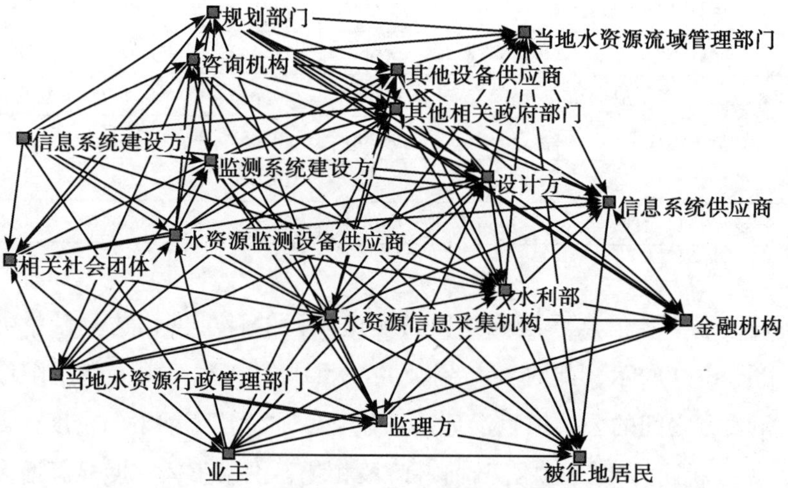

图 6-9　大型水资源信息系统公共项目实施阶段后期社会网络

地政府机构和规划设计组织在相关方社会网络中占据着较为有利的地位，相比之下，建设方与监理方作为实施阶段的关键利益相关方并未拥有充足的公共项目治理网络资源，需要通过立法、合同、规范等形式保障建设方与监理方等关键相关方的治理行为独立性，特别需要关注业主和政府机构对建设方、监理方等的过度干涉。

表 6-7　　大型水资源信息系统公共项目实施阶段初期利益相关方度量指标（%）

利益相关方	点度中心度		接近中心度		中间中心度
	入度	出度	入度	出度	
当地水资源行政管理部门	35.294	88.235	26.984	89.474	10.199
水资源信息采集机构	17.647	58.824	23.288	70.833	1.538
当地水资源流域管理部门	41.176	76.471	27.419	80.952	7.344
业主	47.059	70.588	29.310	77.273	32.286
监理方	35.294	58.824	26.984	70.833	8.159
水利部	11.765	17.647	22.973	54.839	0.123
咨询机构	29.412	5.882	26.563	44.737	0.138
其他相关政府部门	17.647	23.529	23.288	56.667	0.732
设计方	29.412	82.353	23.944	85.000	4.001
规划部门	23.529	17.647	26.154	54.839	0.827
金融机构	29.412	17.647	26.563	48.571	0.273
水资源监测设备供应商	41.176	5.882	28.814	34.694	0.245
信息系统供应商	41.176	5.882	28.814	34.694	0.306
被征地居民	29.412	0.000	35.417	5.556	0.000
其他设备供应商	41.176	11.765	28.814	36.170	0.625
监测系统建设方	47.059	29.412	28.814	51.515	9.617
信息系统建设方	47.059	29.412	28.814	51.515	9.617
相关社会团体	35.294	0.000	37.778	5.556	0.000

表 6-8　　大型水资源信息系统公共项目实施阶段后期利益相关方度量指标（%）

利益相关方	点度中心度		中间中心度		中间中心度
	入度	出度	入度	出度	
当地水资源行政管理部门	29.412	64.706	27.869	73.913	2.487
水资源信息采集机构	29.412	58.824	27.869	70.833	2.665
当地水资源流域管理部门	41.176	35.294	28.814	60.714	3.488
业主	35.294	70.588	28.333	77.273	6.226
监理方	35.294	41.176	28.333	62.963	3.269
水利部	52.941	17.647	29.825	51.515	1.471
咨询机构	52.941	58.824	29.825	70.833	2.110

续表

利益相关方	点度中心度		中间中心度		中间中心度
	入度	出度	入度	出度	
其他相关政府部门	70. 588	23. 529	31. 481	56. 667	4. 360
设计方	35. 294	82. 353	28. 333	85. 000	3. 271
规划部门	58. 824	70. 588	30. 357	77. 273	5. 904
金融机构	41. 176	41. 176	28. 814	62. 963	1. 935
水资源监测设备供应商	52. 941	64. 706	29. 310	73. 913	2. 542
信息系统供应商	52. 941	47. 059	29. 825	65. 385	2. 156
被征地居民	70. 588	0. 000	44. 737	5. 556	0. 000
其他设备供应商	52. 941	58. 824	29. 825	70. 833	2. 340
监测系统建设方	47. 059	64. 706	29. 310	73. 913	2. 438
信息系统建设方	29. 412	52. 941	27. 419	68. 000	0. 765
相关社会团体	64. 706	0. 000	43. 590	5. 556	0. 000

大型水资源信息系统公共项目收尾阶段的社会网络仿真结果如图6-10和图6-11所示，此时参与到公共项目中的利益相关方数量逐渐减少。阶段初期整个网络的密度为48. 35%，后期网络密度为47. 25%，意味着超过40%所有可能的关系存在，网络整体密度依然较大。整个网络的集中度不高，阶段初期该公共项目的出度点度中心势为39. 053%，入度点度中心势为39. 053%。

表6-9与表6-10列出了该公共项目阶段各个利益相关方的个体度量指标值，阶段初期业主、其他设备供应商与当地水资源行政管理部门有最大的出度点度中心度（84. 615%，76. 923%，76. 923%），可被视为网络中具有高度影响力的利益相关方。这一阶段的分析结果说明业主、其他设备供应商与当地水资源行政管理部门在收尾阶段具有较大的公共项目治理权力，占据优势地位，一方面符合公共项目收尾阶段的治理活动要求，另一方面使得权力相对薄弱的监理方、相关社会团体、金融机构等组织难以高效行使监督职权。针对这一情况，应制定行之有效的公共项目监督机制，保证利益相关方之间的关系向有利于公共项目治理绩效的方向发展。

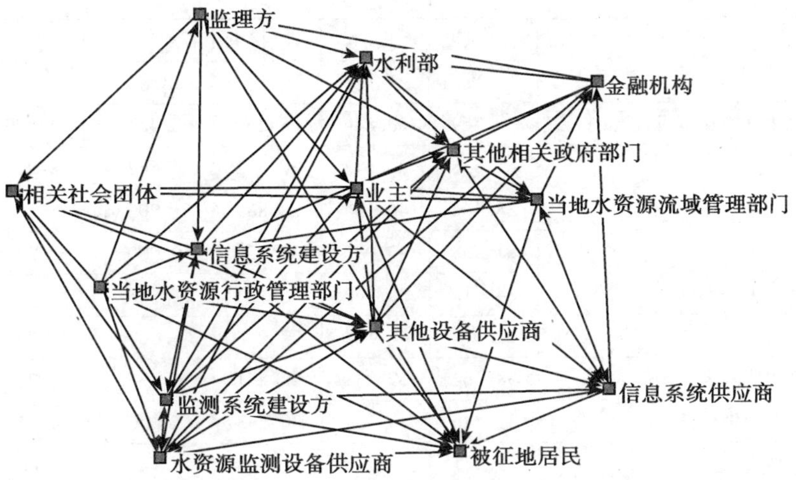

图 6-10　大型水资源信息系统公共项目收尾阶段初期社会网络

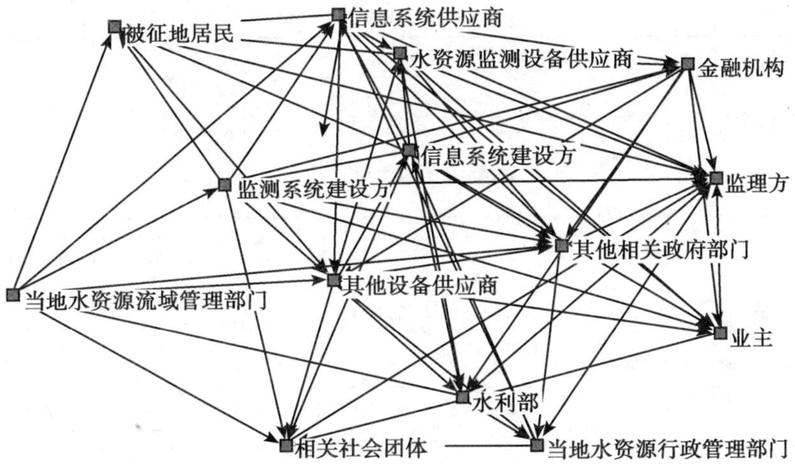

图 6-11　大型水资源信息系统公共项目收尾阶段后期社会网络

表 6-9　大型水资源信息系统公共项目收尾阶段初期利益相关方度量指标（%）

利益相关方	点度中心度		接近中心度		中间中心度
	入度	出度	入度	出度	
当地水资源行政管理部门	23.077	76.923	27.660	81.250	2.132

续表

利益相关方	点度中心度		接近中心度		中间中心度
	入度	出度	入度	出度	
当地水资源流域管理部门	30.769	53.846	28.261	68.421	4.879
业主	61.538	84.615	30.952	86.667	8.971
监理方	38.462	46.154	28.889	61.905	2.859
水利部	61.538	23.077	30.952	50.000	2.244
其他相关政府部门	84.615	38.462	33.333	61.905	7.732
金融机构	23.077	46.154	27.083	65.000	1.769
水资源监测设备供应商	38.462	69.231	28.261	76.471	3.707
信息系统供应商	53.846	46.154	30.233	65.000	4.435
被征地居民	69.231	0.000	44.828	7.143	0.000
其他设备供应商	46.154	76.923	28.889	81.250	4.017
监测系统建设方	38.462	61.538	28.261	72.222	0.759
信息系统建设方	46.154	53.846	29.545	68.421	2.650
相关社会团体	61.538	0.000	43.333	7.143	0.000

表 6-10 大型水资源信息系统公共项目收尾阶段后期利益相关方度量指标（%）

利益相关方	点度中心度		接近中心度		中间中心度
	入度	出度	入度	出度	
当地水资源行政管理部门	23.077	46.154	27.660	65.000	1.624
当地水资源流域管理部门	38.462	46.154	28.889	65.000	3.526
业主	53.846	53.846	30.233	68.421	3.729
监理方	53.846	61.538	30.233	72.222	7.233
水利部	61.538	23.077	30.952	52.000	1.784
其他相关政府部门	61.538	38.462	30.952	61.905	4.808
金融机构	30.769	46.154	27.660	65.000	0.823
水资源监测设备供应商	38.462	76.923	28.889	81.250	3.344
信息系统供应商	61.538	46.154	30.952	65.000	5.064
被征地居民	53.846	0.000	41.935	7.143	0.000
其他设备供应商	53.846	76.923	30.233	81.250	8.109
监测系统建设方	38.462	76.923	28.889	81.250	3.771

续表

利益相关方	点度中心度		接近中心度		中间中心度
	入度	出度	入度	出度	
信息系统建设方	30.769	69.231	27.660	76.471	2.340
相关社会团体	61.538	0.000	43.333	7.143	0.000

依据仿真结果，多个公共项目治理要素之间是交互影响、协调发展的关系。结合大型水资源信息系统公共项目的实际，公共项目治理风险主要是由于长期以来水资源信息系统建设资金投入不足和缺乏统一规划，导致防汛抗旱信息资源不足、信息共享困难、应用基础薄弱。使得公共项目利益相关方为了获得收益可能会采取有利于特定个体的治理策略（如形成小派别），长期来看，如果特定个体对其他相关方施加了不利于整体利益的影响，则公共项目治理结构的合理性会受到影响，进而使公共项目整体面临较高的治理风险。解决此类风险的主要方法是加强相关方网络的约束和提高相关方违背公共项目承诺的损失，保证权力与责任独立的正常的履行，具体措施包括制定相关法律法规、签订多方合作协议和加大违规处罚力度等。

（二）大型水资源信息系统公共项目中小派别现象仿真结果及分析

上述仿真结果分析表明，在该案例中，小派别现象是网络结构变化的重要原因，因此此处对大型水资源信息系统公共项目的小派别现象做进一步的系统分析。

依据 Timothy J. Rowley 等学者的研究①②，社会网络的多种结构指标会对利益相关方的行为策略及治理绩效产生特定影响。公共项目利益相关方执行治理策略又会对社会网络关系进行调整，调整的模式各不相同。相关研究表明，相关方会通过加盟或者合资的方式获取所需

① Timothy J. Rowley, "Moving beyond Dyadic Ties: A Network Theory of Stakeholder Influence", *The Academy of Management Review*, Vol. 22, No. 4, October 1997, pp. 887-910.

② 王金安、丁荣贵、王磊：《项目利益相关方社会网络特征对科技创新项目绩效影响研究》，《中国科技论坛》2016 年第 5 期。

的资源以获得更大收益。[①] 小派别的存在不仅影响小派别内成员行为，也影响到整体网络的公共项目治理风险。这是因为本应独立履行利益相关方责任及做出公共项目治理决策的相关方实现了合并，其战略和制度等都被转变，并且以小派别领导人所设定的目标为导向重新界定[②]，导致了小派别内的成员在各个方面都遵循该小派别在公共项目范围内的非正式的行为规范，而这些行为规范的制定是基于小派别自身的收益，如果其发展目标不同于公共项目治理网络整体的发展目标，则会使相关方治理关系社会网络的发展变化偏离预期，进而扩大公共项目治理风险。[③] 在数据收集和系统分析的基础上，可以得到案例公共项目的系统流图模型（The System Flow Diagram）（见图 6-12）。

在大型水资源公共项目中，公共项目利益相关方通过改变行为规则来适应外部环境变化。相关方为了实现总体与自身的公共项目治理目标，根据环境变化不断调整自己的行为，而合作伙伴的选择需要考虑网络平均最短距离、地理距离与相关方之间的资源互补性。基于上述思路，该系统的系统动力学方程如下：

$$\text{L:}\ RI.K = RI.J + (R_{in}.JK - R_{out}.JK) \times DT \qquad (6\text{-}5)$$

$$\text{L:}\ N_{faction}.K = N_{faction}.J + (R_{faction}.JK - R'_{faction}.JK) \times DT \qquad (6\text{-}6)$$

$$\text{R:}\ R_{in}.KL = N_{faction}.K \times RANDOM\ UNIFORM(0,\ 1,\ 0) + f(T.K) \qquad (6\text{-}7)$$

$$\text{R:}\ R_{out}.KL = RANDOM\ UNIFORM(0,\ 0.5,\ 0) \times RI.K \qquad (6\text{-}8)$$

---

① Laurent Vilanova, "Neither Shareholder nor Stakeholder Management: What Happens When Firms are Run for their Short-term Salient Stakeholder?", *European Management Journal*, Vol. 25, No. 2, April 2007, pp. 146-162.

② Michael L. Tushman and Elaine Romanelli, "Organizational Evolution: A Metamorphosis Model of Convergence and Reorientation", *Research in Organizational Behavior*, Vol. 7, 1985, pp. 171-222.

③ 王金安、丁荣贵、王磊：《项目利益相关方社会网络特征对科技创新项目绩效影响研究》，《中国科技论坛》2016 年第 5 期。

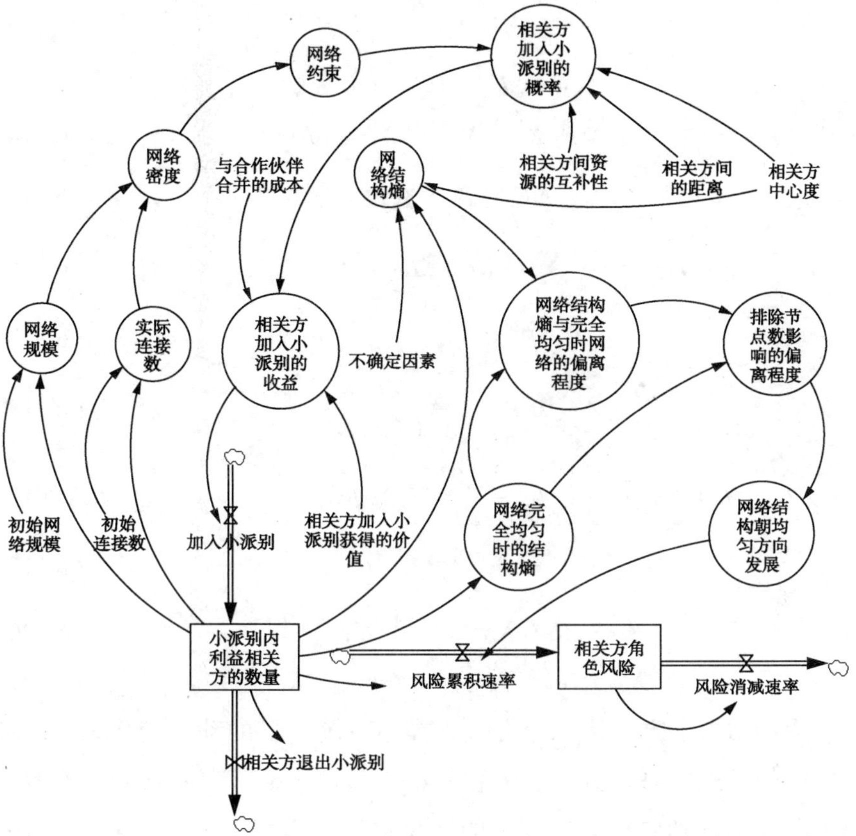

图 6-12　大型水资源信息系统公共项目系统流图模型

$$\text{R}: \ R_{faction}.KL = IF\ THEN\ ELSE(Q.K > 0,\ 1,\ 0) \quad (6-9)$$

$$\text{R}: \ R'_{faction}.KL = INTEGER(RANDOM\ UNIFORM(0,\ N_{faction}.K - 1,\ 0)) \quad (6-10)$$

$$\text{A}: \ \bar{E}'.K = \frac{E_{\max}.K - E.K}{E_{\max}.K} \text{①} \quad (6-11)$$

$\text{A}: P.K = f(RANDOM\ NORMAL(0,\ 1,\ 1 - RES.K,\ 0.3\ ,\ 0),$

① 基于刘学军提出的一种网络结构熵的演化表达形式，为更好的研究网络异质性提供了刻画度量。

$$W,\ \frac{x}{d_s}+\frac{y}{d_g},\ C)x,\ y>0$$ ①② (6-12)

$$A:\ Q.K = P.K \times V - CO \tag{6-13}$$

$$A:\ N.K = N_0 - (N_{faction}.K - 1) \tag{6-14}$$

$$A:\ T.K = f(\bar{E}'.K) \tag{6-15}$$

$$A:\ E.K = -\sum_{i=1}^{N} I_i.KlnI_i.K = f(e,\ N_{faction}.K,\ C) \tag{6-16}$$

$$A:\ \bar{E}.K = E_{\max}.K - E.K \tag{6-17}$$

$$A:\ \Delta.K = \frac{L.K}{N.K(N.K-1)} \tag{6-18}$$

$$A:\ E_{\max}.K = -\sum_{i=1}^{N}\frac{1}{N.K}ln\frac{1}{N.K} = lnN.K = ln(N_0 - N_{faction}.K + 1) \tag{6-19}$$

$$A:\ RES.K = \alpha \cdot \Delta.K,\ \alpha > 0$$ ③ (6-20)

$$A:\ L.K = L_0 - \delta \cdot (N_{faction}.K - 1) \tag{6-21}$$

系统动力学方程用积分方式来描述系统变量的动态变化情况及变量之间的相互关系。其中，方程（6-5）和（6-6）分别表示风险变动情况及小派别内相关方数量的变化情况，方程（6-7）至（6-10）表示风险变化速率与相关方行动速率，方程（6-11）至（6-21）表示多个系统要素之间的相互作用关系。

本案例选择 DYNAMO 为编程语言，以季度为单位，仿真步长为1。按照仿真设计原则对上述已建立的模型进行了一些必要的简化。

---

① Carayol 和 Roux 等学者的研究表明，主体在地理位置上越接近，他们建立连接的可能性越大。基于图论理论，网络平均最短距离会对相关方的合并产生影响。因此本文认为随着地理位置和网络平均最短距离的接近，相关方进行合并的概率随之增大。式中 u 和 v 分别表示网络平均最短距离和地理接近的重要程度。此外，相关方之间资源的互补性也是重要影响因素。

② Rowley 的研究表明，相关方中心度越大，其抵御网络中利益相关方压力的能力越大。因此可以认为相关方的中心度与其行动能力成正比例关系。

③ Rowley 的研究表明，随着网络密度增加，网络对特定利益相关方的约束作用随之增大。

当特定网络结构中相关方加入小派别能够获得收益时，相关方会倾向于加入小派别，在该公共项目中，相关方之间采取合并策略需要投入大量时间与资源，本书设定在每一个社会网络变化周期内会有至多一个相关方依据其网络位置和资源条件优势与已有的小派别取得合作机会。依据实际经验，当相关方考虑合并时，与合作伙伴合并创造的价值一般大于合并的成本，因此设相关方与合作伙伴合并的成本 $CO=3$，相关方加入小派别获得的价值 $V=5$。由于本书研究的是同一个公共项目的多个利益相关方，主体之间是相互关联与补充的关系，相关方间资源互补的概率就相对较大，令 W 在 0.6 和 0.8 之间随机取值。案例中相关方间地理位置相距较近，相关方之间的网络平均最短距离相对较小，因此令 $\frac{x}{d_s}+\frac{y}{d_g}$ 在 0.6 到 0.8 之间随机取值。相关方加入小派别的概率设为其中多个自变量的平均值。考虑到网络结构熵影响作用的不显著性和信息收集的复杂性，本书没有将网络结构熵及其相关变量纳入系统动力学的模拟过程，仅在构建动力学模型时考虑其相互作用关系。其他变量依据案例中公共项目的实际情况取值，通过模型测试后，得到的仿真结果如图 6-13 所示。

系统分析结果表明了多个公共项目阶段内不同系统变量的数值。由图 6-13 的折线“1”可以看出，大型水资源信息系统公共项目中，相关方加入小派别的收益随着公共项目生命周期呈波动状态［见图 6-13（a）］；小派别内利益相关方数量随时间发生改变，初始模拟中小派别内利益相关方数量最大达到 4 个［见图 6-13（b）］；相关方角色风险数值一直处于递增状态，在第五个周期内斜率较大，表明如果不采取相应措施，该公共项目正朝着高风险的方向发展［见图 6-13（c）］。

为了寻求风险控制的有效途径，本书利用该模型，通过调整有关敏感性参数，模拟分析几个周期内不同情况下相关变量对控制公共项目治理风险的贡献大小。在初始模拟模型的基础上，将相关方与合作伙伴合并的成本提高到 3.5，得到合并成本增加后的公共项目治理风险数值，同时也得到合并成本增加后的公共项目收益和相关方数量的

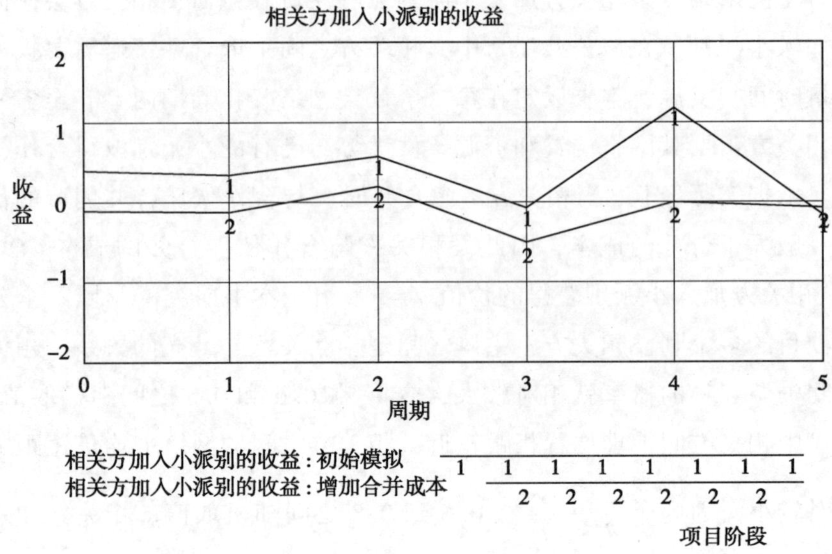

（a）大型水资源信息系统公共项目相关方加入

小派别收益的仿真结果

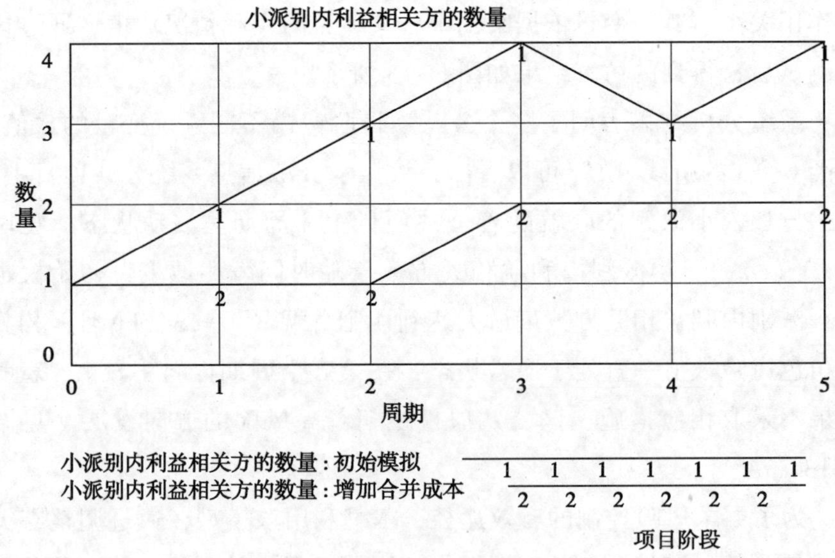

（b）大型水资源信息系统公共项目相关方加入

小派别数量的仿真结果

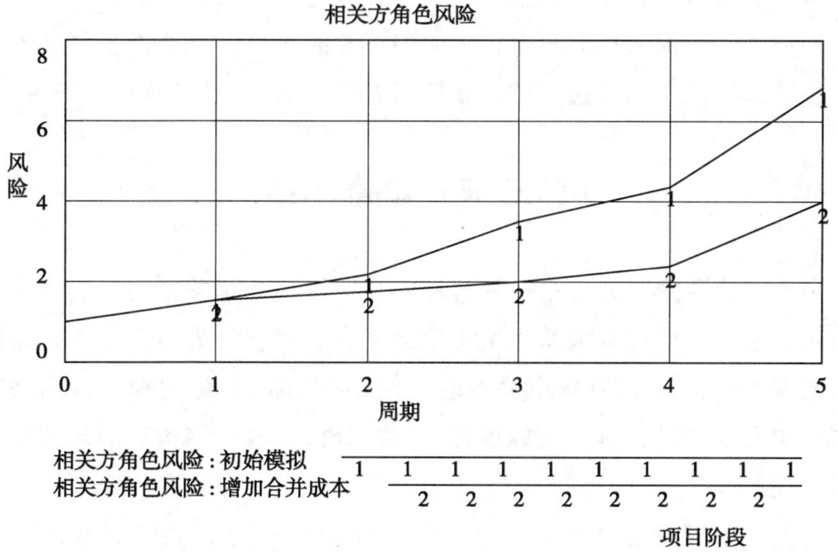

（c）大型水资源信息系统公共项目相关方角色

风险的仿真结果

图 6–13

变化情况。从图 6–13 的折线“2”可以看出，增大相关方动态治理关系社会网络中相关方与合作伙伴的合并成本后，加入小派别的收益以及小派别内利益相关方的数量有所降低，同时公共项目治理的风险大幅下降。由此可见，相关方加入小派别的收益、小派别内利益相关方的数量以及公共项目治理的风险对利益相关方的合并成本较为敏感，我们可以通过管理相关方的合作来达到控制公共项目治理风险的目标。

就该大型水资源信息系统公共项目而言，公共项目治理的主要风险是防汛抗旱信息资源不足、信息共享困难、应用技术力量薄弱、仪器设备老化以及后期管理问题等。公共项目治理中，利益相关方为了获得较大收益，可能会采取有利于特定个体的治理策略，如不注重技术投入、监测仪器设备脆弱、工程施工质量不高、监理不力等，从而获取小派别利益的最大化，长期来看，这会影响公共项目的整体利益，进而使公共项目整体面临较高的治理风险。解决此类风险的主要方法是加强对相关方的约束，增大相关方违背公共项目承诺所可能遭受的损失，以保证权力与责任独立的正常的履行，具体措施包括签订多方合作协议、加强过程控制和后续评估、加大违规处罚力度等。

第三节　本章小结

动态社会网络分析是一种阐释公共项目利益相关方间规制关系的有效方法。本研究以大型水资源信息系统公共项目为研究样本，运用社会网络分析法对利益相关方嵌入网络的方式进行判别，对网络密度、中心性、结构洞等指标进行计算，分析了网络结构对治理策略的关联关系。

大型水资源信息系统公共项目按照原有研究方法得到其运行平稳、潜在风险较小的判断。构建动态治理关系社会网络并进行系统仿真分析之后，能够看出该公共项目在未来多个项目阶段内，存在形成小派别进而影响整个公共项目治理绩效的风险。可以采取增加合作伙伴合并成本、加强违约损失等方式加以控制。

通过典型的公共项目案例分析可以看出，各个公共项目利益相关方在网络系统中的嵌入方式、网络密度和集中度等将影响公共项目治理策略选择。依据本书利益相关方治理策略与网络结构关联性的讨论，网络中利益相关方如监理组织的行为会对网络整体功能产生影响。在一个资源有限的非随机网络中，成员会采用不同的治理策略以赢得获取稀缺资源的竞争优势。在公共项目中，关键公共项目利益相关方更倾向于采取合作型治理策略，即组成集团或联盟。无论何种利益相关方联盟，都会对整个网络结构及其他相关方产生很大影响。联合策略的实施一方面有利于联盟内部协调，是为了内部更好发展。另一方面，联盟的成立亦可能对另一个或多个利益相关方造成强大压力，这样的对立性联盟就可能导致部分相关方的利益难以保证，经常会给公共项目带来治理风险。

第七章

公共项目利益相关方动态治理演变的新趋势

第一节 新常态下公共项目治理决策的最优化

公共项目决策是公共组织（包括政府机构、社会团体及其他公共部门等）对公共项目及其建设方案的最后选择和决定，作为公共项目治理的关键部分，对项目经济、社会、生态等预期效益的实现有重要影响。中国的社会经济近些年不断走向繁荣，多元化社会主体持续加大对公共项目的投资规模，也使各利益相关方的关系变得越发繁杂，现有公共项目治理决策方法与决策过程已远远不能满足新形势的需求，迫切需要转变观念，锐意进取，持续顺应新形势的发展趋向。

一 公共项目治理决策呈现新的特征

公共项目决策具有项目决策的普遍特点，但在新常态下相比其他项目决策又呈现出一些新的特征，由于这些特征，公共项目决策在许多层面都能作用到相关利益方，所以在操作难度以及影响力方面高于其他项目决策。

（一）民生优先

公共项目是提供公共物品和公共服务的途径和载体，是由国家政府和事业单位建设的为社会大众提供便利的公共基础设施工程，其主要目标是服务于人民，惠及于民生。这类项目有市民广场、水电暖气管道、公共给排水工程等。公共项目决策能确保公共项目顺利实行，同时也保证了公共项目能够取得既定的收益。因此，在新常态下，公共项目决策不同于其他项目决策把经济收益、投资回报、投资回收期、市场行情等因素作为首要考虑因素，而是越来越体现民生优先的原则，把服务大众、方便民众、最大限度地解决人民群众的切实困难作为方案选择和项目实施的优先考虑因素。

（二）普惠共享

公共项目决策，是一种解决公共问题及维护公共利益的决策，其对象是公共物品以及公共服务，目标是提供公共利益。在新常态下对比其他类型的项目决策，公共项目决策更强调社会整体利益和普惠共享。比如，政府建设医院是为了方便群众就医，建设小学是为了方便适龄儿童入学，建设文化馆是为了丰富群众的文化生活，建设体育设施是为了方便群众锻炼身体，建设路标路牌是为了方便群众出行，建设城市污水管道是为了解决整个城市的污水排放问题，实施城市河道疏浚工程是为了提高整个城市的防洪能力。这些决策都是为了广大人民群众的整体利益，不具有排他性。

（三）关注生态

作为涉及人民福祉、关乎民族未来长远大计的生态文明建设，其自有特色以及实践证明，各级政府的重视和支持是促进及增强生态文明建设的重要保障。目前，生态形势已经非常严峻，主要表现为可用资源趋紧、环境污染严重、生态系统退化。在新常态下，对比其他项目决策，公共项目决策尤其重视生态，坚持尊重自然、顺应自然、保护自然的生态文明理念，将是否有益于生态文明建设作为优先考虑因素，并且将节约优先、保护优先、自然恢复为主作为持续坚持的方针，尽力考虑绿色发展、循环发展、低碳发展，使公共项目决策能够对生态文明的推进进行把关定向。

（四）涉及广泛

公共项目包括所有的公共物品以及公共服务，对这些公共物品以及公共服务所施行的一切决策就是公共项目决策。在新常态下，公共项目决策与其他项目决策相比，领域更加广泛，涉及方方面面的利益，作为最具广泛性的项目决策，公共项目决策涵盖了从政治、法律、军事、历史、哲学到与人们生活密切相关的文化教育、医疗卫生、娱乐、交通、体育、社会福利与保障、行政管理与社区服务、邮政电信和商业金融服务等方面，在一定程度上来说，公共项目决策无处不在。

（五）类型多样

对比其他的项目决策，在新常态下，公共项目决策类别越发多种多样。既有小型公共项目的应急决策，也有涉及社会经济发展方向、区域功能定位、行业布局等大型公共项目的战略决策；既有政府或相关部门主导的行政决策，也有顺应民意，适时做出的民主决策；既有针对经常出现的问题，根据已有的处理经验、程序、规则而进行的程序性决策，也有对于新出现的问题（没有处理这类问题的固定模式和程序），需要依靠决策者进行研究并做出新的判断的非程序性决策；不仅仅有满足单个目标的单目标决策，还有满足多个目标的多目标决策。

（六）利益多元

公共项目决策具有利益多元的特点，所做决策是公众利益的“最大公约数”。比如，三峡工程建设的决策，该工程主要设计目标是增加发电量和提高防洪能力，同时也涉及移民安置、生态平衡、文物保护等问题，在国家做出决策时，充分考虑了这些问题，寻求了各方利益的“最大公约数”。我国急需增加发电量以支撑经济社会发展和提高防洪能力这两项因素是决定因素，所以确定三峡工程必须建设，基于其他因素的考虑，又决定该工程建设要在保护生态环境和对文物进行抢救性发掘的基础上进行，并且对水利移民进行了妥善安置。

二　国际公共项目治理决策的发展趋向

对发达国家而言，其在公共项目领域已经实践探寻了数百年，逐渐产生了适合市场经济发展的多种特点的决策治理模式，由于制度不同、国情不同，各个国家在机构设置以及机制运行等方面都各有特征。以下将美国、英国、法国、德国、日本等作为例子，剖析归纳这些国家相对成熟的做法以及先进的管理理论，为完善我国公共项目决策体系提供参考依据和创新启发。

（一）美国公共项目决策模式

1. 决策治理程序

美国公共项目的指导原则是：尽自己所能为大众提供最有意义的产品并为其提供服务，保证自身公信力，落实国家公共决策。因此美国联邦法及各个地方法都对公共项目进行周全的指导，以此来提高出台政策的落实程度。

最终用户也能够参与到联邦的公共决策中去，在政策制定和推行过程中，其他各个公共部门也都会以某种形式进行干涉指导，比如，最终用户或部门常常会进行公共项目最终审验，国家负责工程预估金的部门需要核算开销。工程预估金需要美国国会审核通过，然后由国家的财政部门对项目资金统一派发。美国联邦和各个地方法对公共项目的治理办法多种多样，不过都有一些相同的特征：在项目方案制订过程中，一定得由同等级的资金管理部门和议会进行周密的核查，主要步骤是首先由国家相关机构向联邦总管机构上交项目策划书，之后总管机构会同各部门商讨预估金额，在领导同意后向总统管理和预估金总部提交，总部通过后再由国会议员共同商讨，通过后向总统办公室上交意见书及政策的法案，总统签字后法案生效，最后国家预算主管部门开始向有关单位派发工程预算资金。

2. 专家参与公共项目决策

从1930年以后，各行各业的专门人才开始能够参与到国家公共项目的制订和治理中去，这逐渐成为美国制定公共项目的主要方针。该模式认为应该由技术专家、科学家参与公共项目决策，而且使他们占有相当重要的地位。所以美国从20世纪70年代以后，发布了专门针对专家参与公共项目决策的法律，用法律给专家及其可活动区间进行了定义。成立了专家咨询委员会作为美国国家治理互相制衡的第五个群体。专家咨询委员会需要由总统或国会设立。相关法律要求专家委员会的成员要有普遍代表性，能够代表各界的利益。21世纪以来，专家咨询委员会开始发挥更加重要的作用，现在美国的公共项目决策权主要落在了委员会专家身上，专家的作用和选拔方式也由专业部门而不是行政机关来决定。

（二）英国公共项目决策模式

1. 决策治理程序

在公共项目的治理办法上，英国政府采取了一种类似于私有化的治理办法，尤其是21世纪初以来，英国政府为了缩减开销，提高公共项目建设质量和配套服务等级，将许多公共项目的部分甚至全部都交给私人来运营。

英国的公共项目是由英国的各个部门依据自身的要求独立进行治理和实施的。它由各个需要采购的部门进行治理，不会受到国家政府机构的过多制约，属于相对不集中的治理办法。不过，英国各个部门的公共项目决策过程需要受到来自政府和议会的制约：首先，各个部门进行独立决策时，其项目预算不得超过国家财政允许的范围；其次，各个部门进行项目决策和运营时，所花费的预算要对议会负责。议会设有专门的公共账目管理机构，专门负责审计各项政府下放资金和各项政府开销，之后将审计结果交与下级机构。这样做的好处是能够更高效地帮助国会管理国家公共项目建设资金。同时，英国政府也设立有国家审计署，对议会负责，进行独立审计，它的主要职能是监督国家政府的各种项目资金流向，进行政府收支审核，将这些收支账单罗列出来并出具证明，并最终将其检查结果向议会汇报。

“政府机关以及其本身除外的公共组织所实行的选择购买一定要做到：物有所值”——这是英国的政府部门在购买决策时遵照的基本原则。所谓“物有所值”，通俗的来讲就是所选择的商品的总价和其本身的利用价值需要让消费者感到满意，达到消费者购买的目的。“物有所值”主要通过竞争来实现。依据相关法律条例，有关政府部门在实行选择购买时能够自主选择他所认为公平公正的方式，选择购买自己需要的产品；享受待遇时需以最合情合理的价格，要做到“物有所值”。

2. 专家参与公共项目决策

英国的各项机制都很健全，政府决策专家咨询机制相对其他机制来讲已经非常完备。英国有很多大规模的专业咨询机构，这些机构的创建是为了满足各种大规模、高难度的公共工程决策的需求。英国的专业咨询机构是集各种学科、各种专业于一身的机构，其中最有影响力的是英国工程咨询委员会。英国专家参加公共工程决议是法律规定的一项权利，咨询分为两种：一为强制性咨询，二为随意性咨询。英国政府在大部分的政府出资工程中都设立了专门的询问组织和职位，而不仅仅只是在政府部门中才有专家咨询机制。在众多的政府投资工程中，公共工程的决定策划一般都是交由民间智库来实施。这一举措往往会对专家有较大的吸引力，促使专家和政府共同决策。在英国，政府的咨询占据着咨询市场三分之一的份额。

（三）法国公共项目决策模式

1950年以后，法国加快了城镇化的发展。法国的经济在城镇化发展的同时也在快速上升，与此同时，法国的各项科技也有新的进步，促使人们开始对最基本的公共服务有了高标准的要求，如人们对环境保护这一方面的要求也不断增加。面对此情此景，法国有关部门着手于对公共工程建造和规范管辖实行变通方案。法国政府满足市民的同时也得到市民的赞赏，市民对于政府的各种有效监督感到满意。

法国有一个专门的监督体系，这个完善的体系是针对公共工程投资进行监督的。监督体系的主要内容分为三大部分：议会纵观督查、经济财政部日常事务督查、审计法院事后督查，这三大监督机构分工内容明确，有着严密的组织，各部门之间也会互相配合。法国的监督体系没有局限性，在公共工程的全过程中随处可见监督的影子，它贯穿于各种公共工程的立项、招标投标、资金的调配和使用、项目的资金结算等活动当中，而监督的实行则由公共工程会计、审计法院、国家监察员、财政监察员、议会等组织来承担，监督系统具有多种特点，包括监督治理一致性、监督实施严谨和层次分明、操作的能动性等。

法国政府对于公共项目的监督决议有着开放性的态度，各级互不干扰，都有属于各自本级的政府和议会组织。法国各级政府的议会只会对本级政府做出的政府各项预算和公共项目立项检查。法国的立项规则是逐级申报，并且要有内容详细的可行性报告、项目预算和资金透明性等资料文件。比如，当政府有关部门提出工程内容时，财政部要对其进行宏观的预算，在监督之后由政府有关部门向议会提供公共工程文件，在这之后，议会会依据《国家市场法典》来实行审批，议会审批通过之后才可以对项目进行立项。

法国财政部对于公共项目招标监督分工明确：设有财政督查总部，实施财政稽查员管理，在中央各个部门和法国各个区域都进行人员派驻，派驻的人员全权监督所有进行公共投资的行业，中央在地方的各项公共资金都受监察员的检查，财政监察员的监督权由财政部赋予。财政监察专员的权力非常广泛，其权力在项目的各项审议当中都能得到体现。招标投标中的每个工程项目都要在财政监察员的监督下接受审查，审查内容包括过程是否达到法律要求，所选择的广告是否合法，竞争体系是否被充分利用，项目的最终收益指标是否达到有关规定，企业的选择是否通过竞争方式实现等。但是，财政监察员不得对项目造价的多少发表意见。有关部门如果不能够对财政监察员提出的问题做出合理的解释，财政监察员有权利不同意此项文件，并不予签字，那么，政府的相关部门则没有权力和这家企业达成协议或者签订关于此工程项目的协议。

（四）德国公共项目决策模式

1. 公共项目的决策机构

德国政府公共项目的治理部门涵盖下列几个部门：

交通、建筑和房屋部：现在交通、建筑和房屋部的前身是交通部，1998 年，它和建设部合并，共同处理社会事务。它的主要工作是行政治理，治理的内容涉及土地规划、城市发展、住宅建设、施工治理及道路交通等方面，主要集中于施工、维护、保养和治理全国的铁路、公路和水路，负责组织、计划诸如迁都柏林这样的重大公共项目；向一些行业中政府公共项目的建设提供技术服务，通过技术细节层面判断某一个政府投资项目是否可行。

财政部：主要工作是通过调度和支付资金来进行项目审查和治理，在项目的建设投资方面具有审批的权限。

联邦建设有限公司：该企业是把国有资本授权给个人所有或一个法人性质的私营企业，在 1993 年专门为了首都搬迁工程项目而成立，

1994年初专门设立正式运营资本搬迁项目，担负项目投资总体数额达到16亿欧元。企业人员在职人数为90人，用作企业治理的成本占总体投资数额的3.5%。之所以设立联邦建设有限公司，是因为这样可以采用有效的方式来避免政府干预，使公共项目不被政坛更替所影响，且收益能有足够的上升空间。公司的董事会由16名人员构成，其中包括3名政府官员，他们分别来自财政部，交通、建筑及房屋部、联邦议院（一般是众议院议长）。来自政府机构的这三名董事具有一票否决权，即在投票选举或表决中，只要有一张反对票，该候选人或者被表决的内容就会被否定，但这并不是说他们投支持票提议就能完全通过，他们的提议也必须经过董事会的讨论、审核、同意才能实施。董事会主席由一位兼职审计师担任。联邦建设有限公司的总经理必须作为旁观者出席董事会，他有发言权但是没有表决权，他也不属于董事会。一个项目提案首先要在发放招标文件前由预审委员会对报名参加投标的申请人的承包能力、业绩、资格和资质、财务状况和信誉等相关信息进行审查，审查后确定合格的投标人名单，然后再上报给董事会。在预审委员会中，有一些组成人员同时也隶属董事会。对于联邦议会工作方案，联邦议会建设委员会和有限公司可以提出意见，但董事会有最终决定权。董事会同意后，必须实行，不允许提出异议。联邦建设有限公司的运营由相应的政府机构拨款，表现出了德国政府对非经营性公共项目的治理特色。

联邦铁路股份有限公司：该公司在1994年创建，是一家总部设在德国首都柏林的交通运输企业，它由原德国国企改制，转变为现在具有私营特性的股份有限公司，但其股东是德意志联邦政府的现状一直没有改变。联邦铁路股份有限公司主要参与德国经营性公共项目的运作。就某些起关键作用的政策性事项而言，需要两个主管部门合力完成。这两个部门是交通、建筑及房屋部下设的办理机车运营许可的铁路与航运事务局和统筹管理铁路相关公有财产的联邦铁路财产管理局。公司最主要的竞争优势在于铁路基础设施建设，用于保证国家或地区社会经济活动正常进行，并主要依靠一系列资源配置活动，确保系统性并能够实现盈利和滚动发展，通过铁路建成后的经营所得来不断发展。

州建设局：在公益事业支出方面，各地、州政府也具有相当的运营决策权和治理权。由于德国实行联邦制，在有效地制衡权力的同时，也有权力交错、统一行动力较低的缺点，各州的治理机构设置虽然大致一样，但各有各的特点，目前这些治理机构负责各州的教育、卫生保健、法律与秩序、投资建设和文化娱乐事业等方面的事务。

2. 公共项目的决策特色

德国的公共项目决策治理模式的做法有很多种，其中有几个重要特色：

周密的项目投资决策考核：在做项目决策的时候需要全面地考虑很多影响因素，这里面的影响因素由经济、环保、大众利益、政府利益以及科技等方面组成，其中经济因素是很重要的因素之一。如果项目成本与收益比在 1：2 左右，投资决策就很难通过；如果在 1：5 左右，那么投资决策就容易得到各方的认可并最终通过。

严格的项目论证与批准程序：在一项项目确认的过程中，除严格考虑上面提到的因素外，还应该通过严谨的步骤来进行审批与认证。公共项目的确立在很多情况下首先要考虑需求方的想法，几家承建商负责方案的构想，然后向财政部发出审核请求，接着财政部与交通、建筑及房屋部联合审核，财政部重点审查项目资金使用，交通、建筑及房屋部从技术细节角度审核检查项目方案的可行性和投标者的资质。政府相关部门在经过严谨的核算之后，确认项目的规模、投资金额和项目的总投资额里面各级政府投资所占的比重。当项目立项之后由专门机构规划工程项目建设的具体方案，然后通过政府提案的方式报联邦议会来商议认证。在议会审核合格之后，工程方案就成为法案，建设的时间、工期以及投资金额不可以改变，而且必须达到项目的预期目标。项目申请报告中的开、竣工时间、总投资资金的来源、资金的到位时间、经济效益、科技含量和先进程度等都需要全面公开，由社会大众进行监督。

工程咨询业的作用：一项公共项目中除政府本身以外，很多情况是要根据既定的程序选择以及委托对应的工程咨询集团进行治理，政府发挥监督作用。德国的工程咨询由建筑师事务所、结构师事务所、各个专业的咨询设计事务所和一批能够进行总承包的工程项目集团等组成。其中工程咨询事务关系到工程项目的所有进程，从工程项目的确定，到后期实施、竣工和运行维护等，咨询和设计部门会努力向业主提供力所能及的所有服务。同时，德国很注重专业人员在治理方面的责任及作用，这些专业的相关人员由政府管理并进行注册。也可以由专业协会以及相关组织进行注册，随着风险责任制度和责任保险制度的推行，所有的工程咨询技术人员需要对政府负责，更要对业主的所有项目相关事项负责。

（五）日本公共项目决策模式

第二次世界大战后，日本的经济开始逐渐复苏，在经济快速发展的推动下，日本开始建立专家咨询制度，这一制度以审议会议制度为基础。审议制度在日本经济发展中扮演着十分关键的角色，这一制度一般包括四个步骤，首先是专家咨询，其次是进行方案的审议，然后通过沟通和交流制定相关的协议，最终进行确认。审议非常注重民主，与会人员包括社会多个领域的人士，如高校教授、媒体代表、政府官员、有名望的学者等，会议决策过程不会受到内阁会议的影响或阻碍，这一模式使得咨询在一定程度上具有较高的独立性。

（六）经验和启示

在公共项目决策方面，很多发达国家具有几十年的发展经验，在发展过程中不断地累积经验和总结教训，项目决策制度也得到了不断地完善，在实际运作过程中项目团队不断进行风险识别，给后来使用这一模式的国家或者相关的团体提供了非常有用的参考。通过对比欧美和日韩等发达国家在公共项目决策上的发展历程，结合当前我国在这一领域的发展现状，总结了以下几点启示。

一是公共项目决策要有明确清晰的职责分工。公共项目决策这一过程中会涉及多方面的因素，在各个决策环节中必须要明确相关各方的责任分工，各方都应该为自身制订一个小的项目目标和计划，并且保证个体目标能够服务于项目的整体目标，公共项目决策会涉及项目投资方案的拟定、方案发包、供应商等相关团体交流、发标、项目招标等，在这些过程中会涉及很多政府相关机构。购买公共服务项目成果的政府部门首先对项目进行评估，根据项目的各个重要时间节点提出项目需求，并制订一个合理科学的资金使用计划，积极地参与到项目中，参与完成项目后期的验收工作等，但是政府部门最好不要过多的介入项目的具体实施流程。财政部门在项目决策过程中扮演着非常关键的角色，他们对项目的投资进行合理的预算，并且将具体的财务审计结果提交给上级部门，通过上级部门的审核后才可以结款。建设部门在公共项目决策中仅仅是参与项目的初期审核和后期验收，比如，参与到项目功能的审核中，评估方案的可行性、安全性、项目的技术指导书是否严格按照国际相关标准制定等。只有将各个部门的责任分工不断地细化和明确，才可以从根本上解决项目面临的干预过多、预算超支、工期延误等问题，也可以有效地避免公共项目腐败现象的发生。

二是完善的监督体制。公共项目决策会涉及各个方面的利益，为了保证项目实施过程能够做到尽可能的公开和公正，必须建立一个完善的项目监督体制。可以从以下三个方面来为公共项目决策制定监督体制。首先，要保证监督体制的职责划分足够明确，并且通过制定相关法律规范对监督的运行提供保障，只有法制化运作才能保证项目监督的权威性和独立性，才能避免相关部门对监督行为的干预，不正当的干预会使监督趋于形式化，不能起到有效的作用。其次，必须要建立一个完善的工作流程，并且尽可能保证工作的公开性和透明性。政府在进行项目投资的各个过程中，要严格遵守国家相关规定，接受利益相关方的定期审查。再次，重视社会公众在监督中的作用，除非是涉及国家机密信息，否则一切与公共项目相关的信息都应该向公众公开，保证公众的知情权，这也是制约政府部门行为的一个有效方式。最后，只有完善监督体制，才能从根本上避免公共项目腐败，降低项目的运作成本，保证公共资源和服务能够得到有效的分配，有力地防治项目治理风险。

三是通过专业化治理提高公共项目决策的有效性。根据公共项目决策的不同特征，很多国家都对公共项目决策进行了分类，一类是经营性公共项目，另一类为非经营性公共项目。在经营性公共项目中，政府所承担的职责相对较少，一般只在项目决策阶段参与，负责整个方案的确定和审批。而对于非经营性的公共项目，政府扮演的角色相对来说比较重要，政府在这类项目中会参与到项目治理中，根据项目的性质牵头成立相关的专业部门，并且负责项目的立项、方案的制定、项目发标招标等工作，对公共项目实施过程进行监督，建设完成后交付使用单位。

四是公共项目决策要有较为权威的第三方机构参与。公共项目治理是一个非常复杂的过程，这一过程可以吸引中介机构参与进来，并承担一定的项目责任。政府成立的独立项目治理机构中有很多专业人士，比如，建筑师、工程项目治理团队、法律人士等。此外，政府还可以将很多程序外包给相关的中介或代理公司来承担，政府对其实施监督。在项目的整个生命周期中，所有涉及公共项目质量的环节都要有专门的团队进行严格的把关。选择合适的第三方机构参与到公共项目中，不仅可以从根本上减轻政府在项目治理上的负担，还非常有利于整个项目目标的快速实现。

三　我国公共项目治理决策的改革探索

社会网络中，人与人、人与组织、组织与组织之间的关系是相对稳定的。顺应整个社会创新发展的大趋势，针对公共项目决策呈现出的新特征，在借鉴国内外先进经验的基础上，基于社会网络视角，本书对公共项目决策机制的改革趋向进行了一些探讨。

（一）健全完善智力支持体系

目前，中介机构咨询和专家评估论证已经成为我国公共项目决策过程中重要的一环，公共项目决策智力支持体系已经初步建立。但是在当前的大环境下，智力支持系统在实际运用过程中出现了很多问题，还有很多环节不够完善，如中介机构的实力参差不齐、很多专家团队在项目实施过程中的参与度不够高、相关法律规范对智力支持系统的约束过多等，这导致整个智力支持体系的发展受到极大的阻碍，针对以上问题，可以从以下几个方面进行完善：

一是制定一个规范的论证程序，明确咨询机构和专家的职责划分。首先，要对公共项目进行评估，确立中介机构和相关的专家团队在公共项目治理过程中扮演的角色。其次，要明确规定，对于专家团队和中介咨询机构参与公共项目的正当决策行为，不会追究其法律责任。有关方面的专家应该通过专家评审会的方案，对项目进行审查，评估论证项目的可行性和方案的合理性。要保证专家与项目不存在利益关系，应该制定专家评审规避规则，即当涉及与专家团队有利益关系的公共项目评审时，相关的专家要进行回避，以防其利益倾向性影响决策结果，进而导致项目评审的不公正性。可参照国外一些相关的成功经验，对中介机构和专家团队评审原则和相关操作流程进行不断的完善。

二是正确定位中介机构咨询和专家评估论证的作用。整个公共项目治理过程包含了政府初始决策、主体执行决策、中介机构代理相关的项目流程、专家对项目进行评估和论证等过程，这些过程并不是独立存在的，它们在很大程度上是相互依赖的，只有保证各个环节实施的有效性，才能实现整个项目治理的高效性。对于中介机构和专家评审团队来说，其与政府部门的关系非常特殊，政府在整个公共项目治理中扮演着决策主导者的角色，可以说是公共项目的决策中心，如果中介机构或者专家评审团队完全脱离了政府，那么就相当于与整个决策中心相脱离，也意味着他们就没有参与的价值和意义了；相反的，由于政府部门并没有设立专业的评审机构，很多政府官员对于公共项目治理也不够熟悉，通过中介机构和专家评审团队的支持，可以使整个项目的评审更具科学性和合理性，如果没有中介机构和专家评审团队的存在，政府部门在项目评审过程中只能摸着石头过河，无法完全保证项目决策的科学性。由此可以看出，中介咨询机构和专家评审团队在项目决策中也扮演着非常关键的角色，公共项目决策过程必须要重视专家评审团队和中介咨询机构的参与，后者也要清楚自身在公共项目决策中所扮演的角色，不断地提高自身的专业水平和服务水平。此外，中介机构和专家评审团队在参与决策时，不应该过分看重其在项目决策中的独立性，特别是在后期项目出现风险时不应否认其与决策的关系。中介机构和专家评审团队应该树立起高水准的服务宗旨，当其评审意见没有被政府高层治理者采纳时，也没必要灰心，应该用长远和发展的目光来看待公共项目评审，打破传统的观念束缚，将自身看作是不断发展中必不可少的智囊团。

三是设置相应的激励机制和约束机制。中介机构在项目决策中扮演的角色越来越重要，因此对于一些参与到重大公共项目决策中的中介机构，政府相关主管部门应该对其工作绩效进行评估，还可以制定相关的激励制度，如物质上的激励、订单激励、延长合作时间等；对于在重大公共项目决策中发挥了重要作用的专家团队，除了支付合同规定的酬劳之外，还可考虑为其颁发荣誉奖，对其工作给予适当的肯定。对于一些在决策过程中不能及时提供有效信息的中介机构或者专家团队，政府主管部门应该设置一些惩罚制度。针对专家团队制定的惩罚制度可以从两个方面进行考虑，一是从名誉方面进行适当的惩罚，二是从其评审资格方面进行惩罚，如在行业内进行通报批评，或取消其评审专家的任职资格。对于中介机构的惩罚也可以从以上两个方面进行，除此之外，还可从酬劳方面进行惩罚，适当考虑扣除其中介费用。

（二）改善政府部门宏观调控

在社会网络视角下，政府部门应综合运用规划、计划、审批等手段进行宏观调控，改进公共项目决策程序。

一是加强规划与计划。公共项目决策应着眼于保障和改善民生，加强规划与计划治理，加强社会治理和公共服务。如住房、医疗、入学等领域的问题关系到广大人民群众的切身利益，通过政策、规划、计划等手段促进这些领域的公共项目建设，将有利于更好地改善民生。又如做好廉租房规划计划工作，在政策上加以倾斜，将有助于完善廉租房制度，极大缓解低收入家庭的住房困难，加快建立住房保障体系。

二是提高审批效率。加快转变政府职能，坚持依法行政，推进简政放权、放管结合、优化服务，规范行政审批行为、提高审批效率，规范公共项目决策程序，激发市场和社会活力、营造公平竞争环境，减少权力寻租空间、消除滋生腐败土壤，确保公共项目治理在法制轨道上运行，从根本上提升政府的执行力和办事效率。

三是确保政策落地生根。上级部门要加强对下级部门的督导检查，督促各地区、各部门认真学习领会上级公共政策精神，深刻理解政策内涵，准确把握政策要求，切实抓好贯彻落实工作，确保中央政策能在地方落地生根，提高社会民众对政府工作的满意度，提升政府在公共项目决策方面的水平。

（三）强化决策全过程的监督治理

为了有效避免公共项目腐败现象的发生，保证公共项目实施的公正性和公开性，公共项目必须接受社会各方的全面监督。

1. 建立责任明确的内部监督体制

通过分析国内外相关成功案例，借鉴其经验和教训，不断地完善内部监督机制。明确项目参与各方的监管责任，对其承担的具体义务进行细分：投资主管部门主导项目决策的监督；财政部门对投资预算、资金的应用等进行监督；审计机关对投资资金的流向和资金的利用率等进行评估和监督；行政监察机关参照国家的相关法律，对公共项目进行定期检查，并对项目违规单位或者个人进行惩处，给予通报批评。

2. 加强人大、政协对公共项目决策工作的监督治理

适时推进重大公共项目决策人大审议、政协参议制度，自觉接受人大监督和政协民主监督。推动相关的立法部门对公共项目进行立法，不断地完善公共项目监督制度，保证项目的每个环节都严格地遵循国家相关法律规定和工程技术标准。

3. 接受群众的监督

建立“自下而上”的需求表达机制。从当前的情况来看，公共项目的决策和实施等过程主要是从上至下的。这种方式很难准确把握社会的有效需求。因此，应当通过各种渠道征集人民群众需要政府提供哪些公共产品，需要建设哪些公共项目，建议通过召开听证会、发放邮件、媒体公告等多种方式广泛征求意见。

充分分析公共项目当前的发展现状，建立一个完善的信息披露制

度。对于重大公共项目决策，应当建立完善的公共项目投资信息披露制度，将项目概况以及必要性、可行性、项目开始时间、项目周期以及项目的重大时间节点、项目投资规模、项目涉及的承建方等利益相关方、项目对社会的影响程度等重要信息进行定期公示，并公布电话、网站、邮箱等联系方式，接受群众的监督。

（四）完善金融财政扶持政策

在社会网络环境下，完善的金融体制是保证公共项目资金来源的关键因素，加强财政方面的扶持力度是缩小城乡收入分配差距的有力措施，是构建全面小康社会的有效途径，有利于公共项目决策的完善。

一是支持就业创业。各级财政部门必须要重视公共项目对就业的支持作用，通过制订合理科学的公共项目就业扶持计划，出台相关的就业扶持措施，不断地完善高校就业扶持制度，如为高校毕业生提供创业贷款和补助，通过鼓励创业来创造更多的就业岗位。二是支持教育惠民。各级财政部门应该合理地应用国家提供的教育经费，不断完善教育改革制度，提高办学质量，完善助学金制度等。三是支持医疗保障。在农村地区及老少边穷地区适当建设公立医院和卫生服务机构公共项目，解决当地居民看病难的问题。四是支持保障型住房项目建设。严格按照国家关于城镇住房的保障性制度，通过投资补助和贷款优惠等措施，支持当地企业进行公租房和保障性住房的项目投资，逐步完善住房保障制度。五是支持养老和助残。对养老院等老年保障体系提供财政支持，不断地完善养老制度。六是支持文化体育服务。在公共图书馆、文化馆、文化广场、体育馆等公共项目建设方面加大财政投入，规范公共文化服务体制。七是支持居民出行。如加大对农村交通方面公共项目的投入，为基础设施的建设筹集更多的资金。八是支持扶贫开发。不断推行农村标准化扶贫，建立和完善以农村公共基础设施项目为载体的扶贫机制。

（五）创新项目单位依法参与机制

公共项目主管单位及相关部门应依法治理公共项目，确保公共项目决策过程符合法律要求；应当依法设立市场准入制度，采取招投标的方式合理确定中介咨询机构等市场主体参与公共项目决策咨询活动。

1. 项目主管单位及相关部门

公共项目主管单位以及与该项目有关的财政、监管等部门应按照法律法规相关要求，在各自职能范围内依法治理公共项目。对于重大公共项目决策事项，应当召开听证会、专家咨询论证会，并向社会公示，广泛征求意见，最后通过领导办公会议的形式集体讨论通过，使得每项流程都符合法律法规相关要求，确保程序合法。

2. 中介咨询机构

一是建立市场准入制度和诚信等级制度。各级政府、部门应该严格按照法律法规相关要求建立市场准入制度，对承接不同规模公共项目的咨询机构的资质等级要求进行明确的规定；同时应建立诚信等级档案，对进入特定地区咨询市场的中介机构设立相应的诚信等级，并将相关信息在网站上予以公布。二是针对公共项目的招标和投标，建立一个完善的治理制度。对于各种不同种类的公共项目，应该充分分析其特征，通过公平的招标模式筛选和选择适合的中介机构。通过招标可以提高各个机构之间的竞争，促使各个中介机构不断地完善自身制度，提高服务水平，通过市场推动的方式，可以对中介机构形成一种有效的激励与制约。对于评标专家，应当设立行业专家库，评标前在专家库中随机抽取若干专家，并且应对专家实施定期考核和末位淘汰制，保证专家们工作的积极性。三是明确服务合同的期限。政府相关部门在与中介机构或者专家评审团队签订协议前，必须充分考虑他们的整体实力，全面的对其资质进行审核和评估，并在合同中明确规定双方的责任和义务，对各自所承担的工作范围做出细化的分工。此外对于签订合同的期限，要参照两个方面的因素，首先是该中介机构或者专家评审团队在公共项目领域以往的业绩，即成功经验，其次是评估他们内部的治理制度。

第二节 新常态下公共项目治理建管的多元化

传统的公共项目建管模式主要是由国家进行投资，由政府组织项目建设和建后治理，这种模式的发展对于加快项目建设起到了显著的作用。但是，随着近年来我国经济的全球化程度不断推进，公共项目呈现出大规模、高风险等发展趋势，对投资能力和治理水平的要求也变得越来越高。传统模式下公共项目主要由政府财政进行投资的模式受到很大限制，国际上流行的BOT、TOT、PPP等吸引社会资本参与融资的模式逐渐得到社会各界的认可，为我国在公共项目建设和治理方面的快速健康发展提供了极其有利的帮助。

一 公共项目类型多元化

近年来，随着我国经济社会的快速发展和经济全球化的不断推进，我国在国际上的影响力不断增大，我国投资建设的公共项目也越来越多，这些项目具有规模大、资金要求多、风险高、治理难等特点。随着公共项目数量的增多，其类别也越来越多元化。

（一）多行业

根据传统的模式可以将公共项目分为两个大类：第一类项目涉及公共财政，一般是指拿公共财政资金进行投资的项目，这类项目一般是非营利性的，具有公益性和公共性两种特征，例如，防汛抗洪、社会福利院等涉及民生的项目。另一类项目则是竞争性的项目，该类项目也是主要由政府进行投资，但是该类项目具有较大的增值性，可以将其看作是营利性的投资项目，但是由于其资金主要来源于政府，因此会受到政府的管制和约束，比如，电力项目、电网项目等。

但现实情况是，公共项目涉及的行业比较广泛，类型众多，对照公共项目的行业划分标准，公共项目的范围包括煤炭、石油、天然气、电力、新能源等能源行业，轨道交通、公路、水气运输管道、石油运输管道、航空运输、邮政服务、电信枢纽、通信、信息网络等邮政和电信行业，农业灌溉、市民用水供给、水土保护等水利行业，种植、畜牧、养殖等农业，森林、动植物保护等林业，污水处理、生态保护等环保行业，供水、电力、燃气、供热等市政行业，体育旅游行业，科技、教育、卫生、社会福利行业等。

（二）多层次

在具体操作上，公共项目的内涵更加丰富，同一行业内部由于服务对象和治理对象的不同，其具体的公共项目内容也不断扩展。同时，根据政府组成部门及其职能划分，同一行业的公共项目，按照治理权限的不同，其治理也呈现出多层次的特点。

（三）多样化

政府在公共项目中起到了主导作用，通常情况下是政府主导整个项目的投资、承包建设、监督、验收和后期治理等，政府主管部门选择市场上的相关机构对公共项目提供支持，帮助开展公共项目建设和治理工作，这类项目的资金需求一般非常大，通常是由政府出资。近年来，随着我国经济的快速发展，我国公共项目的规模越来越大，涉及的因素也越来越多。这些公共项目可划分为以下几类：一是国家政权相关的项目，比如，政府办公大楼、监狱等；二是具有公益性质的项目，比如，城市基础设施建设、城市排污系统、照明系统等项目；三是公众福利性项目，比如，图书馆、体育场馆、保健院、学校等；四是基础设施项目，比如，通信项目、网络设施等。以上四种项目根据其后期的收益性，还可将其分为收益性项目和非收益性公共项目，通常第一类属于后者，第二类、第三类和第四类项目属于前者。

二　公共项目建设多元化

由于我国特殊的经济体制和行政制度，我国在公共项目投资方面与国外存在较大的差异。在我国传统的公共项目投资模式下，资金来源一般是政府，但随着市场经济的快速发展，工程指挥部模式已逐步消亡，市场优化资源配置的基础性作用开始显现，公共项目的投资模式逐渐朝着新方向发展，即政府主导和市场结合方向。公共项目投资建设发展的趋势有以下三种模式：第一种是政府通过财政拨款直接对项目进行投资的模式；第二类是民间融资为主的 BOT、BT、TOT、

PPP 等模式；第三类则是以上两种模式的结合，融合多种形式的经济投资模式，国有公司主导投资，组建专门的机构对公共项目进行运作。

（一）财政性直接投资为主的代建制模式

1. 代建制的概念

代建制是一种以市场为基础，通过竞争手段来实现提高项目投资收益的一种模式，在这种模式下，政府改变了以往只主导内部治理的方式，转变为对整个市场环境进行宏观引导。在该模式下，市场经济对资源有效配置起到了关键性的作用。具体操作模式是：代建单位对项目的可行性和投资规模等进行分析后，制定项目建议书，提交政府审核，政府在对比各个代建单位方案的基础上，通过招标的方法来选择最终的代建单位。代建单位与政府签订合同，并且依照合同的细则进行项目的投资和运营，包括公共项目整个生命周期的规划设计、方案实施、质量监督等项目治理的多个方面。在公共项目的各个重要时间节点，项目代建方必须向政府汇报，当涉及重大投资变化时，代建方必须提交政府审核，通过后才能进行投资变更。在这一模式下，项目使用单位不会参与到公共项目的治理中，仅负责项目方案的评审，并对项目实施过程进行监督。代建方独立承担整个公共项目的风险。

2. 代建制模式

专业代建公司模式。政府直接指定一些综合实力较为雄厚的国有建设公司、项目监理公司、项目运营公司等对公共项目进行代建，企业可以根据自身需求制定治理办法。在这种模式下，代建单位可以实现对公共项目的独立运营，不受政府的干预和约束，代建单位的积极性一般较高。但是这种模式的弊端是具有垄断性，如果政府在此类公共项目投资、建设和运营过程中没有严格的监督和审核，代建单位可能会和使用单位进行沟通，将项目预算造得虚高，同时还可能导致代建单位办事效率低下，治理水平和服务水平较低等问题。

政府专业治理机构模式。政府牵头成立一个专门的代建机构，按照事业单位的治理模式对该机构进行治理和监督。在这种模式下，政府扮演着公共项目监督和治理的角色，政府可以非常方便地对治理过程中遇到的各种纠纷进行处理，代建成本本身相对于其他模式也较低。但是由于要重新设立一个新的机构对项目进行代建，这种模式无形中加大了政府的财政负担和治理压力。

项目治理公司竞争代建模式。政府针对项目设立一些相关的门槛，对经济实力雄厚的企业进行评估，并选择资质良好、具有大型公共项目建设成功经验的公司对公共项目进行代建。在这种模式下，竞争是非常激烈的，通过竞争提高了公共项目代建的科学性，可以从根本上降低工程投资成本，提高项目建设效率。这种模式的不足之处就是对公共项目主管部门的要求非常高，主管部门必须具备较高的公共项目治理水平和相关的项目建设理论知识，才能在与代建公司的谈判中进行有效的沟通，避免因对公共项目的不了解而导致的项目成本虚高。

3. 代建制各方职责划分

政府投资主管部门的职责：主要负责审批公共项目方案和建议书，招标确定代建单位，审批项目年度投资计划，监督代建单位的合同履行情况，组织工程项目竣工验收和移交。

代建单位的职责：负责完成政府委托的对公共项目进行全方位的治理。代建单位对公共项目投资人负责，利用自身专业技术力量和丰富经验，在项目策划、方案设计、前期准备、工程预算、施工单位招标以及材料设备采购等整个建设过程中，对公共项目投资、质量、工期等方面进行控制，保证项目能够严格按照合同规定如期完成。

项目成果使用单位的职责：负责向政府主管部门提出项目建议方案、项目质量改善方案、专业技术标准等，协助代建单位完成一些相关的手续办理，对代建单位的日常行为进行监督，参与项目的评审和验收工作，接收竣工成果等。

（二）社会融资投入为主的建设模式

1. BOT 模式

BOT 是 Build-Operate-Transfer（建造—运营—移交）的英文缩写，它是出现于 20 世纪 80 年代的一种关于融资与治理的新型模式，是政府与社会、企业等市场主体合作，利用外资或私人资金对基础设施等公共项目进行投资的治理方式。在投资前，政府和相关的项目公司会签订全面的协议，由中标的项目公司对相关的公共项目进行融资、建造等，公共项目建成后特许期内由中标公司运营并收益，在相关的特许期满后，项目将被移交给政府。影响 BOT 项目的关键因素有两个：一是项目风险的合理分摊；二是项目融资适时开展，项目能否融资成功取决于对于融资风险的预估是否合理。

完整的 BOT 项目运作流程主要包括五个方面，即公共项目的确定、项目公司的选择、公共项目的建设、公共项目的运营以及公共项目的移交。

公共项目的确定：政府结合当地经济发展的实际情况，聘请专业的机构对相关的公共项目进行技术和经济效益的评估论证，然后按照规范流程进行审批。

项目公司的选择：对项目公司的选择主要有两种方式，一是协商的方式，另一种是招投标的方式。当前国外主要是采取招投标的方式，而我国主要采取的是协商的方式。协商的优势在于能在短时期内达成协议，但是其劣势也是明显的，容易导致建设过程中成本的上升。

公共项目的建设：项目公司根据协议对公共项目进行融资或资金筹措。公共项目对建设承包商的选择标准较高，通常选择具有大型公共项目承包资质的公司，承包商建设公共项目后再把项目移交给相应的项目公司。在建设过程中，公共项目的建设方不希望政府过多地参与公共项目建设细节，但是政府作为项目成果的最终拥有者和费用的承担者，有权利和义务参与公共项目建设的监督，以降低建造成本，保证项目质量，推动公共项目治理的顺利进行。

公共项目的运营：在项目的特许期内，项目公司可以委托其他的专业机构来对公共项目进行运营，或者根据既定的商业计划进行自主治理。

公共项目的移交：当 BOT 项目特许期满后，由政府或者其他的相关专业机构对公共项目进行验收，看其是否达到设计的质量要求，预算是否控制在可接受的范围内。如果公共项目的建设没有达到相应的标准，政府有权要求相关的责任公司对项目进行翻修，更新后再移交给政府。项目移交之后，政府可以根据自身的规划进行运营，也可以与之前的运营公司签订特许经营权合同，还可以选择具有同等竞争力的公司进行运营。

实际上，当一个公共项目具有良好的经济效益或者具有广阔的市场前景时，都可以采取BOT的运作方式。比如，电厂、铁路、隧道、垃圾场、飞机场、医院、水厂、道路、桥梁等基础设施项目。但在具体操作中，应区分轻重缓急。首先，要对那些具有好的经济效益和半垄断性的项目进行一定的让渡，如电厂、水厂、收费公路、桥梁、隧道等。这类项目的承建期限不宜过长，选择承建单位的范围可以适当地放宽一些，使更多的民间资本参与到基础设施建设中来，更可以吸引更多的外资进入我国。其次，对于那些特许经营期限较长的项目，必须与相应的承建商就特许经营的条款进行详细的协商，这些项目大多属于具有一定收益、半垄断性的区域项目，如垃圾处理场、污水处理厂等。但是对于一些经济效益不好的公共项目，一般不宜采用BOT模式，因为这会影响这些项目公益性属性的发挥。

在BOT模式下，公共项目利益相关方分别负有各自的职责：

一是政府。负责颁布支持BOT项目的政策和措施，确定BOT项目的执行程序以及进行项目审批，授予特许权，对项目进行宏观治理，接收特许期满的项目。政府的态度和支持力度是BOT项目运行成败的关键因素。

二是项目公司。项目公司是BOT项目建设的中心，主要对公共项目进行全面的治理。项目公司拥有特许期内的特许权，在公共项目整个建设期间负责规划、设计、资金筹措、建设等环节，负责清偿银行贷款，以及分配股东利润。项目公司在项目特许期满后需要把项目移交给政府。

三是承包商。承包商在项目的建设过程中需要履行承包合同。承包合同中主要包括施工设计、材料采购等内容。承包商主要包括股东公司或者其他相关的所属企业等。

四是运营公司。运营公司主要负责公共项目完成后的运行，以及保证项目运行的连续性。如果有贷款或负债，运营公司需要与承包商签订长期合同，所签订的期限必须大于或者等于还款期限。在运营商的选择上，必须保证合作公司具有相关的治理经验以及治理技术，也要求运营公司熟悉 BOT 项目的整个运行过程，在运行过程中要求运营商每年都列出项目成本，计算出总成本支出。对于成本超支的需进行相应的罚款，对于收益提高的可及时地进行奖励。

2. BT 模式

BT 是英文 Build-Transfer（建造—移交）的简写。BT 模式是 BOT 模式的简化版，相对于 BOT 模式而言，取消了中间的运营环节，直接由承包单位融资建设，建设完成之后移交给政府部门使用，然后再由政府部门支付工程款。BT 模式的好处是可以保证政府在工程中的利益，大大减少政府在工程建设中所花费的精力，有利于整个政府治理职能的释放。一个完整的 BT 项目运作过程包括：项目立项、选择承包公司、项目施工和完工移交四个步骤。在工程建设前期，建设主管单位也就是政府需要根据当地的社会经济情况来立项，立项之后还要委托第三方机构完成项目建议书、可行性研究报告以及建设计划书等。完成这些工作之后，再通过招投标确定承包该公共项目建设的公司。一旦政府和承包单位签订 BT 施工合同，融资和施工建设等工作就将由承包单位来承担，承包单位也可以向银行或其他金融机构申请贷款。在项目建设的过程中，业主职能将由承包单位组建的项目公司来执行，并且建设过程中资金、安全和工期方面的风险也需要由该项目公司来承担。项目建设完成后，按照承包商与政府签订的 BT 合同，施工单位将建设完工并通过验收的项目移交，政府部门根据合同约定的项目总价按约定的方式支付给施工单位，在合同总价的基础上可以考虑一定的投资回报。在整个建设过程中，政府只需要行使监督职能，保证项目的质量，确保项目可按期完成。

BT 模式中，承建公司需要投入大量的人力、材料、机械费用等成本，考虑到承建公司的收益问题，其投资方式有：一是土地置换的方式。我国各地方政府都会组建城投公司（城市建设投资公司），很多BT项目就会交由城投公司来建设，而政府可以将部分土地的使用权交给城投公司来开发或者运营，城投公司可以将这些土地进行一级开发之后通过招、拍、挂（招标、拍卖、挂牌）或转让的方式来获得资金回报，也可以自己进行土地的开发来获取收益。二是经营公司支付方式。建设单位将建设完成的公共项目移交之后，政府通过招商来运营这些项目，由经营这些项目的公司来支付建设单位在建设过程中的成本。三是政府分期偿还方式。政府利用财政预算，分期偿还项目建设的投资资金。

从以上叙述可以看出，BT模式没有了项目公司通过运营来获取投资回报的环节，可能导致投资回报率比较低，而且建设资金很多时候最后又需要通过政府融资来偿还，一定程度上会增大地方政府的财政压力，投资额过大的公共项目也会让承包公司在建设过程中面临较大的资金及融资问题，这可能会给公共项目建设增加一定的治理风险。

3. TOT模式

TOT即Transfer-Operate-Transfer（移交—经营—移交）的英文简称，是指政府同有意运营项目的公司或个人签订协议，将已经建设完成的基础设施等公共项目交给该企业来运营一定的期限，在这个运营期限内运营企业可取得一定的收益，政府凭借这部分收益向运营商收取一定比例的资金，然后将这笔资金用于其他的基础设施公共项目建设。等到运营期限到期之后，运营商又将该项目移交给政府。

TOT项目治理模式的运作程序包括：确定移交的项目、招投标选择运营商、授予项目经营权、运营商经营项目、运营期满之后移交政府等几个阶段。TOT模式的优点在于：一是引资成功率高。与BOT模式相比，TOT模式的投资者需要购买的只是已建成投用的基础设施等公共项目的运营权，运营商并不需要承担项目建设过程中的风险，而且项目的收益也不存在太多的不确定因素，政府和投资商之间更容易达成合作意向。二是减轻政府财政压力。通过TOT模式的应用，政府可以将目前建成的基础设施公共项目未来可能得到的收益，用来偿还基础设施建设过程中的欠款，而且转让运营权之后，能够减少政府方面运营补贴的资金压力。三是可以提高政府的治理效率和资金的利用率。社会运营企业获得经营权之后，由于市场竞争，运营企业不得不改善治理方法和运营方式来提高其运营效率，这相比于由政府来直接运营，效率通常要高得多，普通消费者也能以较低的经济成本来享受较高水平的公共服务。

然而TOT模式也并非只有优点，在运用过程中也会存在一些问题。一是在转让基础设施等公共项目经营权之前，运营企业必须解决好自身可能存在的问题，包括多余职工的安置、资产清查等问题。二是TOT项目的融资成本比较高，投资方在获得经营权后的一段时间，所需要面临的资金压力比较大，为了获得一定的投资回报率，自身的经营压力会比较大，对于该企业项目运营方面的能力要求也比较高。

4. PPP模式

PPP模式即Public-Private-Partnership（公共—私人—合作），中文意思可译为“公私合作伙伴关系”，我国普遍称其为“政府与社会资本合作”。目前对于PPP模式尚未形成统一的定义，由于使用单位和行业的不同，对其定义存在比较大的差异，但是其中的共性特征是公私合作、利益共享、提供公共产品、风险共担这四个方面。党的十八届三中全会提出，要积极推进社会资本通过特许经营等方式参加城市基础设施等公共项目的投资和运营。财政部在《关于2014年中央和地方预算草案的报告》中，第一次提出了引入PPP模式，明确在我国各地城市的基础设施建设过程中，要建立多元化的融资渠道和融资方式。PPP模式开始在我国包括市政设施建设、交通建设、水利建设、公共服务设施建设等多个领域得以大范围的应用。PPP模式具体可分为购买服务、特许经营和股权合作等多种方式。

购买服务类似于传统工程建设中的某个项目外包，由政府来负责整个公共项目的投资，而PPP模式的合作方承担整个项目中的一项或几项职能，例如，某个分项的设计或者某个分项工程的建设等。其主要方式有管理合同（Management Contract，MC）和委托运营（Operation & Maintenance O&M）等。对于整个工程的建设而言，采用这种模式吸引民间资本的参与，主要目的不是为了融资，而是为了引进企业先进的项目治理技术，提高公共项目的成功率。而且在这个过程中，企业投入的资金较少，所需承担的项目治理风险较低，有助于企业将工作重心放在项目的治理活动上。

特许经营是目前 PPP 模式中最为常用的一种，有关部门已经出台了相关的治理规范。在我国，包括交通运输、水利设施、能源、市政工程和环境保护等领域都可以使用特许经营模式，政府会通过竞争招标等方式授权特定法人或组织在一定的期限内投资建设并运营基础设施等公共项目，以提供公共产品或公共服务，并从中获得回报。根据公共项目的投资情况和运营方式，特许经营可分为建设—运营—移交（BOT）、改建—运营—移交（ROT）、转让—运营—移交（TOT）等多种形式。其中，后面两种形式主要是为了给公共项目引入资金，支持政府的项目融资，有利于缓解政府的债务问题和财政资金的压力。BOT 主要是针对新建的公共项目，涵盖了项目从设计、建造到运营的多个阶段，能够充分发挥企业融资和治理方面的优势，目前应用极为广泛。

股权合作是指由国有公司出让一定比例的股权给私营企业，是公私合营混合制的一种方式。其中存在一种具有争议的模式，即建设—拥有—运营（BOO）模式。不同于大多数的 PPP 模式，在这种 BOO 模式下，私营企业会占有公共项目一定的股份，即拥有一定的所有权，但这并不意味着政府不再负责此项目，政府依然承担为公众提供公共产品和服务的职责。因此政府需要和私营企业签订协议，通过合同条款来约束企业的行为，进而保障这种公私合作关系的长远发展。

PPP 项目和大多数公共项目一样，都要经过项目立项、可行性研究、招投标、施工建设、运营移交等多个项目阶段。每个阶段都需要多个项目利益相关方相互协调、共同决策。在 PPP 模式的运作过程中，涉及的相关方主体往往会比较多，包括政府、社会投资者、设计单位、施工单位、咨询单位、银行及其他金融机构等。为了平衡各方的责、权、利关系，首先需要确定共同的公共项目目标，明确各方的职责和义务。在项目融资过程中，政府部门要给予特许经营商或承包单位一定的政策支持，通过开拓融资渠道等方式为私营企业创造有利的融资条件。政府在进行项目的可行性分析和研究时，要综合考虑各种因素，在确定合作单位之前，对其开展充分的考察，重点关注合作企业的财务指标、融资能力、运营能力等。通过招投标的方式，引入竞争单位，在综合比较之后，确定项目的开发主体。PPP 项目建设过程中，需要成立专门的 PPP 项目公司，来对项目的建设及运营行使治理职权，项目的谈判、开发治理、质量和工期控制、移交和运营也需要由 PPP 项目公司来负责。银行等金融机构负责向项目提供贷款，保证项目的顺利实施，但在放贷过程中，为了保证贷款的安全性，一般需要 PPP 项目公司质押其基本账户、营业账户或还款账户等。咨询公司需要为项目的实施和治理提供咨询服务，帮助完成公共项目立项、可行性研究、风险控制方案制定等工作。另外，设计单位、建设单位、材料供应商、担保单位等也都在 PPP 项目的治理过程中发挥着重要作用。一个 PPP 项目的建设和成功运营，离不开上述各方的密切协作和配合。

在我国目前的公共设施建设领域大力推进 PPP 模式的应用，对我国基础设施的建设和公共服务设施的改善具有重要意义。首先，采用 PPP 模式，可以带动民间资本参与改善基础设施和公共服务，在大力推进城镇化的背景下，极大地缓解各级政府的财政压力；其次，引入民间资本和民营企业的先进治理方式，可以提高基础设施和公共服务的效率和质量，使更多的公众能够享受到更为优质和高效的公共服务；再次，通过开放基础设施和公共建设领域，可以给企业和个人更多的投资机会，有利于企业拓展市场、发展壮大，更为重要的是，在当前经济恢复的背景下，这种模式可以活跃金融市场和建筑市场；最后，PPP 项目模式能够改善投资质量，利于经济转型。

（三）国有公司为主体的建设模式

1. 适用范围

以国有公司为主体的建设模式主要适用于两类项目：一是特大型或大型的公益项目，由于公益项目很难为承担运营的公司带来经济收益，所以一般由政府组建国有公司来负责建设和运营，并负责后期的滚动式开发。二是大型国民基础设施的建设，如供水、供电网络、电信、通信和轨道交通等项目，由政府来组建专门的煤气公司、电网公司、电信公司、通信公司和轨道交通公司来承担，有利于降低建设及运营成本。

2. 国有公司的组建方案

在国内的国有公司组建模式中，有些城市，如北京、上海等一线城市，为了拓宽融资渠道，会组建城投公司。组建此类国有公司存在一个亟须解决的问题，就是该国有公司和政府部门的隶属关系以及和其他相关机构的关系。一般有两种情况，其一是比较大型的国有公司直接隶属于国资委，与地方政府和地方的城投公司并无直接的隶属关系；另一种情况是国有公司由当地的城投公司控股，而城投公司则隶属于国资委。两种方式各有利弊。第一种会在城市内部形成国有公司与城投公司的竞争，避免出现寡头垄断的情况；而第二种则可以分离投资权和实际控制权，有利于发挥公司的优势，整合资源。这两种方案的选择，要根据各城市的实际情况而定。

3. 国有公司为主体的建设模式下项目利益相关方之间的关系

在国有公司为主体的建设模式中，国有公司作为公共项目最直接的治理主体，需要做好地方资信评价、项目信息采集、项目可行性研究，然后与地方政府谈判来确定项目建设方案、建设规模等细节。国有企业在公共项目建设过程中，要充分发挥自身的优势，与银行、保险、基金等金融机构合作，选择较为合理的融资方案，减少融资成本。公共项目的投资、设计、建造、运营主要由国有企业来负责，而政府只对项目进行监督，同时地方政府定期向国有企业购买基础设施、公共服务和产业配套等服务。

4. 国有公司运作模式的优点

组建专业的国有公司来运营具有以下优点：一是公益性功能的保障。虽然国有公司作为市场主体，也要追求盈利目标，但是相对于私有企业而言，政府可以通过公司章程、董事会和资产监管等方式来要求公司承担一定比例的公共服务责任，确保项目能够满足公众对于公共服务的需求。二是规模化经营效应。组建专业国有公司后，由于公司的集团化运营，可以在集团的业务范围内统筹安排资源，充分发挥市场优势，提高公共项目的治理效率。对于专业化的企业而言，可以在一个公共项目上应用其他项目建设过程中积累的先进经验，优化自身的组织架构，创新治理方式，以获取更大的收益。另一方面，通过规模化运营，可以减少如供水管网、供电网络等一些基础设施的重复建设，减少这些基础设施项目建设成本的同时，也避免了资金浪费。三是高科技品牌效应。国有公司运营经验相对充足，可以充分借助其优势，获得政策方面的支持，充分利用高科技资源来支持公共项目的发展。再加上品牌集成的宣传优势，借助公司强大的营销能力和影响力，容易形成连锁性品牌影响力。四是资本运作扩张效应。国有公司可以通过增发股份、发行债券等方式扩展融资渠道。

三　公共项目治理多元化

公共项目可以根据其赢利目标进行分类，分为公益性项目、准公益性项目和经营性项目三种类型。作为目前各个行业划分公共项目的主要标准，这种分类方式应用得非常广泛。公益性公共项目没有明确的赢利目标和要求，属于纯服务类的项目，基本上不产生收益，如国防建设、政府机关办公设施等。准公益性公共项目是指既有社会效益，又有经济效益的项目，如综合性水利工程、部分公用事业工程（污水、垃圾处理项目）等。经营性公共项目是指以经济效益为主要追求的项目，如水电站、高速公路、铁路等。然而在现实的项目治理活动中，这些分类界限往往模糊不清，亟须明晰不同类别公共项目的发展定位。

（一）公共项目创新治理的原则

对于不同类型的公共项目，由于主体及权利、义务、责任分配等内容的不同，其治理创新也各不相同，但总体来说，无论选择何种治理创新，都必须遵照以下基本原则：

一是公共利益原则。公共项目一般主要以公益职能为主，一般以公共利益为主要目标，不考虑其经济效益或经济效益较低，基本上可以忽略不计。在建设和运营的过程中主要由政府来承担建设和治理职能，其建设资金来源一般为财政拨款或银行贷款。所以公益性项目在实施过程中不考虑个人或某个企业的利益，主要以保护公共利益为目的。

二是市场化原则。公共项目的运营和治理作为市场经济的一部分，应当充分发挥市场经济的作用，实现资源配置合理化。公共项目治理职能主要由市场主体来承担，项目建设完成后，也应当交还给市场主体。由于收益性较低，市场主体可能会对公共项目缺乏足够的积极性，需要政府通过补助、贴息及资本金注入等方式向市场主体提供支持，提高市场主体的积极性。

三是社会化原则。公共项目的运行应该遵循社会化原则，运营过程中不是直接将公共项目委托给某家企业或个人来运行，而是应该向整个社会开放其运营和使用权。通过公平、公正、公开的竞争确定承建方等项目主体，充分发挥市场竞争的主观能动性，发挥项目市场化的优势，避免出现企业和政府串通侵占公共资源，从而滋生腐败的问题。

四是专业化原则。公共项目建设需要由具备专业能力的机构来负责，这些治理机构必须具备专业的治理资质、具有专门从业资格的技术专家。政府要纠正传统模式下政府既当“运动员”又当“裁判员”的弊端，通过建立严格的市场准入制度和退出机制，并对运营企业定期评级，不断优化治理水平，提升公共项目的服务质量。

五是规范化原则。在公共项目治理中，政府职能需要进行一定的约束和规范，政府既要发挥对公共项目的监督职能，同时又不能过多干涉项目的运行。公共项目治理中的主要角色还是市场运营主体，政府只需要发挥自身的监督和引导职能即可。

（二）公共项目治理创新的主要模式

目前，公共项目治理正步入一个改革创新的时代，从传统的公共项目管理运行模式转变到现代的公共项目治理模式需要一个渐进的过程，切不可一刀切，急于求成，而是要调动各利益相关方的积极性和创造性，分类指导，稳步推进。

1. 有竞争条件的国有国营模式

国营模式也必须引入市场竞争，国有企业作为市场竞争的主体，也必须参加公平公正的市场竞争。在这种模式下，由于建设和运营的公共项目缺少赢利来源，政府经常会给国有企业一定的补助。虽说公共项目不以赢利为目标，但是国有企业作为企业，必须要考虑自身的赢利问题，而借助政府的补贴，其收入又带有了福利性质。这种模式下的竞争并不充分，企业的运行效率通常比较低，容易出现亏损。

2. 无竞争条件的国有国营模式

无竞争条件的国营模式作为计划经济时代的一种产物，现在已经不能适用于市场经济了。在这种模式中，公共项目的建设和实施都由政府来负责，政府也拥有项目的所有权，而运营单位则由政府指定一家单位并给予一定的运营补贴。虽然这能够实现政府对于公共项目享有绝对控制权，但缺点在于一家垄断，缺乏竞争，这必然会导致服务质量和服务效率较低。

3. 国有半民营模式

国有半民营模式，即项目的所有者为政府，公共项目可以由民营企业来主导运营，也可以由国有企业来主导运营。在这种模式下，运营企业同样需要面对项目的赢利能力无法支持项目运营的问题，且同样需要政府的财政补贴。其优点就是政府干预较少，可以实现市场运营主体的独立运作。

4. 国有民营模式

国有民营模式，即设施的所有者为政府，由政府来委托民营资本占主导地位的企业来运营。这种模式下，市场主体还是民营企业，公共设施的控制权和所有权都归政府所有，而民营市场主体也可以发挥其项目运营方面的优势。但缺点也比较明显，如果政府对于运行过程治理不到位，可能出现公共服务不到位或公共利益受损的情况。

5. 民办民营模式

民办民营模式，项目的投资和运营完全由民营企业来负责。BOT模式是民办民营模式的常见形式。这种模式的优点是可以激发投资人的兴趣和潜能，使投资人能够通过自身的积极性来对项目的开发建设、运营等进行严格的控制，提高自身的收益。而缺点是政府在这个过程中基本上不发挥任何实质作用，难以保证公共项目社会公益性的本质。

6. 多种经济成分的综合模式

多种经济成分的综合模式，即由国有企业和私营企业共同合作来运营公共项目，项目的所有权归政府和民营企业共有。这种模式的代表性做法就是 PPP 模式。其优点在于极大地降低了民营企业的风险，有利于充分发挥政府和民营企业各自的优点，相互合作，弥补各自的不足。

（三）不同类型公共项目的治理创新选择

公共项目治理通常需要解决的就是项目的有序运行问题。在运营中，如何采取有效措施调动政府、市场和其他非营利组织等多元化主体参与公共项目运营的积极性，发挥公共项目的公共职能，保障公共利益都是亟须解决的问题，不同类型的公共项目治理方式也不同。

1. 公益性治理

在我国，公共项目一般由政府来提供公共服务。由于公益性项目属于纯粹的公共物品，需要政府财政无偿拨款进行投资，因此其权益也归政府所有。在公益性项目的治理过程中，应该将建设方、监理方、规划方等利益相关方的治理职能分离开来，各司其职，然后由政府委托专门的运营机构来负责项目的运营。如机关办公用房的治理，目前我国对机关办公用房项目治理还处于分散状态，建设过程中一般由企业代建，建设完成之后移交给政府单位使用，使用过程中并没有专门的治理单位来负责运营、维护等工作，一般都是使用单位自己来负责，由于缺乏专业性而存在较多问题。根据现代集成化治理的要求，机关用房建设完成，移交给使用单位之后，应该由专门的机构集中治理，政府通过向社会购买服务的方式拨付给治理单位一定的资金，用于机关用房的维护和修缮工作，政府行使监督职能，监督相关单位对于维修资金的使用等。

2. 准公益性治理

准公益项目是既有社会效益又有经济效益的项目，在当前我国所有公共项目中，准公益性项目的占比是最高的。但是这类项目周期长，能够获得的收益往往比较低。虽然项目本身能产生一定现金流，但却难以把成本完全推给市场企业来承担，因此，其运行成本很大一部分需要由政府来承担，同时也鼓励社会资本参与项目的运营。在治理模式上，一般采取国有半民营的模式。

例如，赢利能力偏低的市政道路项目。市政道路的公益性是明显的，本身的赢利性较低。但是市政道路的发展能够带动周边的发展，比如，道路周边的广告、土地的开发和利用，以及一些具有高商业附加值的资源的发展。基于此，一般对这些公共项目采取半民营的经营模式进行开发。具体做法通常是：由政府牵头，委托专门的运营公司进行建设，有的地方甚至还单独组建了城投公司，同时可以将道路两边的广告和临街的土地开发权等委托给相应的公司进行开发和建设，这样可以使城投公司获得更为可观的利润。既能减轻政府的资金压力和治理负担，还能充分利用项目运营公司的丰富经验，发挥其对市政工程的建设优势。

3. 市场化治理

一般来说采取市场化治理的公共项目大都具备较好的赢利能力，符合国家发展规划和产业政策导向。投资这些公共项目的可以是民营企业、国有企业甚至是外资企业等。通过公平、公开、公正的招投标方式，对项目资金筹措、项目建设、项目运行、项目评估等市场主体进行选择。在价格制定上，政府一般采取“企业报价、政府核价、公众议价”的定价方式，在整个公共项目的建设和运营中保证投资方的利益，同时兼顾公众和政府的承载能力，努力使各个项目利益相关方都满意。对这些项目的治理可以使用半民营、国有民营、民办民营等多种模式相结合的治理模式。

如城市道路交通设施、高速公路及其附属设施、水电供应设施等这些公共项目，项目的特点在于具有较高的经济效益，因此应该采取市场化的治理和运营模式。但是根据市场需求的差异、地区的差异性以及经济发展水平的差异性等因素，不同的公共项目经济效益也是不同的。因此，应该根据实际情况，选择相应的运营模式，如选择半民营、民办民营模式，甚至综合多种模式进行运营。高速公路的经济效益明显，则可以选择民办民营的模式进行运营；轨道交通设施公共项目的投资大、周期长，可以选择国有民营的模式进行治理；而对于水电这些涉及国计民生的公共项目可以采取政府牵头组建，吸纳社会资本的模式进行投资和建设，在运行的过程中政府应该充分授权，并给予相应的政策支持和监督调控，逐步引入市场化的治理和竞争机制，提高治理水平。

第三节　新常态下公共项目治理评估的规范化

公共项目的评估是站在整个国家或者社会的层面进行考虑，对公共项目治理带来的经济效益、社会效益、民生效益和生态环境效益等进行综合、科学的评估和论证。当前，随着社会经济的不断发展，公共项目的数量和类型不断增加，涉及的部门和行业也愈来愈多，各个利益相关方之间的关系愈加复杂，公共项目评估在方式方法、实施程序、指标体系等方面也更加完善和规范，从而为提高公共项目决策水平、制定经济社会发展政策等提供了更为可靠的保障。

一　组织评估

组织评估主要是对公共项目的治理机构即各个项目利益相关方机构进行全面的评估，主要包括政府层级间的评估、项目治理个体的评估以及行业间的评估等。组织评估在公共项目评估中起到很重要的作用，公共项目目标的实现，很大程度上依赖于良好的组织构架以及为实现目标所开展的组织活动。

（一）政府间层级评估

政府在整个公共项目建设中处于主导和核心的位置，因为项目实施的过程离不开政府的参与，评估政府层级间的关系可以引导和控制政府对整个项目建设行为进行监督和治理，以保障公共项目的顺利实施。对于政府的相关工作，可以采取三种模式进行评估：一是由下到上的评估模式。二是由上到下的评估模式。三是综合评估模式。随着经济社会的不断发展，公共项目评估的责任落实更加细化，中央、省、市、县、乡（镇）5 级责任主体的责任更加明确，责任评估内容更加具体，程序更加制度化和规范化。同时，评价指标也由以前的重规模、总量、速度等数量指标，逐步向重效益、质量、结构等质量指标以及社会民主、公平、正义和责任价值指标发展。随着生态文明建设的推进，不少地区开始将生态绩效评估作为公共项目考核的重要内容，推动公共项目向着更均衡、健康的发展模式迈进。

（二）行业内系统评估

当前的公共项目广泛涉及教育、卫生、交通以及水电等行业领域。为加强对公共项目的监督和治理，各行业内部也建立了自身的系统评估体系，并呈现出以下几方面特点：

1. 行业评估程序日趋完善

各个行业都积极建立完善的事前、事中、事后评估制度，并根据公共项目的不同阶段开展相关工作。例如，在立项之前，需要由相关机构出具项目是否符合国家宏观政策和发展规划、是否维护了公众利益等具有法律效力的评估报告，同时需要通过发展和改革、环境保护和土地管理等多个部门的审批。公共项目在实施过程中，项目主管部门及相关监察机构依法对工程的质量和安全情况进行监督和评价，财务部门需要根据相应的法律法规对财务会计制度落实情况进行相应的监督。公共项目完成后，审计机构应该对项目的收支状况、项目的建设完整性和合法性进行审计，汇总多个部门的审计意见和评估结果。政府部门按照相关的法律规范对项目的决策程序、建设流程、工程管理等各个环节进行审查，同时应该对项目成果的完成程度进行评价，如有违法违纪情况还要交由公安机关以及监察、人事等部门进行相应的处理。

2. 行业评估指标日趋量化

为克服评估人员的主观偏见，最大限度地保证评估过程的公正公平，行业内部在评估指标的设置上更加倾向于采用可以量化的指标。例如，上海出台的相关文件《静安区政府购买社会组织公共服务项目绩效评估指标》中规定行业评估指标分为两级指标。一级指标分为六大类，分别是人力资源、综合能效、组织能力、资金管理、服务效率、项目运行，在此基础上又分为 33 个二级指标，并分别做了详细规定和说明。

在评估中，由评估机构根据评估对象提供的结项报告、项目收支报表、项目工作进度表、项目中期报告，以及合同文本、投标文件、台账记录等资料，通过“听、问、阅、查、审、访”等形式，对公共项目实施情况逐项进行评分，并确定相应等级。这种量化评级方式有利于各评估机构在评估时统一衡量标准，减少随意性，可以比较全面客观地反映公共项目实施的真实状况。

3. 行业评估方法日趋科学

在对公共项目实施评估的过程中，各行各业结合自身实际，积极采用科学有效的评价方式和手段。目前，公共项目评价方法主要分为定性和定量两种，最终的评价结果往往是由定性研究和定量研究综合而成。定性方法主要有专家评价法、逻辑框架法、德尔菲法、成功度评价法和文献资料研究法。定量分析方法主要有公众满意度调查、平衡计分卡（科莱斯平衡记分卡）、定标比超法、PART（Program Assessment Rating Tool，项目分级评价工具）评价法，以及经济分析、社会分析、数理分析等方法。

（三）项目内自律评估

公共项目的评估贯穿项目治理的整个过程，需要对项目进行全方位、规范性的评估，包括施工、设计、直到工程全部竣工的所有过程和各个环节。而建立健全有效的内部管控和监督制约机制是保障项目顺利实施的重要手段。近年来，随着国家对公共项目治理的要求不断提高，公共项目内部的自律评估体系也逐步建立和完善，在保证工程建设进度和质量、发挥工程效益等方面发挥了重要作用。

一是公共项目全方位责任网络不断健全。随着我国法律法规的不断完善，公共项目内部自律行为越来越规范，已逐渐形成全方位的责任网络体系。如水利工程项目的内部责任网络体系包括监理、法人、施工单位、政府相关单位以及合法的第三方机构等五个方面的主体。这里的各个主体在项目治理的多个生命周期阶段中承担不同的责任和义务。项目法人对项目实施负总责，监理对工程项目进行抽检，施工单位自检，第三方机构检测，政府监督机构复核。责任落实到每个环节、每个岗位和具体人员，以确保公共项目顺利实施。

二是公共项目全过程质量监管不断强化。公共项目质量好坏是一个根本性的问题。公共项目具有投资大、建设周期长的特点，只有在进行相关的验收之后才能够投入使用，发挥其应有的功能，为社会提供相应的服务。目前，公共项目质量监管力度不断加强，不仅仅重视验收环节的监管，而是更加注重全过程监管。监管层面不仅包括项目法人、监理、检测、政府监督机构等内部层面，还包括上级监管部门的稽查、审计、检查等外部层面。监管工作应该贯穿于整个项目治理过程。

三是公共项目的奖惩机制不断完善。科学合理的奖惩机制不仅有助于项目的顺利推进，更有益于项目的良好运作和项目评估工作的有序推进。近年来我国从经济、政策、法律等方面逐步建立完善公共项目奖惩机制，探索建立了一整套行之有效的激励约束体系，形成了“有岗、有责、有流程、有评议、有奖惩”的制度。要做到专人有专责，就需要对每个岗位、每个部门划定其相应的责任，实现部门间、岗位间的协同合作，做到有公共项目覆盖的地方就有奖惩制度，即哪里有业绩哪里有奖励，哪里有错误哪里有惩罚。

二 技术评估

技术评估是对公共项目的实际建造规模、项目的位置、布局以及后续的使用效果等进行评估的过程，主要评估的范围包括项目的经济效益、社会效益、生态效益和民生效益等。

（一）生态层面技术手段

近60年来，我国经历了巨大的社会变革，特别是自1978年以来经济快速发展，工业化、城市化进程加速，公共项目大规模开发利用资源的同时，也对自然环境造成巨大压力，给生态系统带来了严重干扰甚至灾难，导致生态环境和资源条件的迅速恶化。以水资源为例，我国现有可利用的水资源，已难以承受经济社会发展对水的刚性需求。目前我国年废污水排放量超过800亿立方米，水功能区达标率不足50%，年地下水利用量大于1100亿立方米，地下水超采面积超过

19万平方千米，较20世纪50—60年代，全国河湖湿地退化面积超过15%，全国土壤侵蚀面积占国土面积1/3。人类的生存已经受到自身活动的严重威胁，以人类为中心、轻视人与自然关系的工业文明不能实现人类经济社会的可持续发展。作为拉动经济发展的重要力量——公共项目，特别是大型公共项目在促进我国经济发展中发挥着积极作用。但长期以来，公共项目治理决策与风险分析更多地考虑经济指标，对其自然资源的利用则考虑较少，过度消耗资源与损害生态环境的情况时有发生。对公共项目生态环保的评估是新形势下公共项目建设评估的重要内容，一是评估公共项目的建造和运行是否符合国家保护自然环境的要求，是否达到了国家要求的资源节约目标，如能源、水资源、耕地资源节约指标的落实情况；二是评估公共项目的建设与运行是否会对自然环境产生副作用，此类指标主要包括项目对污染控制、地区环境质量、自然资源利用和保护、区域生态平衡等方面的影响指标。

为更好地进行评估，可以将公共项目各生态指标进行量化，建立公共项目生态经济评价指标体系，这里的指标体系主要分为四个等级，分别是总体层、系统层、状态层和变量层。其中，总体层主要是对生态经济发展潜力的表达，显示了生态经济发展的总体效果和情况；系统层表达了生态经济发展的多个系统目标，可分解为四类状态层评价指标，包括生态环境效益指标、社会效益指标、资源能源效益指标以及经济效益指标；变量层主要是对状态层进行阐述和表达，对状态层指标的数量以及强度等进行衡量。具体操作中，可以借助自然资源资产负债表的概念与工具，在涉及公共产品提供的公共项目领域合理运用自然资源资产负债表的理念和方法，将资源耗减、环境损害、生态效益纳入公共项目的决策和评价过程，对公共项目生态资源使用情况进行评估，充实国家资源环境经济核算体系，对于在社会治理大背景下建立真正体现生态文明要求的资源评价和调控体系，具有重要的理论意义和实践价值。

（二）民生层面技术手段

要对公共项目民生层面的公共属性进行评估，就要按照项目本身的特点和属性逐个开展评估，不能生搬硬套，更不能模仿其他项目的标准。同样一套指标，放在一个公共项目上适用，放在另一个公共项目上就不一定适用。在构建公共项目民生层面评价指标体系时，首先要对项目有一个全局的、客观的、清晰的审视，通过对公共项目进行系统地分析，明确该项目的战略目标、当前所处的发展阶段、现实工作涉及的诸多内外部环境因素等。严格按照项目治理规律和相关流程来进行评估，评估指标既要客观公正、科学合理，又要适用、易于操作，具有规范和指导作用。

在具体的操作模式上，随着各种先进评估理念和评估模式的引入，基于效率、效益、公平、公正的第三方评估机制受到关注。对公共项目进行评估的第三方可以是公民个人、社会团体、社会舆论组织等，采取的方式有公开的或不公开的，间接的或直接的，多种方式都可以有效地对公共项目进行相应的评估和实时、全面的监督。因为第三方评估机构不直接隶属于政府部门，所以第三方评估可以增加社会的参与度与可信度，更容易获得公众的理解和支持。同时，由于评估信息和过程公开化，能够最大程度的防止单个项目利益相关方独自操控项目谋取私利，有效杜绝违规行为的发生。从长远来看，第三方评估机构的参与还能够提高社会公众的参与度，有助于实现政府职能转变，提高政府的监管效率，使得监管和评估规范化、长效化、专业化。

（三）工程层面技术手段

公共项目工程层面的技术评估需要具有专业知识背景和工程评估技术，是一项要求很高的工作，在评估的过程中会涉及许多计量指标，甚至对许多难以计量的内容也要进行相应的评估，参与评估的主体应具有很高的专业技能和评估技术。特别是对专业性非常强的公共项目，为保证评估的公正性，目前各行业都建立了专家库，引入专家审查制度，在对项目进行评估的时候，应该根据项目涉及的领域，在人员构成上进行仔细的甄别，选择相关的专家开展评估工作。引入专家评审的主要目的是利用专家的专业知识，分析和评估项目工程技术水平，根据评估结果提出修改的意见，并且对相应的对策措施进行论证。

在具体的操作过程中，专家审查工作应该独立于政府及其相关部门来开展，政府应该给专家审查工作充分的空间，不得以任何手段来干预或者阻碍专家做出公正的判断。在实际的专家审查过程中，由于各个专家在自身自律、职业操守和专业水准等方面参差不齐，需要进一步规范公共项目专家审查行为。具体措施有：第一，各行业应该重视相关领域的专家，邀请专家参与指导和监督，通过积累评估经验提升专家评估水平。第二，建立相关的专家审议信息网络，对政府出台的政策进行解读，解读办事指南和相关标准、跟踪工作动态、发布审查公告等，让专家审议的过程更加规范化和透明化，提高专家审查的质量。第三，让审查机构和专家更加专业化和职业化，建立相关的项目工程技术评估制度和审议专家诚信档案。第四，对审议过程中可能会涉及的相关专业知识进行汇编。根据相关的要求和技术指标，组织本行业权威专家对技术指标进行汇总和整理，帮助今后类似评估工作的顺利开展。第五，公共项目评估专家应实行专家终身负责制，评估专家对自己的评估意见和结果负责，确保公共项目评估客观、科学、公正。

三　社会评估

社会评估是指站在国家或者社会的层面，对整个公共项目的社会属性、影响程度以及社会大众对于项目的接受程度等进行相应的评估。具体地说，社会评估就是为了评估公共项目对社会的影响以及经济效益等，根据项目的特点以及涉及的社会层面，结合各种社会因素对项目的可行性进行评估，它以保持社会稳定为目标，规避社会风险为前提，协调社会关系为准则。例如，有的项目产生的经济效益不明显，但是可能对城市环境造成严重的污染；有的项目建设在少数民族地区，却没有很好地考虑当地的实际情况而导致当地干部和民众的不配合等；有些项目没有充分考虑人们的生活情况，甚至会在项目运行后导致人们生活质量的下降。因此，在对公共项目进行评估的时候，应该充分考虑其带来的社会问题和影响。社会评估的方式多样，归纳起来有以下三种方式：

（一）民意调查方式

民意调查方式是社会公众通过接受调查、表达民意来参与公共项目评估过程。公共项目最终目的就是实现公共利益，而公众的适时参与有利于工程项目建设的顺利推进，并且使公共项目在决策、环境影响评价、工程实施过程中受到监督。这样做可以得到公众的广泛认可，让项目体现经济效益和社会效益的同时，拓宽公众参与项目建设的渠道，使得公众和建设方等利益相关方能够互相理解和沟通。为使民意评估更加完善，需要做好以下几方面的工作：首先，树立和培养公众的参与意识，建立积极的公民精神，增强公民的权利意识和责任感，使公民在参与公共项目治理的过程中充分发挥主动性和自觉性。其次，完善公民的参与机制，使公民能够表达其利益诉求，健全并疏通相关的表达机制，拓宽表达渠道，让民众能说话、敢说话。同时要建立有效的反馈机制，使公众的利益表达能得到回应，根据公民反馈的信息发现问题，找出问题的原因，寻找解决问题的办法。还要建立公众参与的法律保障制度，在公民参与公共项目治理的过程中，充分保障公众参与的法制化和规范化，用法律法规的形式将公众参与的方式、途径、渠道和内容固化下来。

随着我国民主政治的推进，公共项目的民意评估作为一种体现公民意愿的重要途径和方式，越来越得到政府的大力提倡和支持，国家出台了许多保障性制度。如在《中华人民共和国宪法》中规定，“中华人民共和国的一切权力属于人民”“人民依照法律规定，通过各种途径和形式管理国家事务，管理经济和文化事业，管理社会事务”。另外，住建部（中华人民共和国住房和城乡建设部）在公布的《市政公用事业特许经营管理办法》中强调：“社会公众对市政公用事业特许经营享有知情权、建议权。直辖市、市、县人民政府应当建立社会公众参与机制，保障公众能够对实施特许经营情况进行监督。”这些规定都从制度方面保障了公众参与评估的可行性。同时，各级政府应该努力促使公众参与的渠道和方式多样化。如市民信箱、听证会、网上投诉等。政府的这些努力能够为公众提供一个更加良好的外部环境。在政府不断提供政策支持的大背景下，公众对公共项目民意评估的积极性也会逐渐提高，并且会越来越关注经济社会发展和自我维权，在面对项目对自身利益的影响时，敢于通过各种恰当途径发出自己的声音，也愿意参与到项目中去为自己争取更多的正当权益。

（二）新闻媒体方式

随着信息技术的不断进步及其应用的广泛化，我国的公共项目评估也更加完善。对公共项目的社会评估调查手段日益多元化，新闻媒体组织的抽样调查、随机访问、志愿调查相结合的多元化调查渠道，以及移动互联网调查、计算机辅助电话调查、手机短信调查等方式互为补充，逐渐形成了较为成熟的评估方法体系。新闻媒体在公共项目评估中主要是负责舆论的引导以及指责的监督，本质在于客观公正的报道事件真相，各种新闻媒体通过及时报道政府投资项目的规划、建设方案及实施中出现的问题，督促政府等项目利益相关方加以改进。

传统的新闻媒体评估主要是报纸、广播、电视等传统媒介参与，但随着移动互联网技术的迅猛发展，人们接受信息的渠道大大增加。整体上看报纸、看电视的人数减少，而使用网络的人数不断增加。网络技术的快速发展使得公众作为主体参与公共项目的评估成为可能，网络评估已经成为公众参与的新型渠道，得到了政府和公众的广泛认可，能够很好地为公众利益的诉求和表达提供方便快捷的服务。同时，网络的诸多特点也是人们青睐的主要原因，其具有开放程度高、主体多元化、信息传播及时以及交互性强的特质，能够使人们获得更多的资讯，及时搜寻到相关的问题，帮助为政府搭建信息公布的平台、掌握信息的反馈情况，从而解决传统媒体反应滞后的缺陷，为人们提供了更灵活的表达方式以及更广阔的表达空间，能够增加公众的话语权。另外，网络媒体使公众和政府间的对话更加畅通，为公共政策的形成、制定以及信息的获取、民意的调查等提供了坚实的基础。

（三）社团方式

当前我国正处于政治改革、市场经济发展、社会转型的关键阶段，随着公民民主意识的提高，公民参与公共项目决策与评估的愿望越来越强烈，但公民以个人为单位参与和评估公共项目的力量和效果较为薄弱，因此公民参加社会团体，进而通过社会团体的力量来参与公共项目评估是更好的选择。对政府而言，社会团体参与公共项目评估有利于了解民意、集中民智，确保评估的有效性、科学性。在改革的过程中，社会团体需要更多地参与到公共项目评估的过程中，同时，社会团体本身也在寻求更多地参与空间和渠道，如政府职能评估的一个重要参考是社会团体参与公共项目评估的程度，社会团体参与公共项目的评估不仅可以提升政府决策的科学性，而且体现了决策的民主性。

社会团体是国家力量的重要组成部分，具有制约国家权力的功能，从而保证民主的发展。在我国的社会组织中，权力是相对平衡的，这既需要制度的不断完善，也需要相关的规章制度和社会组织在其中发挥相应的作用。社会团体在参与公共项目治理和评估的过程中应该严格按照相关的法律法规或者是国家层面出台的规定活动，如《基金会管理条例》《社会团体登记管理条例》和《民办非企业单位登记管理暂行条例》等，这些条例对于社会团体加强自身建设和增强社会团体自身的责任意识都起到了很好的指导作用。

第四节　本章小结

综上所述，公共项目作为经济发展的重要基础，是涉及广大人民群众切身利益的民生工程。长期以来，它得到各种不同形态国家的普遍关注，使其在项目决策、建设管理和事后评估等方面都呈现出一些新的趋势。一是呈现出公共项目决策的最优化趋势，公共项目决策具有民生优先、普惠共享、关注生态、涉及广泛、类型多样和利益多元等鲜明特征，这些特征决定了公共项目决策的特殊性。近些年，大多数经济发达国家都不断强化公共项目决策的专家和民众参与度，形成了一套通过法律规范的决策程序，从而优化了公共项目的决策，减少了决策的失误，但同时也由于专家和民众的意见不一致、决策程序太烦琐等影响了决策的效率。我国的公共项目决策，在不同程度上还带有计划经济的影子，有时造成重复建设甚至是形成形象工程。在今后的工作中，一方面，应该认真学习借鉴国内外的先进经验，提升专家和民众在公共项目决策中的参与度；同时，也要发挥出政府宏观调控能力强的优势，严格依法决策制度，做到既能广采博长、科学决策，又能体现大多数群众的意愿，提高决策效率和水平。二是呈现出公共项目建管的多元化趋势。随着我国经济的快速发展，我国的公共项目也顺应人民的需求，得到了不断的完善和提升，形成了多行业、多层次和多样化的公共项目布局，这使公共项目建管的任务越来越重。由于传统的惯性，我国的公共项目大多数是由财政拨款，各级政府或部门负责组织建管。这种做法，难以调动公共项目各利益相关方的积极性，造成了公共项目投资单一、责任模糊，难以达到应有的效果。公共项目建管也将面临新的革命。在建设上，要根据项目的特点，既可以积极推行以财政直接投资为主的代建制模式，也可大胆尝试多元投资的 BOT、BT、TOT 等建设模式。在管理上，涉及国计民生的关键公共项目，一定要管严管好。其他类公共项目，则可以积极推行多元化的管理模式，既要通过政府的调控，保证公共项目的公平运营，又要充分调动各利益相关方的积极性，保证公共项目的良性循环。三是呈现出公共项目评估的规范化趋势。公共项目评估是对公共项目的经济效益、社会效益、生态效益和民生效益的综合性评估，目标的多样化决定了评估方式和方法的复杂性。长期以来，我们在公共项目的评估中，比较重视上级对下级的组织评估，而缺少社会化评估的有效措施；比较重视概念性模糊评估，而缺少量化的刚性评估。因此，要真正有效地落实公共项目的责任，推进公共项目的健康发展，就要逐步打破已有的评估机制，加大专家和民众评估的权重，积极推进第三方评估，通过科学有效的评估，充分激发各利益相关方的积极性和创造性，推进公共项目这项民生事业健康、有序、持续的发展。

第八章

结论与展望

第一节 研究结论

如何提高公共项目的成功率是理论界和实践领域所广泛关注的问题，关于公共项目成功因素的研究，人们已经将视角从公共项目团队层次扩展到了公共项目团队外部更为广泛的利益相关方。公共项目利益相关方之间的关系逐渐成为公共项目成功的关键之一，而相关的研究中普遍忽略对多个公共项目利益相关方同时参与公共项目的动态协作关系的研究。在这种情况下，公共项目治理为研究公共项目利益相关方的动态关系问题提供了新的研究视角和研究方法。由此，本书基于公共项目治理的视角，对公共项目利益相关方的动态治理关系进行研究，综合借助治理理论、社会网络理论、系统评价模型、系统基模理论和系统仿真技术等理论与方法，研究如何形成与维护公共项目各个利益相关方之间的动态治理关系，得到了以下结论：

一 以社会网络关系为基础，提出了相关方动态治理关系社会网络构建方法

借鉴与使用社会学领域中有关社会网络的思想和方法，对现有公共项目治理关系研究进行扩展，明确了利益相关方动态治理关系的内涵及特征，并以各利益相关方之间的社会网络关系为基础，提出了基于 SNA 的相关方动态治理关系社会网络构建方法。

目前，多个个体或组织参与同一个公共项目的现象变得越来越普遍，

而这些组织同时又参与到多个公共项目中。利益相关方间的相互关系构成了公共项目治理关系网络，并随着公共项目生命周期的推进而不断变化，网络结构属性及相关方的个体属性共同作用于相关方的公共项目治理行为，并受到不同相关方行为的影响。面临这种情况，如何表达和分析这种不同利益相关方之间复杂的网络关系是需要重点关注的问题。

本书明确了公共项目利益相关方动态治理关系的内涵及特征。公共项目利益相关方动态治理关系即公共项目利益相关方的项目治理状态和行为（主要指公共项目治理策略），以及相关方之间的公共项目治理关系随项目生命周期的发展而变化。其特征可以概括为以下三点：第一，相关方在决策时不但考虑当前的利益，还应斟酌当前决策对未来的影响，是一种多阶段决策问题；第二，关注整个公共项目生命周期的绩效，同时要考虑各个相关方，而不是只考虑单方的利益，以保障动态条件下的公共项目绩效；第三，动态治理关系还受到相关方个体特定属性特征（如知识、创新、经验、阅历）的累积影响。在已经建立的公共项目治理目标和不确定性的共同作用下，随着公共项目进程的推进，公共项目利益相关方治理关系也在不断变化，公共项目利益相关方需要对这些变化做出有效和快速的反应。

在系统分析的基础上，给出了公共项目利益相关方治理关系的表达方法。相关方动态治理关系的实现过程，就是相关方为获得更大的公共项目治理收益或防范治理风险，以关系网络状态结构和网络成员属性特征为基础分析多种治理决策要素，不断调整自身行为，进而引起相关方及其动态治理关系网络变化的过程。其动态性具体表现为相关方的进入和退出、相关方个体属性的变更及相关方关系的维系、更改与删除。结合公共项目利益相关方之间构成的网络关系特点，为研究公共项目治理中利益相关方之间多元的动态关联关系，适合采用动态变化的相关方治理关系社会网络进行表达。

本书借鉴了社会学领域中的动态社会网络分析研究，提出了公共项目利益相关方动态治理关系社会网络的构建方法及其特征度量指标，为研究相关方动态治理关系的变动及社会网络中各个相关方的治理行为提供了研究工具。相关方动态治理关系社会网络的构建主要包括初始阶段相关方社会网络的构建、治理关系的变更、下一阶段相关方社会网络的形成三个步骤。结合动态社会网络分析的原理及相关方动态治理关系特点，本书得到了相关方动态治理关系社会网络特征的定量描述指标，具体包括网络整体度量指标和个体度量指标。

二 公共项目利益相关方之间的动态治理关系可以提炼为一种动态的社会网络关系

根据公共项目系统中多种不确定性要素协同作用的现实情况，借鉴和使用系统分析与评价的理论方法和工具，本书对利益相关方动态治理关系的内在机理进行研究。得到了利益相关方动态治理关系的实现过程与影响相关方动态治理关系的关键要素，提出了利益相关方动态治理关系与治理策略选择的关联性分析模型，并根据相关方治理关系动态发展的内在机制，运用系统仿真技术构建了公共项目利益相关方动态治理关系的仿真模型。

本书将各个利益相关方共同参与公共项目、承担治理角色时的各方关系问题作为研究的重点，对公共项目利益相关方动态治理关系的实现过程进行研究。研究表明，相关方动态治理关系的实现过程就是相关方为获得更大的治理收益或防范公共项目治理风险而不断调整自身行为（治理策略），进而引起相关方治理关系社会网络发生变化的过程。这一演变基于特定的公共项目治理目标，受到多种影响因素的协同作用，各个利益相关方之间的关系大多服务于既定目标的实现，网络成员的治理决策受到了所嵌入网络发展战略的影响。

基于 AHP 分析相关方动态治理关系系统并分析关键影响因素对动态治理关系的影响情况，提出了四类影响相关方动态治理关系的关键要素。例如，采取特定治理行为的收益、相关方间资源的互补程度、采取特定治理行为的成本、相关方中心度、网络密度、相关方的学习能力、相关方间平均最短距离、相关方的地理位置，这些关键影响因素将作为相关方动态治理关系仿真模型的输入变量。根据公共项目治理的现实情况，提出了影响公共项目治理绩效的典型动态性。借鉴系统论的有关理论和方法，构建了相关方动态治理关系与治理策略选择的关联性分析模型，使研究更具有针对性与可操作性。

为了有效地观察和分析相关方治理关系社会网络的发展演变过程，本书综合运用社会网络分析和系统仿真的工具对利益相关方之间的动态治理关系进行仿真研究。科学合理的开展相关方动态治理关系系统仿真研究，需要遵循系统仿真的一般原则，并符合相关方动态治理关系的特点。公共项目利益相关方动态治理关系系统仿真是根据相关方动态治理关系系统分析的目标，在分析各系统要素的性质及其相互关系的条件下，建立起能描述相关方动态治理关系系统结构或行为过程的、同时具有特定逻辑关系或数量关系的系统仿真模型，据此开展试验或定量分析，以获得相关方正确决策所需的各种信息。具体过程包括构建相关方动态治理关系社会网络与明确系统目标、建立系统仿真模型及计算机模拟与分析。系统仿真的结果可用于考察整个生命周期内的公共项目利益相关方动态治理关系，预测与调整公共项目治理策略，分析和规避多阶段的公共项目治理风险。

三　通过案例分析和应用，能够进一步表明公共项目利益相关方动态治理关系的具体实现过程在公共项目实践中的可行性

本书经过分析，选取了典型公共项目案例开展了个案研究，详细说明利用动态社会网络分析解决公共项目治理问题的实际过程和效果，着重分析利益相关方在该网络中的嵌入方式与个体属性对治理策略的影响，并考察相关方治理关系社会网络的动态性。案例中公共项目涉及的利益相关方众多，相关方关系复杂，公共项目工期紧张、任务繁重。本书中得到的利益相关方动态治理关系社会网络的构建过程、相关方动态治理关系的实现过程和动态治理关系的系统仿真分析，均能够在案例公共项目中得到有效的运用，更具体的表明了本书得到的研究成果在公共项目实践中的可行性。

第二节　后续研究展望

关于公共项目治理的研究，已越来越多地受到不同学者、政府部

门与企业的广泛关注。将动态社会网络分析技术应用于公共项目治理研究，是一个新的领域，尤其是在中国，本书可视为该研究的一个出发点。本书对公共项目利益相关方动态治理关系问题的一般理论与应用进行了研究，但由于该研究涉及的内容十分广泛和复杂，其中的更多细节问题有待进行深入研究。对于相关方动态治理关系问题的进一步研究，可从以下几点进行展望：

第一，基于动态社会网络模型的相关方动态治理关系信息管理问题研究会是未来研究的重点之一。相关方动态治理关系的研究需要决策者收集并分析较长时间段内的公共项目治理信息，这一过程对相关方的时间投入、资金供给及专业水平依赖程度高，相关方信息的获取精度直接影响分析结果的科学性与客观性。因此，在今后的研究中应逐渐尝试研究如何建立更加高效快捷的相关方数据获取支持系统，出于较长时期相关变量监控的要求，还可以开发有效的相关信息系统以加强公共项目相关方之间的沟通和集成不同的公共项目动态信息，以提高决策过程与最终决策结果的可靠性。

第二，将本书得到的普适性研究方法与不同公共项目领域的独特性相融合，将是后续研究更需注意的问题。本书针对大量公共项目共有的相关方治理关系系统要素进行了详细阐述，没有深入多种不同公共项目领域去更加细致地考察特定行业治理关系的特殊性，因此应在后续的工作中开展有针对性的研究。对各类具体领域进行积极探索，更多地运用相关方动态治理关系社会网络模型及系统仿真技术，创新这些方法在解决各个具体公共项目领域内的实际问题中的应用。

公共项目利益相关方动态治理关系研究的完善对促进相关领域的研究也有着非常重要的参考价值，不仅具有很重要的理论意义与现实意义，而且具有长远的研究价值与广阔的探索空间，后续研究可以对上述问题做出进一步的考察与探讨。可以有信心地预见，在不久的将来，会有更多的学者与业界人士在这片相对较新的学术领域逐渐搭建更为详尽的理论框架，进行更多细致的研究工作，进而构建更加完善的公共项目利益相关方动态治理关系理论体系，为我国公共项目治理研究的科学发展提供理论指导与依据。

参考文献

［美］马汀・奇达夫、蔡文彬：《社会网络与组织》，王凤彬等译，中国人民大学出版社 2007 年版。

Abbas Ziafati Bafarasat，"Meta-Governance and Soft Projects：A Hypothetical Model for Regional Policy Integration"，*Land Use Policy*，Vol. 59，No. 12，2016，pp. 251-259.

Aissa Rebai，Kamel Guesmi and Boualem Hemici，"RIM：A Matlab Software Tool for Recursive Identification Methods"，*International Journal of Automation and Computing*，No. 5，2015，pp. 482-489.

Albert B. Cherns and Donald T. Bryant，"Studying the Client's Role in Construction Management"，*Construction Management and Economics*，Vol. 2，No. 2，1984，pp. 177-184.

Alexandre Rodrigues and John Bowers，"System Dynamics in Project Management：A Comparative Analysis with Traditional Methods"，*System Dynamics Review*，Vol. 12，No. 2，1996，pp. 121-139.

Alicia K. Mazur and Anne Pisarski，"Major Project Managers´ Internal and External Stakeholder Relationships：The Development and Validation of Measurement Scales"，*International Journal of Project Management*，Vol. 33，No. 8，2015，pp. 1680-1691.

Alicia Mazur，Anne Pisarski，Artemis Chang and Neal M. Ashkanasy，"Rating Defence Major Project Success：The Role of Personal Attributes and Stakeholder Relationships"，*International Journal of Project Management*，Vol. 32，No. 6，2014，pp. 944-957.

Alvin W. Wolfe, "Social Network Analysis: Methods and Applications, by Stanley Wasserman; Katherine Faust", *Contemporary Sociology*, Vol. 91, No. 435, 1994, pp. 219-220.

Amirhossein Heravi, Vaughan Coffey and Bambang Trigunarsyah, "Evaluating the Level of Stakeholder Involvement During the Project Planning Processes of Building Projects", *International Journal of Project Management*, Vol. 33, No. 5, 2015, pp. 985-997.

Anne M. Lovell, "Risking Risk: The Influence of Types of Capital and Social Networks on The Injection Practices of Drug Users", *Social Science & Medicine*, Vol. 55, No. 5, 2002, pp. 803-821.

Ans Kolk and Jonatan Pinkse, "Stakeholder Mismanagement and Corporate Social Responsibility Crises", *European Management Journal*, Vol. 24, No. 1, 2006, pp. 59-72.

Barry Wellman and Stephen D. Berkowitz, *Social Structures: A Network Approach*, Greenwich: JAI Press Inc, 1997, p. 71.

Barry Wellman, "Network Analysis: Some Basic Principles", *Sociological Theory*, Vol. 1, No. 1, 1983, pp. 155-200.

Beatriz Prieto, Fernando Tricas, Juan J. Merelo, Antonio Mora and Alberto Prieto, "Visualizing the Evolution of a Web-Based Social Network", *Journal of Network and Computer Applications*, Vol. 31, No. 4, 2008, pp. 677-698.

Bent Flyvbjerg, Nils Bruzelius and Werner Rothengatter, *Megaprojects and Risk: An Anatomy of Ambition*, Cambridge: Cambridge University Press, 2003, pp. 96-100.

Berkowitz Wellman, *Structural Analysis: From Method and Metaphor to Theory and Substance, in Wellman and Berkowitz, Social Structures: A Network Approach*, Cambridge: Cambridge University Press, 1988, p. 51.

Bertrand Masquefa, "Top Management Adoption of a Locally Driven Performance Measurement and Evaluation System: A Social Network Perspective", *Management Accounting Research*, Vol. 19, No. 2, 2008, pp. 182-207.

Brian Uzzi, "The Sources and Consequences of Embeddedness for the Economic Performance of Organizations: The Network Effect", *American Sociological Review*, Vol. 61, No. 4, 1996, pp. 674-698.

Campbell Fraser and Chunxue Zhu, "Stakeholder Perception of Construction Site Managers' Effectiveness", *Construction Management and Economics*, Vol. 26, No. 6, 2008, pp. 579-590.

Candace Jones, William S. Hesterly and Stephen P. Borgatti, "A General Theory of Network Governance: Exchange Conditions and Social Mechanisms", *Academy of Management Review*, Vol. 22, No. 4, 1997, pp. 911-945.

Chen-Yu Chang, "Risk-Bearing Capacity as a New Dimension to the Analysis of Project Governance", *International Journal of Project Management*, Vol. 33, No. 6, 2015, pp. 1195-1205.

Chia-Liang Hung, "Social Networks, Technology Ties, and Gatekeeper Functionality: Implications for the Performance Management of R&D Projects", *Research Policy*, Vol. 46, No. 1, 2017, pp. 305-315.

Chiara Calastri, Stephane Hess, Andrew Daly, Michael Maness, Matthias Kowald and Kay Axhausen, "Modelling Contact Mode and Frequency of Interactions with Social Network Members using the Multiple Discrete-Continuous Extreme Value Model", *Transportation Research Part C: Emerging Technologies*, Vol. 76, 2017, pp. 16-34.

Christopher Biesenthal and Ralf Wilden, "Multi-Level Project Governance: Trends and Opportunities", *International Journal of Project Management*, Vol. 32, No. 8, 2014, pp. 1291-1308.

Christos Ellinas, Neil Allan and Anders Johansson, "Project Systemic Risk: Application Examples of a Network Model", *International Journal of Production Economics*, Vol.182, 2016, pp. 50-62.

David I. Cleland, "Project Stakeholder Management", *Project Management Journal*, Vol. 17, No. 4, 1986, pp. 36-44.

David Krackhardt, "The Ties that Torture: Simmelian Tie Analysis in

Organizations", *Research in the Sociology of Organizations*, Vol. 16, No. 1, 1999, pp. 183–210.

David Wheeler and Maria Sillanpa, "Including the Stakeholders: The Business Case", *Long Range Planning*, Vol.31, No.2, 1998, pp.201–210.

Davide Ponzi, Samuele Zilioli, Pranjal H. Mehta, Alexander Maslov and Neil V. Watson, "Social Network Centrality and Hormones: The Interaction of Testosterone and Cortisol", *Psychoneuroendocrinology*, Vol. 68, 2016, pp. 6–13.

Dídac Jorda-Capdevila, Beatriz Rodríguez-Labajos and Mònica Bardina, "An Integrative Modelling Approach for Linking Environmental Flow Management, Ecosystem Service Provision and Inter-Stakeholder Conflict", *Environmental Modelling & Software*, Vol. 79, 2016, pp. 22–34.

Edita Gimzauskiene, Kestutis Duoba, Xavier Pavie, Ashly Pinnington, Mantas Vilkas, Inga Erina, Iveta Ozolina-Ozola and Elina Gaile-Sarkane, "The Importance of Stakeholders in Human Resource Training Projects", *Procedia-Social and Behavioral Sciences*, Vol. 213, No. 1, 2015, pp. 794–800.

Ela Ozkan-Canbolat and Aydin Beraha, "Evolutionary Knowledge Games in Social Network", *Journal of Business Research*, Vol. 69, No. 5, 2016, pp. 1807–1811.

Erma Suryani, Shuo-Yan Chou and Chih-Hsien Chen, "Air Passenger Demand Forecasting and Passenger Terminal Capacity Expansion: A System Dynamics Framework", *Expert Systems with Applications*, Vol. 37, 2010, pp. 2324–2339.

Eugen Pircalabelu and Gerda Claeskens, "Focused Model Selection for Social Networks", *Social Networks*, Vol. 46, No. 4, 2016, pp. 76–86.

Fereshteh-Azadi Parand, Hossein Rahimi and Mohsen Gorzin, "Combining Fuzzy Logic and Eigenvector Centrality Measure in Social Network Analysis", *Physica A: Statistical Mechanics and its Applications*, Vol. 459, No. 10, 2016, pp. 24–31.

Gabriela Fernandes, Stephen Ward, Madalena Araújo, Isabel Loureiro and Ana Braga, "Perceptions of Different Stakeholders on Improving and Embedding Project Management Practice in Organisations", *Procedia Technology*, Vol. 16, No. 24, 2014, pp. 957-966.

Garry Robins, Pip Pattison and Peng Wang, "Closure, Connectivity and Degree Distributions: Exponential Random Graph (P *) Models for Directed Social Networks", *Social Networks*, Vol. 31, 2009, pp. 105-117.

Goldina Ghosh, Soumya Banerjee and Neil Y. Yen, "State Transition in Communication under Social Network: An Analysis Using Fuzzy Logic and Density based Clustering towards Big Data Paradigm", *Future Generation Computer Systems*, Vol. 65, 2016, pp. 207-220.

Graham M. Winch, "Governing the Project Process: A Conceptual Framework", *Construction Management and Economics*, Vol. 19, No. 8, 2001, pp. 799-808.

Grant T Savage, Timothy W. Nix, Carlton J. Whitehead and John D Blair, "Strategies for Assessing and Managing Stakeholders", *Academy of Management Executive*, Vol. 5, No. 2, 1991, pp. 61-75.

Haibo Hu and Xiaofan Wang, "Evolution of a Large Online Social Network", *Physics Letters A*, Vol. 373, 2009, pp. 1105-1110.

Henrich R. Greve, Joel A. C. Baum, Hitoshi Mitsuhashi and Timothy J. Rowley, "Built to Last but Falling Apart: Cohesion, Friction, and Withdrawal from Interfirm Alliances", *Academy of Management Journal*, Vol. 53, No. 2, 2010, pp. 302-322.

Isidro Maya Jariego and Daniel Holgado Ramos, "Network Analysis for Social and Community Interventions", *Psychosocial Intervention*, Vol. 24, No. 3, 2015, pp. 121-124.

J. Rodney Turner, *The Handbook of Project-Based Management—Landing Strategic Change in Organizations* (*3rd ed.*), London: McGraw-Hill, 2008, p. 14.

J. Rodney Turner, "Towards a Theory of Project Management: The

Nature of The Project Governance and Project Management", *International Journal of Project Management*, Vol. 24, 2006, pp. 93-95.

J. Yang Rebecca, X. W. Zou Patrick and Jiayuan Wang, "Modelling Stakeholder-Associated Risk Networks in Green Building Projects", *International Journal of Project Management*, Vol. 34, No. 1, 2016, pp. 66-81.

James Arthur Finch Stoner, R. Edward Freeman and Daniel R. Gilbert, *Management*, NJ: Prentice Hall, 1995, p. 61.

James E Post, William C Frederick, Anne T Lawrence and James Weber, *Business and Society: Corporate Strategy, Public Policy, Ethics*, New York: McGraw-Hill, 1996, p. 91.

James M. Lyneis, "System Dynamics for Market Forecasting and Structural Analysis", *System Dynamics Review*, Vol. 16, No. 1, 2000, pp. 3-25.

Jay W. Forrester, "Counterintuitive Behavior of Social Systems", *Technology Review*, Vol. 73, No. 3, 1971, pp. 52-68.

Jiehua Wu, Guoji Zhang and Yazhou Ren, "A Balanced Modularity Maximization Link Prediction Model in Social Networks", *Information Processing & Management*, Vol. 53, No. 1, 2017, pp. 295-307.

John A. Barnes, "Class and Committees in a Norwegian Island Parish", *Human Relations*, Vol. 7, No. 1, 1954, pp. 39-58.

John Scott, "Social Network Analysis: A Handbook", *Contemporary Sociology*, Vol. 22, No. 1, 2000, p. 128.

John Scott, *Social Network Analysis: A Handbook, Second edition*, London: Sage Publications, 2000, p. 87.

John Skvoretz, Thomas J. Fararo and Filip Agneessens, "Advances in Biased Net Theory: Definitions, Derivations, and Estimations", *Social Networks*, Vol. 26, No. 2, 2004, pp. 113-139.

Jonathan Charkham, "Corporate Governance: Lessons from Abroad", *European Business Journal*, Vol. 4, No. 2, 1992, pp. 8-16.

Juan C. Correa, "The Behavioral Interaction of Road Users in Traffic: An Example of the Potential of Intelligent Agent-Based Simulations in Psychology", *Revista Latinoamericana de Psicología*, Vol. 48, No. 3, 2016, pp. 201–208.

Julius H. Kotir, Carl Smith, Greg Brown, Nadine Marshall and Ron Johnstone, "A System Dynamics Simulation Model for Sustainable Water Resources Management and Agricultural Development in the Volta River Basin, Ghana", *Science of The Total Environment*, Vol. 573, No. 12, 2016, pp. 444–457.

Ka Yan Mok, Geoffrey Qiping Shen and Jing Yang, "Stakeholder Management Studies in Mega Construction Projects: A Review and Future Directions", *International Journal of Project Management*, Vol. 33, No. 2, 2015, pp. 446–457.

Ka Yan Mok, Geoffrey Qiping Shen, Rebecca J. Yang and Clyde Zhengdao Li, "Investigating Key Challenges in Major Public Engineering Projects by a Network-Theory Based Analysis of Stakeholder Concerns: A Case Study", *International Journal of Project Management*, Vol. 35, No. 1, 2017, pp. 78–94.

Karen Johnston, "Public Governance: The Government of Non-State Actors in Partnerships", *Public Money and Management*, Vol. 35, No. 1, 2015, pp. 15–22.

Kate Davis, "Different Stakeholder Groups and Their Perceptions of Project Success", *International Journal of Project Management*, Vol. 32, No. 2, 2014, pp. 189–201.

Keith Lambert, "Project Governance", *World Project Management Week*, Vol.27, 2003, pp.77–79.

Khelifa Baizid, Saša Ćuković, Jamshed Iqbal, Ali Yousnadj, Ryad Chellali, Amal Meddahi, Goran Devedžić and Ionut Ghionea, "Industrial Robotics Simulation Design Planning and Optimization Platform based on CAD and Knowledgeware Technologies", *Robotics and Computer-Integrated Manufacturing*, Vol. 42, No. 12, 2016, pp. 121–134.

Kirsi Aaltonen and Risto Sivonen, "Response Strategies to Stakeholder

Pressures in Global Projects", *International Journal of Project Management*, Vol. 27, No. 2, 2009, pp. 131-141.

Kon Shing Kenneth Chung and Lynn Crawford, "The Role of Social Networks Theory and Methodology for Project Stakeholder Management", *Procedia-Social and Behavioral Sciences*, Vol. 226, No. 14, 2016, pp. 372-380.

Laurent Vilanova, "Neither Shareholder nor Stakeholder Management: What Happens When Firms are Run for their Short-term Salient Stakeholder?" *European Management Journal*, Vol. 25, No. 2, 2007, pp. 146-162.

Liaquat Hossain, "Effect of Organisational Position and Network Centrality on Project Coordination", *International Journal of Project Management*, Vol.27, No.7, 2009, pp.680-689.

Linton C. Freeman, *The Development of Social Network Analysis: A Study in Sociology of Science*, *Vancouver*, BC (Canada): Empirical Press, 2004, pp.45-93.

Linton C. Freeman, "Centrality in Social Networks: Conceptual Clarification", *Social Networks*, Vol. 1, No. 3, 1979, pp. 215-239.

Marjolein A. G., Offenbeek V. and Janita F. J., "An Integrative Framework for Managing Project Issues Across Stakeholder Groups", *International Journal of Project Management*, Vol. 34, No. 1, 2016, pp. 44-57.

Mark Granovetter, "The Strength of Weak Ties", *American Journal of Sociology*, Vol. 78, No. 6, 1973, pp. 1360-1380.

Matthew O. Jackson and Alison Watts, "The Evolution of Social and Economic Networks", *Journal of Economic Theory*, Vol. 106, No. 2, 2002, pp. 265-295.

Max B. E. Clarkson, "A Stakeholder Framework for Analyzing and Evaluating Corporate Social Performance", *Academy of Management Review*, Vol. 20, No. 1, 1995, pp. 92-117.

Mehrdad Agha Mohammad Ali Kermani, Aghdas Badiee, Alireza Aliahmadi, Mahdi Ghazanfari and Hamed Kalantari, "Introducing a Procedure for Developing a Novel Centrality Measure (Sociability Centrality) for Social Networks Using TOPSIS Method and Genetic Algorithm", *Computers in Human Behavior*, Vol. 56, 2016, pp. 295–305.

Michael L. Tushman and Elaine Romanelli, "Organizational Evolution: A Metamorphosis Model of Convergence and Reorientation", *Research in Organizational Behavior*, Vol. 7, 1985, pp. 171–222.

Michael Wooldridge and N. R. Jennrnys, "Intelligent Agents: Theory and Practice", *Knowledge Engineering Review*, Vol. 10, No. 2, 1995, pp. 115–152.

Michiel C. Bekker, "Project Governance-The Definition and Leadership Dilemma", *Procedia-Social and Behavioral Sciences*, Vol. 194, No. 2, 2015, pp. 33–43.

Mohamed Saleh, Rogelio Oliva, Christian Erik Kampmann and Pal I. Davidsen, "A Comprehensive Analytical Approach for Policy Analysis of System Dynamics Models", *European Journal of Operational Research*, Vol. 203, No. 3, 2010, pp. 673–683.

Morten T. Hansen, "The Search-Transfer Problem: The Role of Weak Ties in Sharing Knowledge Across Organizational Subunits", *Administrative Science Quarterly*, Vol. 44, No. 1, 1999, pp. 82–111.

Nannan Wang, Kangning Wei and Hua Sun, "The Whole Life Project Management Approach to Sustainability" Journal of Management in Engineering, Vol. 30, No. 2, 2014, pp. 246–255.

Nicolas Carayol and Pascale Roux, "Collective Innovation in a Model of Network Formation with Preferential Meeting", *Paper presented at*: *WEHIA Conference*, *Kiel*, *Germany*, *MD*, May 2003, pp. 29–31.

Nora M. El-Gohary, Hesham Osman1 and Tamer E. El-Diraby, "Stakeholder Management for Public Private Partnerships", *International Journal of Project Management*, Vol. 24, No. 7, 2006, pp. 595–604.

Orazio Attanasio, Sandra Polania-Reyes and Luca Pellerano, "Building Social Capital: Conditional Cash Transfers and Cooperation",

Journal of Economic Behavior & Organization, Vol. 118, No. 10, 2015, pp. 22–39.

Otte Evelien and Rousseau Ronald, "Social Network Analysis: A Powerful Strategy, Also for the Information Sciences", *Journal of Information Science*, Vol. 28, No. 6, 2002, pp. 441–453.

P. E. D. Lovea, A. Gunasekaran and H. Li, "Concurrent Engineering: A Strategy for Procuring Construction Projects", *International Journal of Project Management*, Vol. 16, No. 6, 1998, pp. 375–383.

Pasquale Arena, "Project Governance: Implementing Corporate Governance and Business Ethics in Nonprofit Organizations", *Journal of Management and Governance*, Vol. 13, No. 4, 2009, pp. 355–363.

Patrick Doreian and David Krackhardt, "Pre-transitive Balance Mechanisms for Signed Networks", *Journal of Mathematical Sociology*, Vol. 25, No. 1, 2001, pp. 43–67.

Patrick Doreianand and Frans Stokman, *Evolution of Social Networks: Processes and Principles. In: Doreian P, Stokman F N. (Eds.)*, *Evolution of Social Networks*, New York: Gordon and Breach, 1997, p. 81.

Patrick S. Renz, *Project Governance: Implementing Corporate Governance and Business Ethics in Nonprofit Organizations*, Heidelberg: Springer Science & Business Media, 2007, p. 56.

Peter E. D. Love, P. Mandal and Heng Li, "Determining the Causal Structure of Rework in Construction", *Construction Management and Economics*, Vol. 17, No. 4, 1999, pp. 505–517.

Peter E. D. Love, Purnendu Mandal, Jim Smith and Heng Li, "Modelling the Dynamics of Design Error Induced Rework in Construction", *Construction Management and Economics*, Vol. 18, No. 5, 2000, pp. 567–574.

Peter L. Freeman and Andrew J. Millar, "Valuing the Project: A Knowledge-Action Response to Network Governance in Collaborative Research", *Public Money & Management*, Vol. 37, No. 1, 2017, pp.

23-30.

Philipp Ringler, Dogan Keles and Wolf Fichtner, "Agent-based Modelling and Simulation of Smart Electricity Grids and Markets-A Literature Review", *Renewable and Sustainable Energy Reviews*, Vol. 57, 2016, pp. 205-215.

Phillip Bonacich, "Factoring and Weighting Approaches to Status Scores and Clique Identification", *Journal of Mathematical Sociology*, Vol. 2, No.1, 1972, pp.113-120.

Prakhar Jaiswal, Jinmiao Huang and Rahul Rai, "Assembly-Based Conceptual 3D Modeling with Unlabeled Components Using Probabilistic Factor Graph", *Computer-Aided Design*, Vol. 74, 2016, pp.45-54.

Puneet Kaur, Amandeep Dhir, Sufen Chen and Risto Rajala, "Flow in Context: Development and Validation of the Flow Experience Instrument for Social Networking", *Computers in Human Behavior*, Vol. 59, 2016, pp. 358-367.

R. Edward Freeman, "Stakeholder Management: Framework and Philosophy", *Corporate Social Responsibility Readings & Cases in A Global Context*, 2008, pp. 111-139.

Ralf Müller and Miia Martinsuo, "The Impact of Relational Norms on Information Technology Project Success and Its Moderation Through Project Governance", *International Journal of Managing Projects in Business*, Vol. 8, No. 1, 2015, pp. 154-176.

Ranjay Gulati and Martin Gargiulo, "Where do Interorganizational Networks Come from?", *American Journal of Sociology*, Vol. 104, No. 5, 1999, pp. 1439-1493.

Riitta Toivonen, Lauri Kovanen, Mikko Kivelä, Jukka - Pekka Onnela, Jari Saramäki and Kimmo Kaski, "A Comparative Study of Social Network Models: Network Evolution Models and Nodal Attribute Models", *Social Networks*, Vol. 31, 2009, pp. 240-254.

Robert A. Hanneman and Mark Riddle, *Introduction to Social Network*

Methods, Riverside, CA: University of California, 2005, p. 90.

Robert Joslin and Ralf Müller, "Identifying Interesting Project Phenomena using Philosophical and Methodological Triangulation", *International Journal of Project Management*, Vol.34, No.6, 2016, pp.1043–1056.

Robert Joslin and Ralf Müller, "The Relationship between Project Governance and Project Success", *International Journal of Project Management*, Vol. 34, No.4, 2016, pp.613–626.

Roger Miller and Donald R. Lessard, *The Strategic Management of Large Engineering Projects: Shaping Institutions, Risks and Governance*, Cambridge: MIT Press, 2001, pp.114–116.

Ronald K. Mitchell, Bradley R. Agle and Donna J. Wood, "Toward a Theory of Stakeholder Identification and Salience: Defining the Principle of Who and What Really Counts", *Academy of Management Review*, Vol. 22, No. 4, 1997, pp. 853–886.

Ronald S. Burt, *Structural Holes: The Social Structure of Competition*, Cambridge: Harvard University Press, 1992, p. 104.

Rong Tan and Tianxiao Zhou, "Decentralization in a Centralized System: Project-based Governance for Land-related Public Goods Provision in China", *Land Use Policy*, Vol. 47, No. 9, 2015, pp. 262–272.

Rosanna Garcia, "Use of Agent-Based Modeling in Innovation/New Product Development Research", *The Journal of product innovation management*, Vol. 22, No. 5, 2005, pp. 380–398.

Ryan J. Orr and W. Richard Scott, "Institutional Exceptions on Global Projects: A Process Model", *Journal of International Business Studies*, Vol. 39, No. 4, 2008, pp. 562–588.

Sequeira D., "Stakeholder Engagement: A Good Practice Handbook for Companies Doing Business in Emerging Markets", *International Finance Corporation*, 2010, p. 77.

Sherrie E. Human and Keith G. Provan, "Legitimacy Building in the Evolution of Small-Firm Multilateral Networks: A Comparative Study of Success and Demise", *Administrative Science Quarterly*, Vol. 45, No. 2, 2000, pp. 327-365.

Shobeir Karami, Ezatollah Karami, Laurie Buys and Robin Drogemuller, "System Dynamic Simulation: A New Method in Social Impact Assessment (SIA)", *Environmental Impact Assessment Review*, Vol. 62, 2017, pp. 25-34.

Simone Ferriani, Gino Cattani and Charles Baden-Fuller, "The Relational Antecedents of Project-Entrepreneurship: Network Centrality, Team Composition and Project Performance", *Research Policy*, Vol. 38, No. 10, 2009, pp. 1545-1558.

Somayeh Koohborfardhaghighi and Jörn Altmann, *A Network Formation Model for Social Object Networks*, Berlin: Springer Berlin Heidelberg, 2015, p. 79.

Stefan Olander and Anne Landin, "Evaluation of Stakeholder Influence in the Implementation of Construction Projects", *International Journal of Project Management*, Vol. 23, No. 4, 2005, pp. 321-328.

Stephanie Missonier and Sabrina Loufrani-Fedida, "Stakeholder Analysis and Engagement in Projects: From Stakeholder Relational Perspective to Stakeholder Relational Ontology", *International Journal of Project Management*, Vol. 32, No. 7, 2014, pp. 1108-1122.

Stephen D. Pryke, *Towards a Social Network Theory of Project Governance*, London: Sage Publications, 2005, p. 13.

Stephen Pryke and Steve Pearson, "Project Governance: Case Studies on Financial Incentives", *Building Research and Information*, Vol. 34, No. 6, 2006, pp. 534-545.

Terry Williams, Colin Eden and Fran Ackermann, "Vicious Circles of Parallelism", *International Journal of Project Management*, Vol. 13, No. 3, 1995, pp. 151-155.

Terry Williams, Ole Jonny Klakegg, Ole Morten Magnussen and Helene Glasspool, "An Investigation of Governance Frameworks for Public

Projects in Norway and the UK", *International Journal of Project Management*, *Vol.*28, No.1, 2010, pp.40-50.

Thomas Donaldson and Lee E.Preston, "The Stakeholder Theory of the Corporation: Concepts, Evidence, and Implications", *Academy of Management Review*, Vol.20, No.20, 1995, pp.65-91.

Timothy J. Rowley, "Moving beyond Dyadic Ties: A Network Theory of Stakeholder Influence", *Academy of Management Review*, Vol. 22, No. 4, 1997, pp. 887-910.

Todd D. Jick, "Mixing Qualitative and Quantitative Methods: Triangulation in Action", *Administrative Science Quarterly*, Vol. 24, No. 4, 1979, pp. 602-611.

Toon Haer, W. J. Wouter Botzen and Jeroen C. J. H. Aerts, "The Effectiveness of Flood Risk Communication Strategies and the Influence of Social Networks—Insights from an Agent-Based Model", *Environmental Science & Policy*, Vol. 60, 2016, pp. 44-52.

Virginia Alonso Roldán, Sebastian Villasante and Luis Outeiro, "Linking Marine and Terrestrial Ecosystem Services Through Governance Social Networks Analysis in Central Patagonia (Argentina)", *Ecosystem Services*, Vol. 16, 2015, pp. 390-402.

Vivek Narain Mathur, Andrew D. F. Price and Simon Austin, "Conceptualizing Stakeholder Engagement in the Context of Sustainability and Its Assessment", *Construction Management and Economics*, Vol. 26, No. 6, 2008, pp. 601-609.

Xiaolin Lin, Dawei Zhang and Yibai Li, "Delineating the Dimensions of Social Support on Social Networking Sites and Their Effects: A Comparative Model", *Computers in Human Behavior*, Vol. 58, 2016, pp. 421-430.

Yifeng Zeng, Xuefeng Chen, Gao Cong, Shengchao Qin, Jing Tang and Yanping Xiang, "Maximizing Influence under Influence Loss Constraint in Social Networks", *Expert Systems with Applications*, Vol. 55, No. 15, 2016, pp. 255-267.

安卫华：《社会网络分析与公共管理和政策研究》，《中国行政管理》2015 年第 3 期。

曾倩琳：《融合视角下我国物流产业系统成长的协同研究》，《统计与决策》2017 年第 1 期。

常宏建、张体勤、李国锋：《项目利益相关者协调度测评研究》，《南开管理评论》2014 年第 1 期。

陈玲、李利利：《政府决策与邻避运动：公共项目决策中的社会稳定风险触发机制及改进方向》，《公共行政评论》2016 年第 1 期。

陈思思、王涛、王孟钧：《大型建筑企业 BT 项目运作能力成熟度评价》，《工程管理学报》2015 年第 4 期。

陈长兵：《我国核电工程项目治理结构的经济学分析》，《中国核工业》2006 年第 10 期。

戴大双、吕途、顾强：《基于不同治理强度的代建制项目结构研究》，《预测》2016 年第 2 期。

单泽彪、石要武、高兴泉：《基于 Simulink 实现的数模混合控制系统仿真新方法》，《吉林大学学报》（工学版）2014 年第 2 期。

邓娇娇、邓新位、严玲：《公共项目代建人激励的关键治理因子：一个实证研究》，《预测》2013 年第 5 期。

邓君、马晓君、毕强：《社会网络分析工具 Ucinet 和 Gephi 的比较研究》，《情报理论与实践》2014 年第 8 期。

邓新位：《代建制下公共项目治理绩效测量模型的实证研究》，硕士学位论文，天津理工大学，2014 年。

丁荣贵、高航、张宁：《项目治理相关概念辨析》，《山东大学学报》（哲学社会科学版）2013 年第 2 期。

丁荣贵、刘芳、孙涛等：《基于社会网络分析的项目治理研究——以大型建设监理项目为例》，《中国软科学》2010 年第 6 期。

丁荣贵、吕冠珠、孙涛：《基于资源观的虚拟企业项目治理中契约关系研究》，《山东大学学报》（哲学社会科学版）2009 年第 4 期。

丁荣贵、王金安、孙华等：《项目利益相关方社会网络边界确定方法研究》，《软科学》2015 年第 8 期。

丁荣贵、王金安：《首席专家胜任特征与研发项目绩效——组织管理环境的调节作用》，《科学学研究》2016 年第 5 期。

丁荣贵、邹祖烨、刘兴智：《政府投资科技项目治理中的关键问题及对策》，《中国软科学》2012 年第 1 期。

丁荣贵：《如何组建高效的项目团队》，《中外管理》2005 年第 9 期。

董会忠、王格：《山东半岛蓝色经济区经济——环境复合系统仿真与发展对策研究》，《软科学》2017 年第 2 期。

段松青、于兴隆、吴斌等：《RoleTracker：基于角色的社会网络演化分析方法》，《湖南大学学报》（自然科学版）2015 年第 8 期。

范厚明、李艳滨、温文华等：《考虑土地资源占用的港口与城市经济互动发展系统仿真——以深圳市为例》，《资源科学》2015 年第 2 期。

范如国：《复杂网络结构范型下的社会治理协同创新》，《中国社会科学》2014 年第 4 期。

高航、丁荣贵：《政府重大投资项目舆情传播与舆情风险关系研究》，《情报杂志》2014 年第 9 期。

高航：《政府舆情应对能力系统动力学建模与仿真研究》，《情报科学》2016 年第 2 期。

高武、洪开荣、潘彬：《重大交通设施项目风险复杂动态交互演化机理与仿真分析》，《预测》2016 年第 3 期。

顾强、杨卫华、戴大双：《项目治理的理论研究与进展评述》，《建筑经济》2012 年第 2 期。

郭瑞、钟宁、李文斌：《基于图熵的社会网络演化分析》，《模式识别与人工智能》2009 年第 3 期。

《国资委发布央企"一带一路"路线图》，2015 年 7 月，人民网（http：//scitech.people.com.cn/n/2015/0716/c1057-27310997.html）。

何小洲、刘代兵、李曜：《供应链管理的快速反馈营销系统与 4Ps 营销系统仿真》，《重庆大学学报》（社会科学版）2013 年第 2 期。

侯俊东、肖人彬：《地质灾害防治项目治理的社会网络结构优化及策略》，《管理评论》2015 年第 2 期。

扈剑晖：《国际金融组织贷款项目绩效治理结构分析》，《经济研究导刊》2013 年第 11 期。

黄晓霞、丁荣贵、于双阳等：《多主体协同创新项目治理网络构建——基于欧盟第七框架计划的分析》，《科学学与科学技术管理》2015 年第 12 期。

黎耀奇、谢礼珊：《社会网络分析在组织管理研究中的应用与展望》，《管理学报》2013 年第 1 期。

李春雨、王绪民：《水利工程建设项目代建制管理模式探讨》，《广东水利水电》2010 年第 12 期。

李君桥、汤俊、孙培林等：《基于随机状态图的复合大系统仿真方法》，《系统工程与电子技术》2013 年第 10 期。

李铁宁、罗建华：《基于团队道德风险模型的担保企业集团激励约束机制研究》，《管理工程学报》2015 年第 1 期。

梁永宽：《合同与关系：中国背景下的项目治理机制——基于委托代理与交易成本理论的分析》，《科技管理研究》2012 年第 22 期。

刘芳、苗旺：《动态网络治理视角下的项目选择多标准决策》，《统计与决策》2016 年第 2 期。

刘芳、苗旺：《基于系统基模的项目治理社会网络动态性研究》，《求索》2015 年第 12 期。

刘芳、苗旺：《水生态文明建设系统要素的体系模型构建研究》，《中国人口·资源与环境》2016 年第 5 期。

刘芳、孙华：《水资源项目治理的社会网络动态分析》，《中国人口·资源与环境》2012 年第 3 期。

刘星、代彬、郝颖：《高管权力与公司治理效率——基于国有上市公司高管变更的视角》，《管理工程学报》2012 年第 1 期。

刘则渊、尹丽春：《国际科学学主题共词网络的可视化研究》，《情报学报》2006 年第 5 期。

龙飞、祁慧博、刘笑萍等：《碳税情景下企业碳减排技术创新的响应机理与系统仿真》，《技术经济》2016 年第 8 期。

龙跃、顾新、张莉：《开放式创新下组织间知识转移的生态学建模及仿真》，《科技进步与对策》2017 年第 2 期。

罗家德：《社会网分析讲义》，社会科学文献出版社 2005 年版。

罗剑：《委托代理视角下的 PPP 项目治理结构研究》，《项目管理技术》2016 年第 9 期。

马天宇、王卓甫、丁继勇：《基于交易费用理论的工程项目治理结构分析》，《土木工程与管理学报》2015 年第 3 期。

庞玉成、石力：《建设项目其他利益相关方组织集成研究——基于协调理论》，《建筑经济》2015 年第 10 期。

彭本红、谷晓芬、周倩倩等：《基于 SNA 的服务型制造项目治理风险分析》，《管理评论》2016 年第 2 期。

彭华涛、王敏：《创业企业社会网络演化的试错机理——基于群体案例研究》，《科学学研究》2012 年第 8 期。

全球治理委员会：《我们的全球伙伴关系》，牛津大学出版社 1995 年版。

任锦鸾：《基于复杂性理论的创新系统理论及应用研究》，博士学位论文，天津大学，2002 年。

施锋娇：《试论公共政策制定中的影响因素及原因》，《山东行政学院学报》2013 年第 5 期。

孙华：《基于网络结构的项目利益相关方角色划分》，《东岳论丛》2011 年第 8 期。

汤汇道：《社会网络分析法评述》，《学术界》2009 年第 3 期。

汤伟刚、严玲、尹贻林：《公共项目交易中的治理模式研究》，《财经问题研究》2006 年第 7 期。

童慧骅、屠文川：《一种基于 CAS 的代理主体行为仿真模型》，《计算机仿真》2006 年第 9 期。

童欣、彭华涛：《创业企业社会网络演化的条件因子及倾向指数分析》，《理论月刊》2010 年第 5 期。

万怀宇、林友芳、黄厚宽：《社会网络中的链接稳定性预测问题研究》，《北京交通大学学报》2009 年第 5 期。

汪斌、朱延琴：《公益性水利工程建设项目治理初探》，《水利水电科技进展》2006 年第 6 期。

王华，尹贻林：《基于委托——代理的工程项目治理结构及其优化》，《中国软科学》2004 年第 11 期。

王金安、丁荣贵、王磊：《项目利益相关方社会网络特征对科技创新项目绩效影响研究》，《中国科技论坛》2016 年第 5 期。

王静、庄鹏睿、罗良清：《扶贫工作范式转换的系统仿真与政策模拟——基于江西省典型贫困地区贫困人口调查的研究》，《管理世界》2017 年第 2 期。

王孟钧、王翔、王燕：《代建项目治理成熟度模型的构建》，《价值工程》2010 年第 2 期。

王晓雯、吴伟巍、尤佳：《大型基础设施项目治理结构对其风险管理的影响研究》，《工程管理学报》2015 年第 5 期。

王玉林：《工程项目治理研究》，硕士学位论文，郑州大学，2005 年。

韦雪艳、王重鸣、段锦云：《民营企业二元社会网络模式及演化特征研究》，《重庆大学学报》（社会科学版）2010 年第 2 期。

吴建南、郑烨、贾金晓：《国家治理体系现代化的网络结构与实践路径——十八届三中全会〈决定〉的社会网络分析》，《上海行政学院学报》2015 年第 2 期。

肖鸿：《试析当代社会网研究的若干进展》，《社会学研究》1999 年第 3 期。

严玲、霍双双、邓新位：《项目治理机制改善公共项目管理绩效的研究——以代建人激励效应为中介变量》，《华东经济管理》2014 年第 2 期。

严玲、张笑文、严敏等：《中国建设项目治理研究发展路径的全景透视》，《科技管理研究》2016 年第 14 期。

严敏、严玲、尹琳琳：《基于项目治理因子的政府投资项目代建制实施现状及问题分析》，《上海经济研究》2009 年第 8 期。

严敏、张亚娟、邓娇娇：《城市轨道交通工程BT模式下投资控制关键问题研究——以深圳地铁M号线为例》，《科技管理研究》2014年第16期。

严敏、张亚娟、严玲：《项目治理视角下BT项目投资控制关键问题研究：以某地铁项目为例》，《土木工程学报》2015年第8期。

杨陈、徐刚、孙金花：《基于系统动力学的文化科技融合创新反馈机制研究》，《科技管理研究》2016年第1期。

杨飞雪、汪海舰、尹贻林：《项目治理结构初探》，《中国软科学》2004年第3期。

游锡火：《中国企业国际化的社会网络构成及其演化研究》，《开放导报》2009年第6期。

郁建兴、王诗宗、杨帆：《当代中国治理研究的新议程》，《中共浙江省委党校学报》2017年第1期。

张兵、乐云、陆云波等：《资源视角下的腐败网络扩散机制：基于Agent的仿真》，《系统管理学报》2016年第6期。

张波、虞朝晖、孙强等：《系统动力学简介及其相关软件综述》，《环境与可持续发展》2010年第2期。

张水波、郑晓丹：《经济发展和PPP制度对发展中国家基础设施PPP项目的影响》，《软科学》2015年第7期。

郑君君、朱德胜、张平等：《风险投资退出股权关联价值拍卖模型及仿真研究——基于Deffuant模型的群体局部博弈及社会网络演化》，《技术经济》2014年第2期。

钟琦、汪克夷：《基于社会网络分析法的组织知识网络及实例研究》，《科技管理研究》2009年第4期。

钟韬、彭勤科：《基于社会网络分析的投资组合优选方法》，《系统工程理论与实践》2015年第12期。

钟云、丰景春、薛松等：《PPP项目利益相关者关系演化动力的实证研究》，《工程管理学报》2015年第3期。

仲勇、陈智高、周钟：《大型建筑工程项目资源配置模型及策略研究——基于系统动力学的建模和仿真》，《中国管理科学》2016年第 3 期。

周铭山、李四光、林靖：《利益冲突、声誉激励与股价发现有效性》，《管理科学学报》2015 年第 12 期。

周志伟、刘芳：《山东省水库工程项目地域性差异研究》，《山东师范大学学报》（自然科学版）2016 年第 3 期。